애자일 조직은
이렇게 일합니다

More Effective Agile
A Roadmap for Software Leaders

More Effective Agile

애자일 조직은 이렇게 일합니다
비즈니스 가치와 성장 마인드셋에 집중하는 핵심 애자일 원칙 28

초판 1쇄 발행 2022년 6월 29일 **2쇄 발행** 2022년 11월 1일 **지은이** 스티브 매코널 **옮긴이** 백미진 **펴낸이** 한기성 **펴낸곳** (주)
도서출판인사이트 **편집** 김지희 **제작·관리** 이유현, 박미경 **용지** 에이페이퍼 **출력·인쇄** 예림인쇄 **제본** 예림바인딩 **등록번호**
제2002-000049호 **등록일자** 2002년 2월 19일 **주소** 서울특별시 마포구 연남로5길 19-5 **전화** 02-322-5143 **팩스** 02-3143-5579
이메일 insight@insightbook.co.kr **ISBN** 978-89-6626-360-8 책값은 뒤표지에 있습니다. 잘못 만들어진 책은 바꾸어 드립니
다. 이 책의 정오표는 http://blog.insightbook.co.kr에서 확인하실 수 있습니다.

애자일 조직은
이렇게 일합니다

비즈니스 가치와 성장 마인드셋에
집중하는 핵심 애자일 원칙 28

스티브 매코널 지음 | 백미진 옮김

인사이트

비즈니스 리더들의 추천사

경영자이거나 간부이거나, 이제 막 애자일로 전환을 시작했거나 애자일을 개선하는 방법을 찾고 있는 사람이라면 이 책에서, 훌륭한 연구와 폭넓은 경험에 근거한 실용적인 조언을 얻을 수 있다.

샤히다 니자르 구글 엔지니어링 리더

비즈니스 가치를 중심에 두는 관점을 제공하는 동시에 리더들로 하여금 가장 최신의 애자일 핵심 개념에 접근할 수 있게 한다.

존 레인더스 알렉시온 파마슈티컬스 R&D 전략 프로그램 관리 및 데이터 사이언스 부문 부사장

애자일이 단순히 따라야 하는 절차가 아니라 비즈니스에 중요하다고 밝혀진 일련의 실천법임을 분명히 한다.

글렌 굿리치 스쿠컴 제품 개발 담당 부사장

28가지 핵심 원칙은 저자가 지난 40년간 소프트웨어 제품 개발에서 배운 가장 가치 있는 교훈을 보여 주는 훌륭한 '커닝 페이퍼'이다. 이론과 실제를 함께 엮어 명료한 표현과 시각 자료로 핵심 원칙에 날카롭게 초점을 맞춘다.

잰더 보타 데몬웨어 기술 이사

예측 가능성이 중요하거나 규제 산업과 같이 일반적으로 순차 개발이 이뤄지는 상황에서도 애자일에 올바르게 접근하면 놀라울 정도로 효과적일 수 있다는 것을 분명히 한다.

찰스 데이비스 탐탐 CTO

기술적인 배경지식에 상관없이 누구나 읽기 쉽다. 애자일을 전반적으로 이해할 수 있게 함으로써 이해의 격차를 해소한다.

수닐 크리팔라니 옵텀알엑스 최고 디지털 책임자

심지어 애자일 전문가라도 자신이 사용하는 애자일 방법론에 대해 다시 생각할 거리를 찾을 것이다.

슈테판 란트폭트 마이크로소프트 수석 소프트웨어 엔지니어

많은 이상적인 애자일 접근방식은 복잡한 실제 상황에서 실패하곤 한다. 애자일을 채택하며 만나게 되는 미로에서 무엇을 검토하고 무엇을 적용해야 하는지 알려 주는 좋은 지침이다.

일한 딜베르 케어퍼스트 품질 및 테스트 담당 이사

참신하게도, 이 책은 애자일 도그마를 피하고 어떻게 하면 비즈니스 요구에 적합하게 애자일을 적용할 수 있는지 설명한다.

브라이언 도널드슨 쿼드러스 사장

애자일 덕분에 예측 가능성이 생기는 게 아니라 애자일 때문에 예측 가능성을 절충해야 한다고 잘못 알고 있는 경우가 많다. 여기에 설명된 기술들은 그러한 미신이 틀렸음을 드러내는 훌륭한 제안이다.

리사 포사이스 스매싱 아이디어스 수석 이사

간결하고 실용적이며 제목이 약속하는 바를 전달하는 데 집중하는 이 책은, 애자일 프로세스를 보다 효과적으로 만들고 싶어 하는 소프트웨어 리더에게 특히 가치 있다. 또한 이제 막 애자일을 시작하거나 애자일로 전환을 고려하고 있는 리더에게도 매우 유용하다.

데이비드 와이트 칼라베라스 그룹 컨설턴트

전체적으로 애자일을 효과적으로 구현하고 점차 개선해 단순히 애자일을 채택하는 단계를 넘어서는 방법을 알려 준다. 애자일을 어떻게 시작해야 하는지에 초점을 맞춘 책은 많지만 계속 나아가기 위한 지식과 툴을 공유하는 책은 거의 없다.

에릭 업처치 시냅테크 수석 소프트웨어 아키텍처

오늘날의 소프트웨어 집약적인 시스템을 만드는 데 관여하는 모든 측면, 이를테면 기술, 관리, 조직, 문화 등을 실제 경험을 바탕으로 이해하기 쉽고 일관적이며 실행 가능하도록 종합적으로 설명했다.

조반니 아스프로니 췰케 엔지니어링 주식회사 수석 컨설턴트

애자일 경계, 변경 관리 모델, 포트폴리오 관리, 예측 가능성 대 통제 등 애자일에 필요한 더 큰 조직적 측면을 다루는 방법에 대해 훌륭하게 조언해 준다.

히란야 사마라세케라 시스코 랩스 엔지니어링 부사장

소프트웨어가 업무에서 핵심인 개인과 기업에 가치를 제공하는 간결하고 강력한 설명이다. 대부분의 개념이 거의 모든 비즈니스에 일반적으로 적용된다.

바버라 탤리 엡실론 비즈니스 시스템 분석가 겸 이사

정보, 모범 사례, 도전 과제, 실행 및 심층적인 소스가 필요할 때 따를 만한 자료이다. 나와 내 팀을 위한 믿음직한 참고서다. 때때로 애자일 실천법과 애자일을 효과적으로 만드는 방법을 설명하는 데 어려움을 겪었는데 이 책은 이를 훌륭하게 해낸다.

그레이엄 헤이손스웨이트 임페로 소프트웨어 기술 부사장

애자일을 양자택일이 아니라 필요한 상황에 따라 선택적으로 수용하는 툴셋으로 바라보는 방법을 가르쳐 준다.

티모 키셀 서클 미디어 엔지니어링 상무

'왜 애자일인가?'라는 질문에 마침내 답하는 훌륭한 책이다.

돈 셰이퍼 아테네 그룹 최고 안전·보안·건강·환경 책임자

이제 막 애자일을 시작했다면 23장 '애자일 도입'부터 읽자. 너무 많은 조직이 애자일에 성공하기 위한 적절한 기반 없이 그저 애자일의 수많은 방법을 좇는 것을 보아 왔다.

케빈 테일러 아마존 시니어 클라우드 아키텍트

노련한 실무자도 얻을 게 있는 매우 유용한 정보로 가득한 엄청난 책이다. 애자일을 실용적으로 적용하기 위한 핸드북을 이제야 만났다.

매니 개틀린 배드 래빗 프로페셔널 서비스 부사장

프로세스와 아키텍처는 물론 문화, 사람, 팀과 관련된 비가시적 이슈를 포함하여 어떤 일이 가능한지, 다른 사람들이 유용하다고 생각하는 것은 무엇인지 알려 주는데 전혀 과장이 없다. 책의 크기를 감안할 때 그 깊이가 매우 놀랍다.

마이크 블랙스톡 센스 테크닉 시스템스 CTO

20년이 넘은 애자일 방법론 연구에서, 아마도 관리자가 무엇을 해야 하는지 직접적으로 말하는 최초의 책일 것이다.

수만트 쿠마르 SAP 이노베이션 비즈니스 솔루션 조직 개발 이사(엔지니어링)

어떤 환경에서든지 도움이 되는 리더십 특성과 함께 개인과 팀에 동기를 부여하는 요소를 다뤄 줘서 감사하다. 우리는 자주 인간적인 요소를 당연히 여기고 절차적인 것에만 집중한다.

데니스 루프잠 씨게이트 선임 이사

전통적인 프로젝트 관리 문화에 익숙한 리더들은 애자일 개념을 이해하는 데 어려움을 겪는 경우가 많다. 그들에게 이 책은 흥미로운 사실을 보여 준다.

파울 판하헌 셸 글로벌 솔루션 인터내셔널 B.V. 플랫폼 아키텍트 및 소프트웨어 엑설런스 매니저

효과적인 애자일팀을 구축하는 방법뿐만 아니라 조직의 리더십이 개발팀과 어떻게 연관되어야 하는지 핵심적인 통찰을 제공한다.

톰 스피처 EC 와이즈 엔지니어링 부사장

산업 전반에 걸쳐 더 많이 더 빨리 제공해야 한다는 압박이 거세지고 있다. 빠르게 변화하는 소프트웨어 개발 세계에 꼭 필요한 업데이트이다.

케네스 리우 시만텍 프로그램 관리 수석 이사

비즈니스 리더, 프로덕트 오너, 분석가, 소프트웨어 엔지니어, 테스터 등 모든 유형의 소프트웨어 개발 실무자에게 귀중한 통찰력과 교훈을 제공한다.

멜빈 브랜드만 윌리스 타워스 왓슨 최고 기술 고문

기존 애자일 프로젝트를 개선하고 싶거나 혹은 이제 애자일을 채택한 리더 누구라도 이 책을 통해 애자일 리더십의 모든 측면을 이해할 수 있다.

브래드 무어 콰르텟 헬스 엔지니어링 부사장

애자일팀을 발전시킬 수 있다고 입증된 매우 가치 있는 원칙을 요약했다. 정보뿐만 아니라 많은 귀중한 경험을 책 한 권으로 집약했다.

듀이 호우 테크스미스 코퍼레이션 제품 개발 부사장

애자일 구현을 위한 훌륭한 거울이다. 프로세스를 끝까지 유지하며 긍정적인 측면과 부정적인 측면을 모두 비춰 보자.

매트 스하우턴 허르조그 테크놀로지 제품 개발 수석 이사

5년 전 우리 회사에 애자일을 도입했을 때 이 책이 있었으면 좋았을 것이다. 우리가 경험한 많은 문제를 예측하고 명확히 드러낸다.

마크 아프가 쓰나미 솔루션스 제품 디자인 매니저

대부분의 기업이 '애자일' 개발 프로세스로 일한다고 생각하겠지만 정작 프로세스를 개선할 수 있는 핵심 요소를 많이 빠뜨린다. 매코널은 소프트웨어 개발 연구와 컨스트럭스에서의 경험을 바탕으로 그 정수를 하나의 간결한 자료에 집약했다.

스티브 페린 질로우 선임 개발 매니저

지난 몇 년간 우리를 곤경에 빠뜨린 많은 문제를 해결한 책이다. 애자일 여정을 시작할 때 이를 알았다면 가장 큰 도움이 되었을 것이다. '애자일 리더를 위한 To Do List'는 매우 훌륭하다.

배리 세일러 마이크로 인코더 주식회사 소프트웨어 개발 부사장

지난 20여 년간 애자일을 도입하며 마주한 경험을 집대성했다. 1990년대에 《Code Complete 코드 컴플리트》가 소프트웨어 개발자를 위한 최종 핸드북이 된 것처럼, 이 책은 향후 10년 동안 애자일 리더를 위한 최종 핸드북이 될 것이다.

톰 커 졸 메디컬 임베디드 소프트웨어 개발 매니저

차례

더 효과적인
애자일

Introduction to More Effective Agile

1부에서는 애자일 소프트웨어 개발Agile Software
Development의 기본 개념을 설명한다. 그 다음 2부에서
4부에 걸쳐 구체적인 제안으로 들어간다. 1부에
소개된 개념은 책 전반에 언급되므로 1부를 건너뛰고
2부에서 4부로 바로 넘어갔다면, 거기서 다뤄지는
논의는 앞에서 소개된 아이디어에 의존한다는 점을
명심하자. 만약 전체적인 개요부터 파악하고 싶을
경우, 5부 '노력의 결실을 즐기자'와 '핵심 원칙
요약'을 먼저 읽자.

1

시작

2천 년대 초반, 소프트웨어 업계의 리더들은 애자일 개발에 의미 있는 질문을 제기했다. 그들은 애자일이 품질, 예측 가능성, 대규모 프로젝트, 정확한 개선, 규제 산업에서의 작업을 지원할 수 있을지 우려를 표했다. 이러한 걱정에는 충분히 근거가 있었다. 그 당시 애자일의 약속은 부풀려졌고, 많은 애자일 도입 경험은 실망스러웠으며, 결과를 달성하는 데 계획했던 것보다 오래 걸렸다.

소프트웨어 산업은 초기 애자일의 비효율적인 실수와 진정한 진보를 구별하기 위한 시간과 경험이 필요했다. 최근 몇 년간, 소프트웨어 산업은 애자일의 초기 실천 방법 가운데 몇 가지를 개선하고, 새로운 내용을 추가했으며, 일부는 피하는 법을 배웠다. 오늘날 이렇게 발전된 애자일 개발을 사용하면 품질, 예측 가능성, 생산성, 처리량을 동시에 향상시키는 기회를 제공할 수 있다.

우리 회사 컨스트럭스 소프트웨어Construx Software는, 20년 이상 모바일 게임부터 의료기기에 이르는 다양한 소프트웨어 시스템을 개발하는 조직과 함께 일했다. 우리는 수백 개의 조직이 순차 개발Sequential Development로 성공하도록 도왔고, 지난 15년간 애자일 개발에서 좋은 결과를 얻는 경험을 차곡차곡 쌓아 왔다. 애자일을 실천함으로써 조직이 개발 주기에 소요하는 시간을 크게 줄이고, 생산성을 늘리고, 품질을 개선하고, 고객 대응력을 향상시키며, 투명성을 높이는 것을 확인했다.

대부분의 애자일 서적들은 넷플릭스Netflix, 아마존Amazon, 엣시Etsy, 스포티파이Spotify나 이와 유사한 다른 회사들처럼 새로운 시장에서 크게 성공하거나, 엄청나게 성장한 기업에 초점을 두었다. 그러나 여러분의 회사가 덜 혁신적인 소프트웨어를 만든다면 어떨까? 과학장비나 사무기기, 의료기기, 가전제품, 중장비 혹은 공정제어장치를 위한 소프트웨어를 만드는 회사는 어떤가? 우리는 특정 비즈니스에 우위를 제공하는 애자일이 이러한 종류의 소프트웨어에도 같은 이점을 제공한다는 걸 발견했다.

조직은 애자일을 효과적으로 구현하지 못하고 있다

기업들은 자체적으로 보다 효과적인 소프트웨어 개발을 원한다. 소프트웨어가 다른 많은 비즈니스 기능을 가능케 하기 때문에 더 유효한 소프트웨어 개발을 원하는 것이다. 해마다 발간되는 〈데브옵스 현황 보고서State of DevOps Report〉에 따르면, "고성과 IT 조직을 갖춘 기업은 수익성, 시장 점유율, 생산성 목표를 초과 달성할 가능성이 두 배 더 높다"[Puppet Labs, 2014]. 높은 성과를 내는 회사는 고객 만족도, 업무의 질이나 양, 운영 효율성, 기타 목표를 달성하거나 초과할 확률이 두 배 이상 높았다.

애자일 실천 방법을 선택적으로 잘 활용하면 더 효과적으로 소프트웨어를 개발할 뿐만 아니라 이와 함께 제공되는 모든 이점을 얻을 수 있다.

불행히도 대부분의 조직은 애자일을 효과적으로 구현하지 못하고 있기 때문에 그 잠재력을 실감하지 못한다. 예를 들어, 스크럼Scrum은 가장 보편적인 애자일 실천 방법이며 믿을 수 없을 정도로 강력하다. 하지만 우리는 이러한 이점을 실현하지 못하는 방식으로 애자일이 구현되는 경우를 자주 본다. 아래는 우리 회사가 본 평균적인 스크럼팀을 건강한 스크럼팀과 비교한 도표이다.

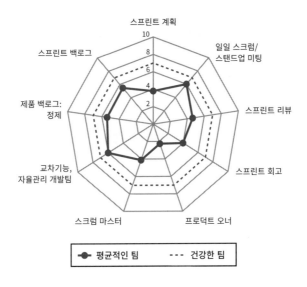

일반적으로 스크럼의 핵심 요소 가운데 일일 스크럼이 효과적으로 적용되는 것을 볼 수 있는데, 이마저도 보편적이지 않다. 스크럼의 나머지 요소들은 산발적으로 쓰이거나 전혀 적용되지 않았다(이 도표에 사용

된 점수는 4장, '스크럼의 기쁨과 슬픔'에 자세히 설명되어 있다).

좋은 결과를 낼 가능성이 높은 실천 방법을 제대로 구현하지 못한 것이 애자일이 실패하는 유일한 원인은 아니다. '애자일'이라는 용어는 무수히 많은 실천 방법과 원칙, 이론을 다루는 포괄적인 말이 되었다. 우리는 조직이 '애자일'이 의미하는 바에 부합하지 않아 애자일을 구현하는 데 실패하는 것을 봐왔다.

애자일이라는 커다란 우산 아래에서 몇몇 실천 방법은 다른 것보다 훨씬 더 잘 효과를 내는데, 일부 조직은 효과적이지 않은 실천 방법을 선택하여 실패한다. 조직은 현저하게 더 나은 성과를 성취할 수 있다. 어떻게 그렇게 할 수 있는지 앞으로 설명하겠다.

이 책은 실제로 애자일을 효과적으로 채택하고자 하는 C레벨 임원, 부사장, 이사, 관리자 혹은 기타 소프트웨어 팀이나 조직 리더를 위해 썼다. 만약 당신이 기술적인 배경지식은 있지만 애자일을 실무에 적용해 본 깊은 경험이 없다면 제대로 찾아왔다. 또, 기술 분야에 배경지식이 없지만 애자일을 실천하는 실무 지식을 원하는 사람들에게도 좋다 (기술적인 부분은 건너뛰어도 된다). 10~15년 전에 애자일 실천 방법을 많이 배웠지만 그 이후로 관련 지식을 업데이트하지 않았다면 역시나 당신을 위한 책이다.

조직이 애자일 개발을 적용했는데 결과가 만족스럽지 못한가? 이 책은 그 누구보다 당신을 위한 것이다.

효과가 입증된 애자일 실천 방법

이 책은 어떻게 애자일을 '정확히' 수행할 수 있는지 알려 주는 게 아니라 각자의 비즈니스에 적합한 애자일 실천법으로 최대한의 가치를 얻는 방법을 이야기한다.

여기서는 애자일을 좇는 데 집중하는 사람들은 자주 소홀히 하지만 기업에서는 관심을 기울이는 주제를 다룬다. 바로 애자일 구현 시 공통적으로 겪는 문제와 조직 일부에서만 애자일을 구현하는 방법을 다룬다. 예측 가능성을 높이기 위한 애자일, 지리적으로 분산된 팀에서 애자일을 사용하는 가장 좋은 방법, 규제 산업에서 애자일을 활용하는 법처럼 애자일을 실행하며 흔히 겪지만 잘 다뤄지지 않는 몇 가지 주제를 설명한다.

애자일 개발에 관한 책 대부분은 애자일을 좇는 데 집중하는 사람들이 썼다. 그들은 특정 애자일 실천 방법을 옹호하거나 애자일을 전반적으로 홍보한다. 나는 애자일 전도사가 아니다. '효과가 있는 것'을 지지하며 '증거도 없이 과하게 약속하는 것'에 반대하는 사람이다. 이 책은 애자일을 의식의 고양을 요하는 운동으로서가 아니라 비즈니스와 기술 용어로 그 효과와 상호작용을 이해할 수 있는, 구체적인 경영 기법이나 기술적인 실천 방법의 모음으로 다룬다.

2천 년대 초반에는 소프트웨어 업계가 애자일 개발에서 무엇이 동작하고 동작하지 않는지 확신할 만큼 현장 경험을 충분히 쌓을 수 없었기 때문에 이 책을 쓰는 게 불가능했다. 이제 우리는 가장 널리 알려졌던 몇 가지 실천 방법이 그다지 효과적이지 않음을 깨달았다. 오히려 그 당시 덜 알려졌던 실천법들이 애자일을 실제로 구현하는 데 신뢰할 만한 도구로 부상했다. 이 책은 애자일을 작동하게 만드는 방법이 무엇인지 알려 준다.

애자일을 열렬하게 지지하는 사람들은 여기에 최신 애자일 개발을 담지 않았다고 비판할지도 모르지만 그게 바로 요점이다. 이 책은 실무에서 효과가 입증된 방법에 초점을 둔다. 애자일 개발의 역사에는 한두 명의 지지자가 소수의 조직에서 성공적으로 사용했지만, 궁극적으로 일반적인 쓰임새를 찾기 힘든 아이디어가 많았다. 여기서는 그렇게 제한적으로 사용되는 실천 방법은 다루지 않는다.

이 책은 실제 작동하는 애자일 실천 방법 로드맵을 제공하고, 피해야 하는 애자일 실행 방식 및 아이디어에 대한 몇 가지 주의사항을 다룬다. 애자일을 익히는 자습서가 아니라 소프트웨어 리더가 노이즈에서 의미 있는 신호를 분리해 내도록 도와주는 안내서이다.

이 책은 애자일이 소프트웨어 개발에 쓰이게 된 배경과 맥락에서 시작해 개인과 팀 차원의 애자일 실천 방법을 다룬 다음, 애자일을 사용하는 팀이 속한 조직을 살펴본 뒤, 마지막으로 전체 내용을 조망하고 요약한다. 각 부 앞부분에는 해당 부를 읽을지 말지, 어떤 순서로 읽는 게 좋을지 결정하는 데 도움을 주는 지침이 나와 있다.

수많은 동료들의 검토가 있지 않았다면 이 책은 완성될 수 없었을 것이다. 컨스트럭스 소프트웨어의 직원이 초고를 철저히 검토했다. 다음으로 원고를 검토할 지원자들을 회사 바깥에서 찾았는데, 300명 이상의 소프트웨어 리더들이 1만 건이 넘는 의견을 주어 이 책이 만들어지는 데 기여했다. 그들의 아낌 없는 도움은 이번 출간에 커다란 보탬이 되었다.

여러분은 이 책을 어떻게 읽었는지 궁금하다. 당신의 경험과 일치하는가? 당면한 문제에 도움이 되었는가? 아래 주소 중 어디로든 의견을 보내 주면 좋겠다.

워싱턴주, 벨뷰

✉ stevemcc@construx.com

in Linkedin.com/in/stevemcc

f SteveMcConnellConstrux

🐦 @Stevemconstrux

☰ MoreEffectiveAgile.com

2

오늘의 애자일

애자일에 대한 대부분의 책은 2001년의 애자일 선언문Agile Manifesto이나 이와 관련된 애자일 원칙으로 도입부를 시작한다. 그리고 '애자일이 정말로 다른 점은 무엇인가?' 같은 제목의 장을 가지고 있기 마련이다.

20여 년 전에 이 문서들은 중요하고 유용하게 사용됐지만 그 이후로 애자일 실천 방법은 계속 발전했으며 애자일 선언문 같은 역사적인 참고 자료 중 어느 것도 오늘날 애자일의 가장 가치 있는 측면을 명확하게 규정하지는 않는다.

그렇다면 오늘날 애자일은 무엇이 다를까? 애자일 운동은 역사적으로 폭포수 개발과 대조됐다. 폭포수 개발은 사전에 계획의 100%를 수립하고, 요구사항의 100%를 파악하며 디자인의 100%를 만들도록 요구한다. 이건 말 그대로 '폭포수' 개발의 정확한 특성이지만[1], 실제로는 널리 쓰이지 않는 개발 방식이었다. 오히려 다양한 종류의 단계적인 개발 방식이 일반적이었다.

---

1 (옮긴이) 폭포수 모델(waterfall model)은 순차적인 소프트웨어 개발 프로세스로, 개발의 흐름이 마치 폭포수와 같이 지속적으로 아래로 향하는 것처럼 보이는 데서 이름이 붙여졌다. *https://en.wikipedia.org/wiki/Waterfall_model*, *https://ko.wikipedia.org/wiki/폭포수_모델*

진정한 폭포수 개발은 주로 초기 미 국방부 프로젝트에서 쓰였고, 초
반에 조잡하게 구현되었던 방식은 애자일 선언문이 작성될 무렵에는 이
미 더 정교한 개발 방식으로 대체된 후였다.[2]

오늘날 애자일 개발과 가장 의미 있는 차이를 보이는 건 순차 개발이
다. 잘못 알려진 오해를 제외하고 그 차이점을 표 2-1에 정리했다.

애자일 개발	순차 개발
짧은 릴리스 주기	긴 릴리스 주기
짧은 릴리스 주기 안에서 소규모 배치로 수행되는 대부분의 엔드투엔드 개발	긴 릴리스 주기에 걸쳐 대규모 배치로 수행되는 대부분의 엔드투엔드 개발
상위 수준의 사전 계획과 적시에 세우는 세부 계획	세부적인 사전 계획
상위 수준의 사전 요구사항과 적시에 도출하는 세부 요구사항	세부적인 사전 요구사항 도출
적기 설계	사전 설계
지속적이고 자동화된 테스트, 개발에 통합됨	테스트는 마지막에, 자주 별도의 활동으로 실행함
빈번한 체계적인 협업	드물게 벌어지는 체계직인 협업
경험적, 반응적, 개선 지향적인 접근방식	이상적, 사전 계획적, 통제 지향적인 접근방식

표 2-1 애자일 개발과 순차 개발의 차이점

짧은 릴리스 주기 VS 긴 릴리스 주기

애자일 방식을 사용하는 팀은 며칠 혹은 몇 주 단위로 측정되는 주기 안
에서 작동하는 소프트웨어를 개발한다. 순차 방식을 사용하는 팀은 개

---

2   미 국방부 프로젝트 MIL-STD-2167A의 폭포수 소프트웨어 개발 표준은 1994년 말 비폭포수 표
    준 MIL-STD-498로 대체되었다.

발 주기를 몇 달 혹은 분기로 측정한다.

엔드투엔드(End-to-End) 개발 작업: 소규모 배치 VS 대규모 배치

애자일 개발은 세부 요구사항, 디자인, 코딩, 테스트, 문서화를 포함한 완비된 개발을 작은 배치로 실행할 것을 강조한다. 즉, 한 번의 배치에 의미 있는 적은 개수의 기능이나 요구사항을 개발한다. 순차 개발은 전체 프로젝트에서 가치 있는 요구사항, 디자인, 코딩, 테스트를 개발 파이프라인을 통해 대규모 배치로 동시에 내보낼 것을 강조한다.

적시 계획 VS 사전 계획

애자일 개발은 일반적으로 약간의 사전 계획을 세우고 대부분의 세부 계획은 적시에 완료하도록 남겨 둔다. 잘 진행되는 순차 개발 또한 많은 계획을 적시에 세우지만, 획득가치earned value 프로젝트 관리와 같은 순차 방식은 보다 세부적인 계획을 세우는 것에 중점을 둔다.

적시 요구사항 VS 사전 요구사항

애자일 개발은 사전에 가능한 한 적은 요구사항만 처리하는 데 초점을 맞춘다(세부사항보다는 범위를 강조). 이는 프로젝트가 진행된 후 필요할 때까지 대부분의 세부 요구사항 작업을 지연시킨다. 순차 개발은 대부분의 상세 요구사항을 사전에 정의한다.

요구사항은 2천 년대 초 애자일 개발과 관련된 아이디어를 넘어서 진보한 영역이다. 이 변경 사항에 대해서는 13장 '애자일 요구사항 만들기'와 14장 '애자일 요구사항 우선순위 매기기'에서 설명하겠다.

적기 설계 VS 사전 설계

계획 및 요구사항과 같이 애자일은 아키텍처를 미리 설계하는 일을 최소화하면서 필요할 때까지 설계 작업의 세부적인 정교화를 연기한다. 순차 개발은 더 높은 수준의 세부사항을 미리 개발할 것을 강조한다.

일부 사전 설계와 아키텍처 작업의 그 가치를 인정하는 것도 오늘날 애자일이 2천 년대 초기 애자일 철학을 넘어선 또 다른 영역이다.

지속적으로 개발과 통합되는 자동화 테스트 VS 마지막에 실시하는 개별 테스트

애자일 개발은 테스트를 코딩과 동시에 진행하거나 때로는 코딩에 앞서 수행해야 한다고 강조한다. 이러한 테스트는 개발자와 테스트 전문가를 포함한 통합된 개발팀에서 수행한다. 순차 개발은 테스트를 개발과 분리하여 진행하며 일반적으로 개발 후에 일어나는 활동으로 취급한다. 애자일 개발에서는 더 많은 사람들이 더 자주 테스트를 실행할 수 있도록 자동화 테스트를 강조한다.

빈번한 체계적인 협업 VS 빈번하지 않은(드문) 체계적인 협업

애자일 개발은 빈번하고 체계적인 협업을 중요하게 여긴다. 이러한 협업은 짧지만(15분 일일 스탠드업 미팅), 일간이나 주간으로 이뤄진다. 순차 개발은 확실히 협업을 방해하지는 않지만, 특별히 장려하지도 않는다.

경험적, 반응적, 개선 지향적 VS 이상적, 사전 계획적, 통제 지향적

애자일팀은 경험적인 접근을 강조한다. 그들은 실제 경험을 통한 학습에 초점을 둔다. 순차적으로 일하는 팀도 경험에서 배우려고 하지만, 현실을 관찰하고 끊임없이 그에 적응하는 것보다는 계획을 정의하고 현실에 질서를 부여하는 일에 더 중점을 둔다.

애자일 개발과 순차 개발의 공통점

애자일 개발과 순차 개발은 '좋은 애자일 개발 VS 좋지 않은 순차 개발' 혹은 그 반대의 경우로 비교되는 경향이 있다. 이건 공평하지 않고 유용하지도 않다. 잘 운영되는 프로젝트는 애자일을 사용하든 순차 접근을 사용하든 상관없이 우수한 관리, 높은 수준의 고객 협업, 고품질의 요구사항, 설계, 코딩, 테스트를 강조한다.

순차 개발도 물론 잘될 수 있다. 하지만 표 2-1에 나와 있는 차이점을 참고해 진행한 프로젝트를 되돌아보면, 많은 경우 왜 애자일이 순차 개발보다 더 잘 작동하는지 몇 가지 힌트를 찾을 수 있다.

애자일이 순차 개발보다 더 잘 작동하는 이유

애자일 개발의 이점은 '애자일'을 둘러싼 아우라에서 나오는 게 아니다. 표 2-1에 나열된 애자일에서 강조하는 것들의 효과는 쉽게 이해할 수 있다.

릴리스 주기가 짧으면 오류 수정을 더 시기적절할 때 더 적은 비용으로 할 수 있고, 막다른 길에서 낭비하는 시간을 줄이며, 보다 즉각적인 고객 피드백, 신속한 절차 수정, 수익 증대와 운영비용 절감을 위한 경로 단축 등이 가능하다.

소규모 배치로 수행되는 엔드투엔드 개발 작업 역시 유사한 이유로 이점을 제공한다. 즉, 더 엄격한 피드백 루프를 통해 보다 낮은 비용으로 오류를 더 빨리 감지하고 수정할 수 있다.

적시에 계획을 세우면 나중에 무시되거나 버려지는 상세 계획을 만드는 데 소요하는 시간이 줄어든다. 적시에 요구사항을 만들면 계획이 변경되어 결국 폐기되는 요구사항에 투자하는 작업이 줄어든다.

적기에 설계하면 세부사항이 계획대로 잘 작동하지 않는 설계는 말할 것도 없고, 나중에 변경되는 요구사항으로 인해 사전에 해결책을 설계하는 데 드는 일감이 줄어든다. 사전에 계획된 설계가 강력할 수도 있지만 추측에 근거한 요구사항을 미리 설계하는 것은 오류가 발생하기 쉽고 낭비가 생긴다.

개발팀 안에서 이루어지는 지속적인 자동화 테스트는 결함이 삽입된 시간과 감지된 시간 사이의 피드백 루프를 강화하여 결함을 수정하는 비용은 낮추고 초기 코드의 품질을 강화하는 데 기여한다.

빈번하고 체계화된 협업은 커뮤니케이션 실수를 줄여 요구사항이나 설계, 기타 활동에서 생길 수 있는 결함을 크게 완화한다. 경험적이고 대응력이 뛰어난 개선 모델에 초점을 맞추면, 팀은 경험에서 더 빨리 배우고 시간이 지남에 따라 실력이 향상된다.

조직마다 초점을 두는 애자일의 강조점이 다를 것이다. 안전이 가장 중요한 소프트웨어를 개발하는 조직은 일반적으로 적기 설계를 채택하지 않을 것이다. 적기 설계는 비용을 절감할 수 있지만 이 경우 안전을 고려하는 게 더 중요하다.

마찬가지로 소프트웨어가 접근하기 어려운 기기에 내장되어 있거나 규제 때문에 소프트웨어를 출시할 때마다 많은 비용이 드는 조직은 잦은 릴리스를 선택하지 않는다. 빈번한 릴리스를 통해 얻은 피드백으로 비용을 절감할 수 있는 조직도 있지만 절약하는 것보다 더 많은 비용을 쓰는 조직도 있다.

'애자일'이 애자일의 모든 것을 적용하지 않으면 의미가 없는 불가분의 개념이라는 생각에서 벗어나면, 애자일 실천 방법을 개별적으로 채택하는 게 가능하다. 몇몇 애자일 실천 방법은 다른 것보다 더 유용하고 어떤 것은 특정 상황에서 더 도움이 된다는 걸 깨닫기 시작할 것이다. 만약 여러분의 조직이 민첩하게 비즈니스를 지원해야 한다면, 이 책에서 다루는 애자일 실천 방법이 적합하다. 또한 품질, 예측 가능성, 생산성 혹은 몇몇 분명하지 않은 애자일 속성을 지원해야 하는 경우에도 역시 유용하다.

애자일 경계선

대부분의 조직은 모든 단계를 관통하는 민첩성을 확보하기 어렵다. 애자일을 도입한 인사팀이나 구매팀에서 어떠한 이익도 보지 못할 수 있다. 전체 조직에 애자일을 도입하더라도 고객이나 공급업체는 기대만큼 애자일하지 않을 것이다.

현실과 기대 둘 다에서 조직의 애자일한 부분과 애자일하지 않은 부분 사이의 경계가 어디인지 이해하는 게 유용하다.

C레벨 임원이라면 애자일 경계 내부에 전체 조직을, 조직의 최고 기술 책임자라면 전체 기술 조직을 포함시킬 수 있다. 더 낮은 레벨의 리더라면 애자일 경계에 오직 당신의 팀만 넣을 수 있다. 그림 2-1을 살펴보자.

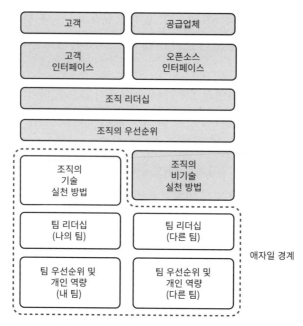

그림 2-1 애자일 경계를 보여 주는 예시. 여기서 말하는 애자일 실천 방법은 기술 조직에 한한다.

애자일 경계를 오해하면 기대치를 잘못 설정하여 다른 문제가 발생한
다. 다음 시나리오가 가능하나.

- 소프트웨어 개발은 애자일하지만 규제는 애자일하지 않다
- 영업은 애자일하지만 소프트웨어 개발은 애자일하지 않다
- 소프트웨어 개발은 애자일하지만 기업 고객은 애자일하지 않다

모든 조직에는 경계가 있다. 조직에서 얼마나 철저하게 애자일을 구현
하고자 하는가? 어떻게 해야 사업에 가장 도움이 될까?

📋 애자일 리더를 위한 To Do List

☑ 검토하기

- 이전에 애자일을 전부 아니면 의미가 없다는 양자택일로 여긴 정도를 수치로 나타내 보자. 이러한 접근이 조직 관리와 기술 실천 방법을 개선하기 위한 시도에 얼마나 영향을 미쳤는가?
- 조직의 기술 리더 3명 이상과 대화해 보자. '애자일'이 무엇을 의미하는지 물어보고, 구체적인 실천 방법을 들어 보자. 기술 리더들은 무엇이 애자일인지 서로 얼마나 동의하는가? 무엇이 애자일이 아닌지 동의하는가?
- 비기술 리더와 애자일이 의미하는 바를 이야기해 보자. 그들의 업무와 소프트웨어 팀 간의 경계나 인터페이스를 어떻게 인식하고 있는가?
- 표 2-1을 참고해 프로젝트 포트폴리오를 검토해 보자. 다음 수치로 프로젝트를 평가하자. 1은 완전히 순차적, 5는 완전히 애자일이다.

☑ 적용하기

- 조직에서 '애자일 경계'를 도출하려면 어떻게 해야 할지 접근 방법을 작성해 보자.
- 책의 나머지 부분을 읽으면서 답변을 작성할 질문 목록을 만들어 보자.

더 읽을 거리

- Stellman, Andrew and Jennifer Green. 2013. *Learning Agile: Understanding Scrum, XP, Lean, and Kanban.*

  애자일을 찬성하는 관점에서 애자일 개념을 잘 소개한 책이다.

- Meyer, Bertrand. 2014. *Agile! The Good, the Hype and the Ugly.*

  지나친 애자일 운동에 대한 재미있는 비평에서 시작하여 애자일 개발과 관련된 가장 유용한 원칙과 실천법을 규명한다.

3

복잡성과 불확실성에 대응하기

소프트웨어 프로젝트는 품질이 낮거나, 기한을 넘기거나, 완전히 실패하는 등 많은 문제를 일으키는 원인인 복잡성을 어떻게 처리해야 할지를 놓고 오랫동안 씨름했다.

이 장은 불확실성과 복잡성을 이해하기 위해 커네빈 프레임워크Cynefin Framework를 소개한다. 커네빈이 소프트웨어 문제에 순차 접근과 애자일 접근을 어떻게 적용하는지 기술한다. 그 다음에 불확실성과 복잡성에 직면하며 의사결정을 하는 OODAObserve-Orient-Decide-Act 모델을 안내한다. 여기서는 OODA 의사결정이 일반적인 순차적 의사결정보다 장점을 제공하는 경우를 설명한다.

커네빈 프레임워크

커네빈('커ㅎ-네ㅂ-인'으로 발음한다) 프레임워크는 1990년대 말 IBM의 데이비드 스노든David Snowden이 만들었다[Kurtz, 2003]. 그 이후 스노든과 다른 사람들에 의해 계속 발전해 왔으며[Snowden, 2007], 스노든은 커네빈을 '센스메이킹[1] 프레임워크'라고 설명한다. 이는 상황의 복잡성과 불확실

---

1 (옮긴이) 사람들이 집단적 경험에 의미를 부여하는 프로세스를 말한다.

성에 따라 유용한 전략의 종류를 이해하도록 돕는다.

커네빈 프레임워크는 다섯 개의 영역으로 구성된다. 각 영역에는 고유한 속성이 있으며 대응법을 제안한다.

다섯 개의 영역은 그림 3-1과 같다.

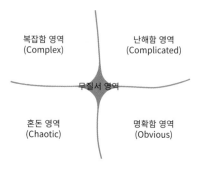

그림 3-1 커네빈 프레임워크는 소프트웨어 개발에 적용할 수 있는 유용한 센스메이킹 프레임워크이다.

커네빈은 '거주지' 혹은 '이웃'을 뜻하는 웨일스어이다. 각 영역은 범주category라기보다는 무리cluster를 뜻하는데, 커네빈 프레임워크에서는 그 어원인 '거주지'habitat가 그러하듯이 우리에게 영향을 미치는 환경과 경험에서 비롯되는 의미를 가리킨다.

복잡함 영역과 난해함 영역은 소프트웨어 개발과 가장 관련이 깊다. 다섯 개의 영역에 대해서 그 맥락을 설명하겠다.

명확함 영역

명확함 영역에서는 문제가 잘 이해되고 해결책도 자명하다. 말 그대로 모든 사람이 한 가지 정답에 동의한다. 원인과 결과의 관계가 단순하고 직접적이다. 이는 프로그래밍되어 있고, 절차적이고, 반복적인 암기 동작 같은 패턴이 적용되는 영역이다.

커네빈 프레임워크에서는 명확한 문제에 대한 접근방식을 다음과 같이 설명한다.

인지 ● 분류 ● 대응

명확함 영역에서 발생하는 문제는 이런 것이다.

- 식당에서 주문하기
- 대출금 처리하기
- 차에 기름 넣기

세부적으로 들어가면 소프트웨어 팀은 "이 if 문은 1 대신 0을 체크해야 한다"와 같은 명확한 문제에 수없이 부딪친다.

프로젝트 수준에서는 커네빈에서 정의한 명확한 문제의 예를 찾기가 어렵다. 소프트웨어에서 정답이 하나뿐이고 모든 사람이 동의한 해결책을 갖는 크기의 문제를 마지막으로 본 게 언제일까? 소프트웨어에 관한 좋은 연구가 있다. 동일한 문제를 풀 때도, 설계자들은 각자의 설계를 구현하는 데 필요한 코드의 양이 10배나 차이 나는 해결책을 만들어 낸다고 한다[McConnell, 2004]. 경험상 이러한 차이는 '짧은 보고서 작성하기'와 같은 겉보기에 복잡하지 않은 작업에도 존재한다. 이는 당신이 얻을 수 있는 '하나의 올바른 해결책'과는 좀 다르다. 그래서 'Hello world' 프로그램 이외에 소프트웨어 개발에 명백하게 정의되는 문제가 존재한다고 생각하지 않는다. 대규모 소프트웨어 개발에 관한 한 명확함 영역은 무시해도 괜찮다.

난해함 영역

난해함 영역에서 여러분은 문제의 일반적인 형태가 어떤지, 어떤 질문을 해야 하는지, 어떻게 답을 얻어야 하는지 알고 있다. 또한 정답이 여러 개 존재한다. 원인과 결과 사이의 관계가 복잡하여 이를 이해하려면 전문적인 지식을 분석하고, 조사하고, 적용해야 한다. 모든 사람이 원인과 결과의 관계를 볼 수 있거나 이해할 수 있지는 않기 때문에 전문가 영역이 난해해지는 것이다.

커네빈 프레임워크에서 난해한 문제에 접근하는 방식은 다음과 같다.

인지 ● 분석 ● 대응

이 방법은 중간 단계에서 단순히 문제를 분류하고 하나의 올바른 응답을 선택하기보다는 분석을 필요로 한다는 점에서 명확함 영역의 접근방식과 대조된다.

난해함 영역에서 발생하는 문제는 다음과 같다.

- 엔진 노킹음 진단
- 고급 식사 준비
- 특정 결과를 얻기 위한 데이터베이스 쿼리 작성
- 불완전한 업데이트로 발생한 운영 서비스 시스템 버그 수정
- 잘 돌아가고 있는 시스템 버전 4.1에 대한 사용자 요구사항 우선순위 지정

이 사례들의 공통점은 먼저 문제에 대한 이해와 접근방식을 공식화한 다음 문제해결로 직행한다는 점이다.

수많은 소프트웨어 개발 활동과 프로젝트는 난해함 영역에 속한다. 과거부터 이는 순차 개발의 영역이었다.

프로젝트 대부분이 커네빈의 난해함 영역에 있다면, 사전 계획과 분석에 의존하는 선형적이고 순차적인 접근방식이 효과적이다. 문제를 잘 정의할 수 없을 때 이렇게 접근하면 어려움이 발생한다.

복잡함 영역

복잡함 영역의 특징은 원인과 결과의 관계가 전문가에게조차 곧바로, 명확하게 보이지 않는다는 점이다. 난해함 영역과 대조적으로 질문해야 할 걸 전부 알지 못하기 때문에 질문을 찾는 게 도전 과제 중 하나다. 사전 분석을 아무리 많이 해도 문제가 해결되지 않기에, 해결책을 찾으려면 실험이 필요하다. 사실 어느 정도의 실패는 프로세스의 일부이고, 불완전한 데이터를 기반으로 결정을 내릴 때도 많다.

복잡한 문제의 경우, 문제의 핵심을 알아내는 일이 시급하지만 원인과 결과의 관계는 사후에나 알 수 있다. 그러나 충분한 실험을 거치면 실질적인 의사결정을 뒷받침할 만큼의 인과관계를 파악하는 게 가능하다. 스노든은 복잡한 문제가 협업과 인내, 해결책이 출현하는 영역이라고 말한다.

커네빈에서는 복잡한 문제에 대한 접근방식을 다음과 같이 설명한다.

탐색 ○ 인지 ○ 대응

문제해결 방법을 분석할 수 없는 바로 이 부분이 난해한 문제와 대조된다. 복잡함 영역에서는 탐색을 먼저 해야 한다. 궁극적으로 분석이 중요하지만, 지금 당장은 아니다.

복잡함 영역에서 발생하는 문제는 다음과 같다.

- 쇼핑이 어려운 사람을 위한 선물 구매. 교환해야 할 경우를 고려해 선물하기
- 디버깅 중 진단 도구에서는 버그가 나타나지 않는데, 운영 시에 버그가 나타나는 운영 서비스 시스템 버그 수정하기
- 새로운 시스템 사용자 요구사항 도출하기
- 구축 중인 하드웨어 위에서 돌아가는 소프트웨어 만들기
- 경쟁업체가 소프트웨어를 업데이트하는 동안 자사 소프트웨어 업데이트하기

많은 소프트웨어 개발 활동과 프로젝트가 복잡함 영역에 속하며, 이는 애자일과 반복 개발의 영역이다. 프로젝트 대부분이 복잡함 영역에 있다면, 문제를 완전히 정의하기 전에 실험과 조사를 통해 실행 가능한 접근방식을 구축해야 한다.

내 생각엔 순차 개발이 복잡한 프로젝트를 잘 수행하지 못하고 실패한 것이 애자일 개발을 떠오르게 한 주요 원인이다.

경우에 따라 여러분은 대부분의 복잡한 프로젝트를 난해한 프로젝트로 바꿀 만큼 충분히 자세하게 탐색할 수 있다. 그런 다음 프로젝트의 남은 부분은 난해한 프로젝트에 적합한 접근방식을 사용해 진행한다. 또 다른 경우, 복잡한 프로젝트는 프로젝트 전체 수명주기 동안 주요한 복잡 요소를 유지한다. 이때 복잡한 프로젝트를 난해한 프로젝트로 전환하려는 시도는 시간을 낭비하므로 복잡한 프로젝트에 적합한 방식을

사용해 프로젝트를 완료하는 것이 더 유용하다.

혼돈 영역

혼돈 영역은 앞서 언급한 세 개의 영역에 기반하여 예측할 수 있는 패턴에서 약간 벗어난다. 혼돈 영역에서는 원인과 결과의 관계가 격변하고 유동적이다. 반복적인 실험을 해도, 상황이 지나고 나서 돌이켜 봐도, 원인과 결과 사이에 어떤 관계를 밝히기 어렵다.

뭐라 질문해야 할지 알 수 없고, 탐색과 실험을 해도 일관된 반응이 나타나지 않는다. 또한 다른 영역에는 존재하지 않는 시간-압력 요소를 포함한다.

커네빈은 혼돈 영역을 결단력 있고, 행동 지향적인 리더십 영역으로 정의한다. 따라서 권장하는 접근방식은 혼돈에 질서를 부여하고 이를 빠르게 수행하는 것이다.

행동 ● 인지 ● 대응

혼돈 영역에서 발생하는 문제는 다음과 같다.

- 재난 발생 시 자연재해 구호 활동
- 고등학교 학생 식당에서 음식 던지기 싸움 중단시키기
- 아무리 분석하고 조사해도 버그 원인을 찾지 못해서 이전 버전으로 롤백해 운영 서비스 시스템 버그 수정하기
- 힘 있는 이해관계자의 야망으로 요구사항이 생기고 변경되는 격렬한 정치 환경에서 피처 세트 정의하기

소프트웨어 영역에서 프로젝트 규모급의 혼돈 문제의 예시를 찾기는 어렵거나 불가능하다. 버그 수정의 경우 '분석할 시간은 없고, 바로 고쳐야 할 때'는 있지만, 이는 프로젝트 규모에 관한 예제는 아니다. 피처 세트 정의는 프로젝트 규모와 관련 있지만, 시간-압력 요소가 없기 때문에 커네빈 용어로 보면 혼돈 문제의 대표적인 예는 아니다.

무질서 영역

무질서 영역은 커네빈 다이어그램 한가운데 있다. 겪고 있는 문제가 어느 영역에 해당하는지 명확하지 않다. 무질서 영역에 대해 커네빈에서 제안하는 접근방식은 문제를 요소로 분해한 다음 각 요소가 어떤 영역에 있는지 평가하는 것이다.

커네빈은 이렇게 다양한 문제의 요소를 식별하고 각각을 적절하게 취급하는 접근방식을 제공한다. 요구사항, 설계, 계획 작업을 수행하기 위해 복잡함 영역에서 하나, 난해함 영역에서 또 다른 하나를 사용해 접근한다. 어느 곳에서도 단일 접근방식이 통하지 않는다.

대부분의 소프트웨어 프로젝트 규모의 문제는 한 가지 영역에 깔끔하게 포함되지 않으므로 영역들이 서로 이웃하고 있다는 점을 명심해야 한다(함께 집합으로 모여 있다는 의미다). 문제나 시스템을 이루는 다양한 요소는 각기 다른 속성을 나타낸다. 어떤 것은 난해하고 또 어떤 건 복잡하다.

커네빈과 소프트웨어 과제

커네빈은 흥미롭고 유용한 센스메이킹 프레임워크로, 다섯 가지 영역

모두 소프트웨어 바깥의 문제에도 적용된다. 하지만 그림 3-2에 나타난 것처럼 혼돈 영역과 명확함 영역은 앞서 설명한 이유로 모든 프로젝트에 적용되지 않는다. 즉 사실상 소프트웨어 프로젝트는 주로 난해함, 복잡함 혹은 무질서 영역에 속한다고 생각해야 한다(그리고 무질서 영역은 궁극적으로 난해함, 복잡함 또는 이 두 가지의 조합으로 해결된다).

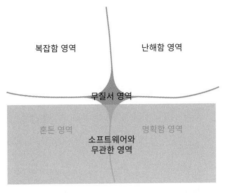

그림 3-2 커네빈 영역과 소프트웨어 과제 간의 관계

이렇게 커네빈 영역에서 오직 두 가지(난해함 영역, 복잡함 영역)만 선택할 수 있는 점을 고려해, "프로젝트가 속한 영역을 잘못 추측하면 어떻게 될까?"라고 질문해 보는 게 좋다.

그림 3-3과 같이, 프로젝트에서 불확실성이 높을수록 난해한(순차) 접근방식보다 복잡한(애자일) 접근방식이 유리하다.

만약 프로젝트가 복잡함 영역에 있다고 생각했는데 결국 난해함 영역에 있다고 드러나면, 불필요한 조사와 실험에 시간을 할애한 꼴이다. 이러한 경우 잘못된 추측에 대한 패널티로 프로젝트를 덜 효율적으로 수행하지만 덕분에 프로젝트에 대한 이해와 접근방식은 개선된다.

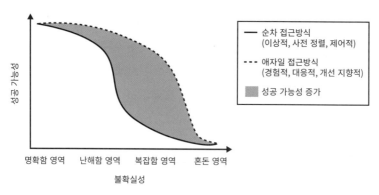

그림 3-3 다양한 문제에 대처하는 순차 접근과 애자일 접근의 성공 가능성

만약 프로젝트가 난해함 영역에 있다고 생각했지만 결국 복잡함 영역에 있다고 밝혀지면, 생각했던 것만큼 이해하지 못했던 프로젝트를 분석하고, 계획하고, 부분적으로 실행하는 데 시간을 쏟은 셈이다. 만약 미션이 계획과 다르다는 걸 발견했을 때 전체 기간 6개월 중 한 달이 지났다면, 프로젝트를 완전히 다시 시작해야 할 수 있다. 5개월이 됐을 때 이를 발견했다면 프로젝트를 당장 취소해야 할지 모른다.

프로젝트가 난해함 영역에 있다고 잘못 추측하는 것보다 복잡함 영역에 있다고 잘못 추측하는 편이 결과적으로 더 낫다. 그러므로 돈을 아끼려면, 프로젝트가 난해함 영역에 있다고 확신하거나 순차적 접근이 동작하는 경우를 제외하고는 프로젝트를 복잡함 영역의 것으로 보고, 애자일 실천법을 사용하는 편이 낫다.

복잡한 프로젝트 성공하기: OODA

복잡함 영역 프로젝트를 다루는 데 유용한 모델은 OODA이다. 그림 3-4

에서 볼 수 있듯이, 'OODA'는 관찰Observe, 방향 설정Orient, 결정Decide, 실행Act을 의미하며 일반적으로 'OODA 루프'로 설명된다.

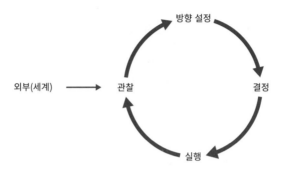

그림 3-4 기본 OODA 루프에는 '관찰'에서 시작되는 네 단계가 있다.

OODA는 미 공군 대령 존 보이드가 공중전 결과에 불만을 가진 데서 유래했다. 그는 의사결정을 가속화하고, 적보다 빨리 결정을 내리며, 적의 의사결정을 무효화하는 방법으로 OODA 루프를 발명했다. OODA는 컨텍스트를 확립하고, 계획을 수립하고, 작업을 수행하고, 결과를 관찰하여 이번 주기에서 배운 것을 다음 주기에 통합하는 체계적인 접근방식이다.

관찰

OODA 루프는 '관찰'에서 시작된다. 현재 상황을 관찰하고, 관련된 외부 정보를 관찰하고, 새롭게 전개되는 모든 측면을 관찰하고, 이러한 상황이 펼쳐지면서 환경과 어떻게 상호작용하는지 관찰한다. OODA는 관찰에 중점을 두기 때문에, 관찰과 경험에 초점을 둔 경험적 접근방식으로 볼 수 있다.

방향 설정

'방향 설정' 단계에서는 관찰한 내용을 상황과 관련시킨다. 보이드는 관찰한 내용을 우리의 "유전적 유산, 문화적 전통, 이전의 경험, 펼쳐진 상황"[Adolph, 2006]과 관련짓도록 명시했다. 더 간단히 말하면, 정보의 의미를 결정하고, 응답으로 사용 가능한 선택지를 식별하는 것이다.

방향 설정 단계는 본인이 세운 가설에 도전하고, 문화와 기업 문화의 사각 지대를 조정하며 일반적으로 편향된 데이터나 정보를 제거하는 기회를 제공한다. 방향 설정 단계에서는 이해도가 높아짐에 따라 우선순위가 바뀐다. 이 과정에서 다른 사람들이 놓친 세부사항의 중요성을 깨닫게 된다.

애플Apple의 아이폰이 대표적인 예로, 이전까지 무선 단말기 산업은 카메라의 화소수, RF 신호 품질, 배터리 수명에 집중했다. 하지만 애플은 완전히 다른 길을 지향하며 획기적인 UX의 모바일 정보 기기를 탄생시키는 데 초점을 두었다. 전통적인 휴대전화로서 아이폰은 거의 모든 면에서 열등했지만 애플은 더 중요한 다른 과제를 해결하고자 했기 때문에 이는 문제되지 않았다.

결정

'결정' 단계에서는 '방향 설정' 단계에서 식별한 선택지에 따라 결정을 내린다. 군사 상황에서 적군의 계획을 방해하는 미션 수행을 결정할 때가 있다. 이를 '상대방의 OODA 루프 안으로 들어가기'라고 부른다. 간혹 이 과정을 상대보다 빠르게 동작하는 것으로 해석하는데, 정확하게는 다른 템포로 동작하는 것이다. 타자가 빠른 공을 예상할 때 투수는 체인지업(빠른 공을 던지는 동작으로 느린 공을 던지는)을 던져 효과적으로 상대방의 OODA 루프에 들어간다. 이를 구현하는 또 다른 방법은 상대방이 그들의 게임 대신 당신의 게임을 하게 하는 것이다(이게 애플이 아이폰으로 한 일이다).

실행

마지막으로 결정을 이행함으로써 '실행'한다. 그 다음 '관찰'로 돌아가서 행동이 가져온 영향(펼쳐지는 상황)을 확인하고, 루프를 다시 시작한다.

기본 OODA 넘어서기

기본 OODA 루프는 선형 순환으로 보이지만 전체 OODA 루프는 그림 3-5와 같이 암묵적인 지침과 제어를 포함하고 있다.

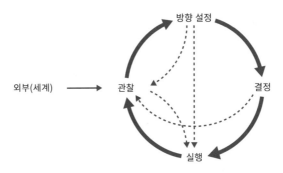

그림 3-5 전체 OODA 루프. 어느 단계에서든 점선으로 표시된 것처럼 '실행'으로 바로 가거나 '관찰'로 돌아갈 수 있다.

뜨거운 난로에서 손을 뗄 때 전체 OODA 루프를 진행할 필요는 없다. '관찰'에서 '행동'으로 바로 넘어간다. 만약 '관찰'이나 '방향 설정'에서 인식된 패턴을 발견한다면, 바로 '실행'으로 간다('비가 오니까 걷는 대신 차로 가야지').

다른 의사결정 방법이 철저함을 위해 모든 단계를 거치도록 요구하는 반면에, OODA는 의사결정 속도를 강조하여 다음 단계를 결정한다.

OODA와 순차 개발

오늘날 기업들이 해결하려는 소프트웨어 문제에는 순차 접근으로는 자연스럽게 해결되지 않는 교차적이고, 긴급한 특성이 여러 가지 있다. 애자일 실천법은 더 나은 위험 관리와 실패를 완화시키는 모드로 이러한 문제에 더 잘 맞는 방식을 제공한다.

OODA와 순차 접근의 주요 차이점은 OODA가 환경을 관찰하고 이에 대응하는 데 초점을 두는 반면 순차 접근은 환경을 제어하는 데 중점을 둔다는 점이다.

순차 접근	OODA(애자일) 접근
초기 계획에 초점을 둔다.	초기 관찰에 초점을 둔다.
장기를 강조한다.	단기를 강조한다.
예측	대응
이상주의	경험주의
불확실성을 위험으로 본다.	불확실성을 기회로 본다.
통제 지향	개선 지향
난해함 영역의 문제를 잘 다룬다.	난해함 영역의 문제뿐 아니라 복잡함 영역의 문제도 잘 다룬다.

표 3-1 순차 접근과 OODA(애자일) 접근의 차이점

순차 개발은 사전에 대규모 계획과 설계 등에 관여한다. OODA(애자일) 개발은 계획, 요구사항, 설계, 구현을 포함한 대부분의 작업을 적시에 수행한다. 애자일 개발은 순차 개발만큼 많이 예측하지 않는다. 순차 개발은 더 예측적이고 OODA는 더 대응적이라고 볼 수 있다.

순차 개발과 애자일 개발은 둘 다 장기 계획과 단기 계획을 고려하지만, 강조하는 바는 정반대이다. 순차 개발은 장기 계획이 있되, 그에 포함된 단기 작업에 적합하다. 애자일 개발은 단기 작업을 강조하는데, 이는 단기 작업에 맥락을 제공하는 장기 계획을 지속적으로 인식하기 위해서다.

순차 개발은 불확실성을 위험으로 보아 축소하거나 제거해야 하는 대상으로 여긴다. OODA는 불확실성을 상대방보다 우위를 점할 수 있는 기회로 본다.

순차 개발과 애자일 개발 사이의 전반적인 차이는 한쪽에서는 계획, 예측, 제어를 사용하고 다른 한쪽에서는 관찰, 대응, 개선을 사용하는 것으로 요약할 수 있다.

핵심 원칙 검토하기와 적용하기

'검토와 적용'은 OODA를 간단하게 일컫는 표현이자 애자일 개발의 주안점을 적절하고 효과적으로 드러낸다. 애자일팀은 실천법에 대한 이상주의적인 태도를 피하고 효과가 입증된 경험적 관찰에 기초하여 업무 방식을 조정해야 한다. 애자일팀은 계획, 설계, 코드 품질, 테스트, 프로세스, 팀 상호작용, 조직 상호작용 등 팀 효율성에 영향을 줄 수 있는 모든 요소를 정기적으로 검토하고 조정해야 한다. 애자일은 검토 없이 적용할 수 있는 면허가 아니다. 변화는 경험에 근거해야 한다.

　각 장 마지막에 있는 '애자일 리더를 위한 To Do List'는 이 원칙의 가치를 강조하고 있다.

📋 애자일 리더를 위한 To Do List

☑ 검토하기

- 현재 프로젝트를 검토해 보자. 프로젝트의 어떤 요소를 복잡한 것으로, 어떤 요소를 난해한 것으로 설명할 것인가?

- 최근 어려웠던 프로젝트를 살펴보자. 프로젝트의 중요 문제를 난해하거나 복잡한 것으로 처리했는가? 복잡한 프로젝트를 난해한 것으로 잘못 분류해(혹은 그 반대) 어려움이 발생하지는 않았나?

- 프로젝트에서 '검토'와 '적용'을 어느 정도 사용하고 있는가? 언제, 어디에서 '검토'와 '적용'을 사용할 수 있는가?

- OODA 관점에서 '상대'가 누구인지 관찰하자(특정 경쟁자, 시장 점유율, 이익 목표, 관료주의 등이 될 수 있다).

- 상대보다 우위를 점하기 위해 잠재적으로 이용할 수 있는 3~5개의 불확실성 영역을 관찰하자.

☑ 적용하기

- 난해한 것보다 복잡한 것으로 취급해야 하는 프로젝트 목록을 만들자. 이 목록으로 프로젝트 팀과 함께 복잡한 프로젝트를 해결하기 시작하자.

- 상대방보다 유리하게 불확실성 영역을 쓸 수 있게 방향을 설정하자.

- 불확실성에 대한 통찰력을 어떻게 활용할 것인지 결정한 다음 실행하자.

더 읽을 거리

- Snowden, David J. and Mary E. Boone. 2007. A Leader's Framework for Decision Making. *Harvard Business Review*. November 2007.

  이 장에서 설명한 것보다 커네빈에 대해 더 자세히 다루며, 더 읽기 쉽다.

- Boehm, Barry W. 1988. A Spiral Model of Software Development and Enhancement. *IEEE Computer*, May 1988.

  커네빈 관점에서, 이 논문은 각 프로젝트를 처음에는 복잡함 영역으로 취급하는 접근방식을 제안한다. 프로젝트를 난해함 영역으로 처리할 수 있을 만큼 프로젝트의 전체 과제를 충분히 이해할 때까지 조사한다. 이때 프로젝트는 순차 프로젝트로 완료한다.

- Adolph, Steve. 2006. What Lessons Can the Agile Community Learn from a Maverick Fighter Pilot? *Proceedings of the Agile 2006 Conference*.

  애자일과 관련된 맥락에서 OODA를 요약해 제시한다.

- Boyd, John R. 2007. *Patterns of Conflict*. January 2007.

  존 보이드 대령이 발표한 브리핑을 재현했다.

- Coram, Robert. 2002. *Boyd: The Fighter Pilot Who Changed the Art of War*.

  존 보이드 대령을 다룬 심층 전기문이다.

- Richards, Chet. 2004. *Certain to Win: The Strategy of John Boyd, Applied to Business*.

  OODA의 기원과 비즈니스 의사결정에 대해 읽기 쉽게 설명한다.

더 효과적인 팀

More Effective Teams

2부에서는 개인과 관련된 문제와 개인이 모여 어떻게
팀이 되는지 다룬다. 가장 일반적인 애자일팀 구조인
스크럼으로 이를 설명할 것이다. 그런 다음, 애자일팀,
애자일팀 문화, 지리적으로 분산된 팀, 효과적인
애자일 작업을 뒷받침하는 개인과 상호작용 기술을
논의한다.
팀 역학보다 업무 실천법이 더 궁금하다면
3부 '더 효과적인 일'을, 리더십 문제에 더 관심 있다면
4부 '더 효과적인 조직'을 먼저 읽기 바란다.

4
스크럼의 기쁨과 슬픔

35년 동안(아마도 더 길게) 소프트웨어 업계에서 일하면서 겪은 가장 큰 어려움은 미리 생각하거나 계획을 세우지 않고 일단 코드를 짠 다음에 동작할 때까지 디버깅하는 '일단 짜보고 고치기 개발'을 피하는 것이었다. 이러한 비효율적인 개발 형태는 팀이 이전에 만든 결함을 수정하는 데 노력의 절반 이상을 소비하게 한다[McConnell, 2004].

1980년대와 1990년대에 개발자들은 체계적인 프로그래밍을 하고 있다고 말했지만, 많은 이가 실제로는 짜보고 고치기를 하며 체계적인 프로그래밍의 모든 이점을 놓치고 있었다. 1990년대와 2천 년대에 개발자들은 객체지향 프로그래밍Object-Oriented Programming을 하고 있다고 말했지만, 많은 이가 여전히 짜보고 고치기를 하며 고통받고 있었다. 2천 년대와 2010년대에 개발자와 팀은 애자일 개발을 하고 있다고 말했지만, 수십 년의 역사가 경고를 해도 여전히 짜보고 고치기를 하고 있었다. 더 많은 것이 변할수록 그들은 더 그대로 머물고 있다!

애자일 개발이 만들어 낸 도전은 명확하게 단기 지향적이고 코드 중심적이다. 따라서 팀이 애자일 개발 실천법을 효과적으로 사용하고 있는지 혹은 일단 코드를 짜고 고치는지 파악하기가 더 어렵다. 포스트잇으로 가득한 벽이 있다고 해서 반드시 팀이 체계적이고 효과적인 방식으로 업무를 수행한다는 의미는 아니다. 순차 접근이 관료 체제로 실패한다면, 애자일 접근은 무정부 상태로 실패한다.

더 효과적인 애자일의 임무는 팀이 일단 코드를 짜고 고치는 행위를 눈가림하려고 애자일이라는 말로 겉치레하는 애자일 연극을 막는 것이다. 그 시작으로 스크럼이 딱이다.

핵심 원칙 스크럼으로 시작하기

애자일을 아직 실행하지 않았거나 시작은 했지만 원하는 만큼 효과적이지 않다면, 처음부터 다시 시작할 것을 권한다. 스크럼이 바로 그 방법이다. 스크럼은 일반적인 애자일 접근방식 중 가장 규범적이고 책, 교육, 툴을 활용한 제일 큰 생태계를 지니고 있다. 더구나 스크럼은 작동한다는 증거가 있다. 데이비드 리코David Rico가 기존 연구를 종합적으로 분석한 결과에 의하면 스크럼 구현의 평균 ROI투자 수익률는 580%이다[Rico, 2009]. 〈2017-2018 스크럼 현황 보고서〉에 따르면 애자일을 채택한 조직의 84%가 스크럼을 포함한 것으로 나타났다[Scrum Alliance, 2017].

스크럼이 뭐야?

스크럼은 가볍지만 체계적이고 잘 짜여진 팀 워크플로Workflow 관리 방식이다. 스크럼은 특정 기술 실천법을 강요하지 않는다. 팀에서 일을 어떻게 다뤄야 하는지 정의하고, 팀이 사용하는 특정 역할과 업무 조정에 필요한 방법을 규정한다.

스크럼 기초

만약 스크럼 기초에 관해 잘 알고 있다면, 이번 절은 건너뛰고 뒤에 나오는 '스크럼을 하며 흔히 겪는 실패 유형'으로 넘어가자. 혹시 실패 유형에 대해서도 익숙하다면 '스크럼 성공 요인'으로 이동하자. 스크럼을 다룬 가장 표준적인 설명은 《스크럼 가이드*The Scrum Guide*》를 보면 된다[Schwaber, 2017]. 우리 회사의 스크럼 경험도 대부분 이 가이드에 설명된 내용과 일치하므로, 별도의 언급이 없는 한 다음에 나오는 내용은 2017년 11월 버전 가이드를 따른다.

스크럼은 일련의 규칙을 담고 있는 이벤트(회의나 행사라고도 함), 역할, 산출물로 요약된다.

스크럼은 개념적으로 스크럼에서 요구사항을 담당하는 프로덕트 오너Product Owner, PO가 만든 '제품 백로그'Product Backlog로 시작한다. 제품 백로그는 스크럼팀이 전달해야 하는 요구사항, 진행 중인 요구사항, 피처, 기능, 스토리, 개선사항 및 수정사항의 묶음이다. 제품 백로그는 가능한 모든 요구사항의 완벽한 리스트를 제공하는 대신 가장 중요하고 가장 시급하며 가장 ROI가 높은 요구사항에 초점을 둔다.

스크럼팀은 1~4주의 반복적인 시간 주기인 '스프린트'Sprint 안에서 작업을 수행한다. 보통 1~3주 스프린트가 가장 잘 작동한다. 스프린트가 길어질수록 리스크가 증가하고 개선 기회는 제한된다. 2주 스프린트가 가장 일반적이다.

케이던스Cadence, 주기와 관련된 용어는 좀 헷갈릴 수 있다. '스프린트'는 1~3주의 케이던스에 있는 개발 반복을 나타낸다.

'배포'Deployment는 사용자나 고객에게 소프트웨어를 전달하는 일을 말하는데, 온라인 환경에서는 매 시간 단위로 이루어지기도 하고, 하드웨어 기기에 내장된 소프트웨어는 일 년 혹은 그 이상 소요되기도 한다. 전달이 시간 단위이든 월 단위이든 연 단위이든 상관없이 개발 작업은 1-3주 케이던스로 구성할 수 있다.

'릴리스'Release의 의미는 상황에 따라 다르지만 대부분의 경우 스프린트보다 시간이 더 걸리거나 기능적으로 응집력이 더 큰 작업 범위를 가리킨다.

그림 4-1은 스크럼 프로젝트의 작업 흐름을 요약해 보여 준다.

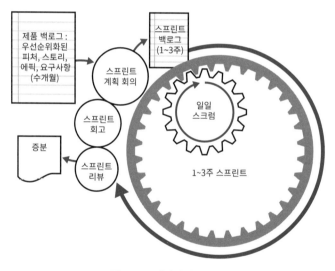

그림 4-1 스크럼의 작업 흐름 요약

각 스프린트는 '스프린트 계획 회의'로 시작한다. 스프린트 계획 회의 동안 스크럼팀은 제품 백로그를 검토하고, 스프린트 백로그로 넣을 작업을 고르고, 스프린트가 종료될 때 배포하는 스프린트 백로그 항목을 정하고, 스프린트를 수행하는 데 필요한 그 밖의 계획을 세운다.

또한, 팀은 이번 스프린트의 초점을 간결하고도 명확히 담아 낸 '스프린트 목표'를 정의한다. 스프린트 목표는 스프린트 진행 중에 돌발 상황이 전개되었을 때, 작업 진행 후 스프린트 세부사항을 재협상하기 위한 원칙적인 근거를 제공한다.

전체 팀은 스프린트 계획 회의 중에 설계 작업을 한다. 팀은 교차기능cross-functional 팀으로 올바른 설계 결정을 내리는 데 필요한 모든 분야를 포함하고 있기 때문에 효과적이다. 팀은 스프린트 계획 회의에 '무턱대고' 들어가지 않는다. 회의를 효율적으로 진행할 수 있도록 먼저 요구사항과 설계를 충분히 상세하게 구체화한다.

각 스프린트가 끝날 때 팀이 내보내는 기능을 '증분'Increment이라고 부른다. 일반적으로 '증분'이라 하면 각 스프린트에서 배포된 추가 기능만을 의미한다. 하지만 스크럼에서 '증분'은 현재까지 개발된 기능의 총합을 가리킨다.

스프린트가 진행되는 동안 스프린트 백로그는 닫힌 박스와 같다. 스프린트 내내 요구사항을 명료화하지만, PO가 스프린트를 취소하고 주기를 다시 시작하기로 동의하지 않는 한 아무도 스프린트 목표를 위태롭게 하는 요구사항을 더하거나 빼거나 수정할 수 없다. 실제로 스프린트가 취소되는 경우는 거의 없다. 스프린트 목표와 세부사항은 우선순위가 바뀔 때 상호 합의에 의해 변경되기도 한다.

스프린트 기간 동안 팀은 스프린트 첫 날과 마지막 날을 제외하고는 매일 '일일 스크럼'('일일 스탠드업'이라고도 함)을 하기 위해 만난다. 제한 시간 15분 동안 스프린트 목표를 향한 진행상황을 점검하는 데 초점을 둔다. 미팅 내용은 보통 '세 가지 질문'에 대한 대답으로 제한한다.

- 어제는 무엇을 했나?
- 오늘은 무엇을 할 건가?
- 일을 방해하는 요소가 있나?

이 세 가지 질문을 제외한 나머지 토론은 스탠드업이 끝난 이후로 연기하는 게 일반적이지만, 어떤 팀은 더 토론 지향적인 방법을 사용하기도 한다. 현재의《스크럼 가이드》는 이 세 가지 질문을 사용하는 것을 반대하지만, 나는 이 질문들이 중요한 구조를 제공하고 미팅이 방만하게 진행되지 않도록 도와준다고 생각한다.

스크럼팀은 스프린트 전체 기간 동안 일일 스크럼, 일일 작업, 일일 스크럼, 일일 작업을 반복하는 기본 리듬을 따른다. 팀은 보통 각 스프린트의 진척 상황을 추적하기 위해 그림 4-2와 같은 '스프린트 번다운 차트'를 사용한다.

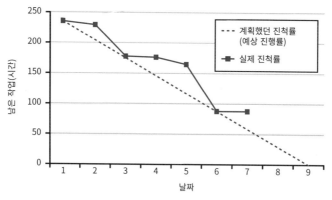

그림 4-2 계획 대비 실제 남은 시간을 보여 주는 스프린트 번다운 차트(Burndown Chart)이다. 스프린트 번다운은 대개 스토리(Story)보다는 작업시간을 기준으로 한다.

스프린트 번다운 차트는 작업 추정치를 기반으로 하며 완료 작업에 사용된 시간이 아니라 미완료 작업에 필요한 남은 시간을 보여 준다. 만약 작업을 8시간으로 계획했고 실제로 15시간을 썼다면, 그래프는 8시간만큼 줄어들고 남아 있는 일을 보여 준다(이는 기본적으로 획득 가치 관리와 동일하다). 만약 팀의 스프린트 계획이 낙관적이라면, 스프린트 번다운은 남은 시간이 원하는 만큼 빨리 소진되지 않음을 보여 줄 것이다.

어떤 팀은 각 스프린트를 진행하는 동안 시간이 아니라 스토리 포인트Story Point를 사용해 진행상황을 추적한다(스토리 포인트는 작업 항목의 크기와 복잡도를 측정하는 단위이다). 스프린트 번다운의 목적은 매일 진행상황을 추적하는 일을 도와주는 것이다. 팀이 매일 적어도 하나의 스토리를 완료한다면 스토리 기반의 번다운에 매일 진행상황이 보이기 때문에 스토리를 이용하는 게 적절하다. 하지만 팀이 2~3일마다 스토리 하나를 완성하거나 스프린트가 끝날 때쯤 대부분의 스토리를 완료한다면, 스토리로는 매일 진행상황을 추적하지 못하기 때문에 시간이 더 유용한 지표이다.

조직이 장기적인 예측 가능성을 중시한다면, '릴리스 번다운 차트'를 사용하여 현재 릴리스에 대한 전체적인 진행사항을 추적하길 권한다. 릴리스 번다운은 이번 릴리스에 계획된 총 스토리 포인트 수, 현재 진행률, 릴리스 예상 완료 시점을 보여 준다.

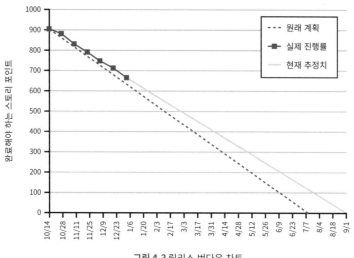

그림 4-3 릴리스 번다운 차트

더 유익하고 정교하게 번다운을 표현하는 것도 가능하다. 번다운이나 번업이 있는데, 여기에는 릴리스의 기능 빌드 기록, 기능 감소, 예상 완료일의 범위 등을 나타낸다. 그림 4-4는 좀 더 정교한 번업 차트이다.

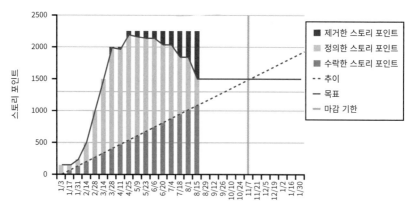

그림 4-4 더 정교한 릴리스 번업 차트(Burnup Chart)

20장 '애자일 예측성'에는 애자일 프로젝트에서 예측 가능성을 지원하는 방법에 관한 심도 있는 논의를 담았다.

팀은 스프린트를 진행하는 내내 작업을 높은 품질로 유지한다. 스프린트가 끝날 무렵, 작업은 팀의 '완료 정의'(이 장 마지막에 설명한다)를 만족하는 '릴리스 가능한' 품질에 도달해야 한다. 매 스프린트가 끝날 때마다 소프트웨어를 실제로 릴리스할 필요는 없지만, 그 품질은 각 스프린트에서 구현한 것을 더 이상 변경하지 않고 릴리스할 수 있을 만큼 충분히 우수해야 한다.

스프린트가 끝나면 스크럼팀은 '스프린트 리뷰'Sprint Review 혹은 '스프린트 데모'Sprint Demo라고 부르는 회의를 통해 작업의 가시적인 결과를 보여 준다. 팀은 프로젝트 이해관계자를 초대하여 그들의 관점을 공유하고 피드백을 받는다. PO는 합의한 승인 기준과 이해관계자의 피드백에 따라 백로그 항목을 승인하거나 거절하는데, 이는 스프린트 리뷰 전에 잘 조정되어야 한다. 팀은 스프린트 리뷰 동안 얻은 피드백을 사용해 제품뿐 아니라 프로세스와 실무도 개선한다.

각 스프린트의 마지막 이벤트는 '스프린트 회고'Sprint Retrospective로, 스프린트의 성공과 실패를 검토한다. 이는 팀이 검토와 적용을 활용하여 팀이 소프트웨어 개발에 사용하는 프로세스를 개선할 수 있는 기회다. 팀은 이전 개선사항을 검토하여 각각을 계속 진행할지 혹은 되돌릴지 결정한다. 또한 다음 스프린트에 시행하는 새로운 프로세스 변경에 동의한다.

스크럼의 역할들

스크럼은 프로젝트의 작업 흐름을 지원하는 세 가지 역할을 정의한다.

'프로덕트 오너'는 스크럼팀과 비즈니스 관리, 고객, 기타 이해관계자들 간의 인터페이스 역할을 한다. PO는 스크럼팀이 만들어 내는 가치를 극대화하는 방법으로 제품을 정의하는 중요한 책임을 부여받는다. 제품 백로그를 정의하고, 제품 백로그 항목의 우선순위를 정하는 일차적인 책임이 있다. PO는 정기적으로 팀과 함께 제품 백로그를 정제한다. 이는 현재 스프린트의 백로그를 넘어 앞으로 다가올 대략 두 개의 스프린트에서 정제할 가치가 있는(완전히 정의된) 백로그 항목을 대상으로 한다.

'스크럼 마스터'Scrum Master는 스크럼 실행을 담당한다. 스크럼 마스터는 팀이나 그보다 큰 조직이 스크럼 이론, 실천법, 일반적인 접근방식 등을 이해할 수 있도록 돕는다. 또한 프로세스를 관리하고, 필요에 따라 프로세스를 시행하며, 장애물을 제거하고, 나머지 스크럼팀을 코칭하고 돕는다. 스크럼 마스터가 그 역할을 수행하기에 시간이 충분다면 팀에 기술적인 기여자도 될 수 있다.

'개발팀'은 백로그 항목을 직접 구현할 수 있게 교차기능적인 개인 기여자들로 이루어진다.

전체 스크럼팀은 일반적으로 3~9명의 개발팀과 스크럼 마스터, 프로덕트 오너로 구성된다.

스크럼 역할은 맡은 바 임무이며 직함일 필요가 없다. 어떤 시니어 리더는 내게 이렇게 말했다. "우리의 직함은 스크럼 역할을 기반으로 하지 않아요. HR이 우리의 기술적인 방법론에 의존적이지 않았으면 좋겠습니다."

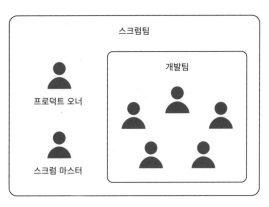

그림 4-5 스크럼팀 조직. 스크럼 마스터는 개발팀의 일원일 때도 있고 아닐 때도 있다.

스크럼에서 흔히 겪는 실패 유형

그동안 효율적으로 정착된 스크럼보다 비효율적으로 돌아가는 스크럼을 더 많이 봤다. '조건부 스크럼'Scrum-but이 가장 비효율적이다. "우리는 스크럼을 해, 하지만 어떤 주요 실천법은 사용하지 않아." 예를 들면, "우리는 스크럼을 해, 하지만 일일 스탠드업은 하지 않아." "우리는 스크럼을 해, 하지만 회고는 하지 않아." "우린 스크럼을 해, 하지만 프로덕트 오너는 없어." 등이 있다. 비효율적인 스크럼을 구현한 곳은 일반적으로 최소한 하나 이상의 스크럼 필수 속성을 제거했다. 여기 내가 가장 좋아하는 예가 있다. "스크럼을 살펴봤지만 대부분의 실천법이 우리 조직에서는 통하지 않는다는 걸 알았어요. 우리는 스크럼을 하고 있는데, 주로 사용하는 실천법은 일일 스탠드업이고 이걸 금요일마다 해요."

일반적으로 애자일이라는 거대한 실천법과 달리 스크럼은 작업 흐름을 관리하는 최소한의 프로세스이다. 이미 최소 수준이기 때문에, 스크럼에서 일부를 제거하고도 여전히 이점을 얻을 수 있는 부분은 없다.

> "완벽함은 더 이상 더할 것이 없을 때가 아니라 더 이상 뺄 것이 없을 때
> 이루어진다."
> – 앙투안 드 생텍쥐페리

만약 조직이 스크럼을 적용했음에도 의미 있는 이점을 실감하지 못했다면, 첫 번째로 할 질문은 바로 이것이다. "정말로 스크럼을 적용했나? 아니면 스크럼의 일부만 채택했나?"

고급 스크럼 실행 과정에서는 스크럼 프로세스에 검토와 적용을 엄격하게 수행하여 결과적으로 스크럼의 일부를 제거할 수 있을지도 모른다. 하지만 이는 초급이 아니라 매우 고난이도의 활동이다. 그러니 초심자들은 책에 나와 있는 대로 하는 게 더 효과적이다.

이제 스크럼 채택 시 가장 흔히 겪는 어려움을 설명하겠다.

비효율적인 프로덕트 오너

애자일 개발이 존재하기 전 수십 년 동안, 프로젝트가 어려움을 겪거나 실패한 원인으로 가장 흔히 보고된 것은 형편없는 요구사항이었다. 애자일 이후, 스크럼 프로젝트에서 가장 문제되는 역할이 요구사항을 책임지는 사람이라는 사실은 놀랄 일이 아니다.

프로덕트 오너와 관련된 문제는 여러 가지 형태로 나타난다.

- PO가 없다. 스크럼팀의 누군가가 이 역할을 수행해야 한다.
- PO가 맡은 일이 많다. 스크럼팀은 요구사항이 부족하다. PO는 1~2

개 팀을 지원하며 그 이상은 힘들다.

- PO가 비즈니스를 제대로 이해하지 못한다. 그 결과 품질이 낮거나 우선순위가 형편없는 요구사항이 스크럼팀에 들어간다.
- PO가 소프트웨어 요구사항을 어떻게 구체화해야 하는지 이해하지 못한다. 이는 품질이 낮은 요구사항이 스크럼팀에 전달되는 또 다른 길이다.
- PO가 개발팀의 기술적인 과제를 이해하지 못한다. 기술 지향적인 작업에 효과적으로 우선순위를 부여하지 않거나 작업을 그냥 빨리 끝내 버려just-get-it-done 기술 부채를 축적한다.
- PO가 스크럼팀의 다른 멤버들과 같은 장소에서 일하지 않는다. 팀의 나머지 사람들이 요구사항에 질문이 있을 때 시기적절하게 답변받을 수 없다.
- PO에게 제품 관련 의사결정을 내릴 권한이 없다.
- PO의 안건이 사업 부서 안건과 다르다. PO가 팀에 전달한 방향을 나중에 사업 부서에서 거부한다.
- PO가 일반 사용자를 대표하지 않는다. 파워 유저이거나 너무 디테일하다.
- PO가 스크럼 규칙을 따르길 거부한다. 스프린트 중간에 요구사항을 변경하라고 강요하거나 스크럼 프로젝트를 방해한다.

이러한 문제 대부분은 기업에서 PO의 역할을 개발팀과 스크럼 마스터의 역할만큼 진지하게 받아들이지 않는 데서 발생한다. 기업은 프로덕트 오너를 스크럼팀에서 최고 영향력을 가진 역할로 대하고 이에 맞춰 충원하는 일을 우선해야 한다. 적절한 교육으로 이전에 비즈니스 애널리스트, 고객지원 담당자, 테스터였던 사람들을 훌륭한 PO로 만들 수있다. 높은 실행력을 지닌 PO의 핵심요소는 14장, '애자일 요구사항 우선순위 매기기'에서 논의하자.

제품 백로그 정제 부족

제품 백로그는 스크럼 개발팀에 작업을 공급하는 데 사용된다. 프로덕트 오너는 제품 백로그를 책임지며, 백로그 정제는 팀에 일감이 떨어지지 않도록 지속적으로 진행되는 활동이어야 한다.

백로그 정제('백로그 그루밍'이라고도 함)는 스토리에 살을 붙여 스토리를 충분히 상세하게 만들고, 한 스프린트에서 진행하기에 너무 큰 스토리를 잘게 쪼개고, 새로운 스토리를 추가하고, 다른 백로그 항목의 상대적 우선순위를 업데이트하고, 스토리를 추정하거나 재추정하는 일 등을 포함한다. 일반적으로 백로그 정제는 스크럼팀이 다음 스프린트에서 진행할 만한 가치가 있는 백로그 항목의 세부사항을 채우는 것으로 구성된다. 이때 '시작의 정의'Definition of Ready가 유용한데, 13장 '애자일 요구사항 만들기'에서 설명하겠다.

백로그 정제가 충분치 않으면 스크럼팀에 많은 문제가 발생한다. 잘 정제된 제품 백로그는 애자일 프로젝트를 진행하는 데 결정적인 사안이므로 13장과 14장에서 본격적으로 설명하겠다.

백로그 정제는 명목적으로 팀 전체의 활동이다. 하지만 프로덕트 오너가 제품 백로그를 책임지기 때문에 부적합한 사람이 프로덕트 오너를 맡아 프로젝트가 앞서 말한 위험에 빠지면 대체로 형편없는 백로그 정제 때문에 피해를 입는다.

스토리가 너무 크다

각 스프린트가 끝났을 때 작업을 배포할 수 있는 상태로 만들려면 스토리를 단일 스프린트 내에 완료해야 한다. 여기에 어떤 엄격한 규칙은 없지만, 유용한 두 가지 지침이 있다.

- 팀은 스토리를 잘게 쪼개어 스프린트 절반을 지나는 동안 팀원의 절반 이상이 스토리 하나에 매달리는 일이 없도록 한다. 대부분의 스토리는 더 작아야 한다.
- 팀은 각 스프린트마다 6~12개의 스토리를 완료하는 것을 목표로 한다(스크럼에서 권장하는 팀 크기라고 가정했을 때).

전반적인 목표는 팀이 지난 며칠이 아니라 스프린트 전체에 걸쳐 스토리를 완성하는 것이다.

매일 하지 않는 일일 스크럼

일일 스크럼은 반복적일 수 있으므로 어떤 팀은 스크럼을 일주일에 세 번 혹은 한 번 하는 식으로 변한다. 하지만 일일 스크럼은 팀 멤버들이 일을 조정하고 도움을 요청하며 서로 책임을 질 수 있는 기회를 주므로 매일 하는 게 중요하다.

일일 스크럼을 매일 진행하지 않는 가장 흔한 이유는, "회의가 너무 길다"는 것이다. 문제를 명확히 식별했다! 일일 스크럼은 시간이 15분으로 정해져 있다. 세 가지 질문에 집중하면, 정해진 시간 안에 회의를 끝낼 수 있다. 지나치게 긴 일일 스크럼에 대한 해결책은 회의 횟수를 줄이는 게 아니다. 회의 시간을 고정하고 세 가지 질문에 집중해야 한다. 일일 스크럼에 대한 더 자세한 설명은 장 뒷부분에 나와 있다.

지나치게 긴 스프린트

현재까지는 1~3주 스프린트가 최선이며, 대부분의 팀이 2주를 지향한다. 스프린트가 3주보다 길어지면 계획에 차질이 생길 여지가 많고, 스프린트 목표를 지나치게 낙관적으로 약속하게 되며, 미루기 같은 많은 문제가 발생한다.

수직 슬라이스보다 수평 슬라이스 강조

'수직 슬라이스'Vertical Slice는 전체 기술 스택에 걸친 엔드투엔드 기능을 가리킨다. '수평 슬라이스'Horizontal Slice는 증명할 수 있는 비즈니스 수준의 기능을 직접 생성하지 않지만 활성화된 기능을 의미한다. 수직 슬라이스로 작업을 수행하면 엄격한 피드백 루프를 지원하고 비즈니스 가치를 빠르게 전달할 수 있다. 수평 대 수직 슬라이스를 비교하는 일은 중요한 주제이므로 9장 '애자일 프로젝트'에서 추가로 다루겠다.

따로 떨어져 있는 개발팀과 테스트팀

개발팀과 테스트팀이 따로 떨어져 일하는 것은 순차 개발의 잔재이다. 이러한 구조는 스크럼팀이 효과적으로 돌아가는 데 필요한 교차기능적인 전문 지식을 제공하지 않는다.

명확하지 않은 완료 기준

엄격한 '완료 정의'Definition of Done(애자일에서는 일반적으로 DoD란 약어를 사용한다)는 고품질을 유지하는 데 중요한 버팀목 가운데 하나다. 개인이나 팀이 항목을 '완료'했다고 선언하면 팀과 조직은 해당 항목에 대해 더 이상 남아 있는 일이 없다고 확신할 수 있다. DoD는 제품 개발이나 다음 후속 통합, 테스팅 단계로 넘어가기 위해 충족해야 하는 표준을 정의하는 효과적인 출시 기준이다. 세부 내용은 11장, '애자일 품질'에서 다룬다.

릴리스할 수 있는 수준에 이르지 못한 스프린트 품질

과도하게 일정을 압박하면 팀과 구성원 개인은 실제 진행상황보다 진척 그래프의 모양을 우선하게 된다. 품질은 기본 기능보다 눈에 잘 안 보이기 때문에 팀이 질보다 양을 강조하게 되기도 한다. 스프린트 백로그에 담겨 있는 기능을 구현하지만 테스트를 수행하지 않거나, 자동화 테스트를 생성하지 않거나, 소프트웨어가 릴리스 가능한 수준으로 개발되었는지 장담할 수 없게 되는 것이다. 이렇게 일부 작업이 여전히 완료되지 않은 상태에서 작업이 '완료'로 선언된다.

우리는 더 성공적인 애자일팀은 스프린트 마지막에 이르기 전에 릴리스할 수 있는 품질을 달성한다는 것을 발견했다. 그들은 다음 스토리로 넘어가기 전에 각 스토리를 운영 서비스 품질 수준으로 끌고 간다.

회고 시간이 잡혀 있지 않음

팀은 책임져야 할 일이 너무 많이 밀려들어 온다고 느끼면 회고를 건너뛰기도 한다. 이건 엄청난 실수다! 당신이 스스로 계획하고 약속한 실수에서 배울 기회를 주지 않는 한, 처음부터 그런 사이클을 초래한 과도한 헌신과 소진의 악순환은 계속될 것이다.

애자일 개발은 검토와 적용 주기에 따라 이뤄지며, 스크럼은 팀에 정기적으로 이를 수행하는 기회를 제공한다.

회고에서 배운 점을 다음 스프린트에 반영하지 않음

가장 흔히 볼 수 있는 마지막 실패 유형은 스프린트 회고를 진행하지만 회고에서 얻은 교훈을 다음 스프린트에 실제로 녹여 내지 않는 것이다. 교훈은 '나중에' 구현하기 위해 쌓아 놓기만 하는 셈이 되고, 이로 인해 회고 시간은 문제를 개선하는 데에 초점을 두기보다 불만 세션이 된다.

문제를 안고 살지 말자. 문제를 해결하기 위해 뭐라도 하자. 배포 능력에 영향을 미치는 대부분의 문제는 팀이 해결할 수 있다. 회고를 통해 개선 방안을 도출할 수 있도록 지원하면 팀이 얼마나 빨리 개선되는지 놀랄 정도다. 회고는 19장 '애자일 프로세스 개선'에서 상세히 설명한다.

'스크럼 그리고'

스크럼만 있으면 시작할 수 있다. 어떤 팀은 추가적인 실천법을 불필요하게 늘리려고 시도한다. 우리와 함께 일했던 한 회사는 이렇게 말했다. "스크럼을 사용한 첫 번째 팀에서 좋은 성과를 거두었지만, 그 후에 페어 프로그래밍을 하거나 어떻게 하면 레거시 환경에서 지속적 통합을 할 수 있을지 고민하는 다른 팀을 찾을 수 없었다." 스크럼은 페어 프로그래밍도 지속적 통합도 필요로 하지 않는다. 그 조직은 페어 프로그래

밍이나 지속적 통합 없이도 팀이 스크럼을 채택할 수 있다는 걸 깨달은
후에 스크럼 사용을 늘려 나갈 수 있었다.

효과 없는 스크럼 마스터

스크럼 실패 유형을 피하는 데 가장 큰 책임이 있는 사람은 스크럼 마스
터이다. 스크럼 마스터가 일으키는 문제 중 일부는 PO의 사례와 유사
하다.

- 스크럼 마스터가 없다. 팀은 정해진 스크럼 마스터 없이 스크럼을 적
  용해야 한다.
- 스크럼 마스터가 너무 많은 팀을 지원하고 일을 과하게 벌인다.
- 스크럼 마스터와 개발자 두 가지 역할을 수행하는 경우 스크럼 업무
  보다 개인 개발 업무를 우선시한다.
- 스크럼 마스터가 팀과 다른 프로젝트 이해관계자를 코치할 만큼 스
  크럼을 충분히 이해하지 못한다.

스크럼 마스터가 효과적인 스크럼을 구현하는 데 중요하다는 점이 명백
한 데도, 조직은 이 역할을 부당하게 대우하고 있다. 효과적인 스크럼 마
스터를 두면 이번 절에 기술한 많은 문제를 피할 수 있다.

스크럼에 실패하는 이유

앞에서 설명한 실패 유형은 '조건부 스크럼'에서 다룬 내용의 변형이다.
애자일 개발을 채택한 팀이나 조직의 첫 번째 업무는 스크럼을 반드시
충실하게 사용하는 것이다.

이러한 실패 유형 대부분에는 또 다른 공통적인 특성이 있다. 고도로 체계화된 방법을 꾸준히 사용하지 못한다는 점이다. 이를 실천하도록 사회적 혹은 구조적인 지원이 마련되지 않으면 사람들은 수준 높은 훈련에서 빠르게 멀어진다.

스크럼 마스터는 팀이 다른 실천법뿐 아니라 스크럼에 포함돼 있는 방법을 사용하도록 보장할 책임이 있다. 스프린트 계획, 일일 스크럼, 스프린트 리뷰, 스프린트 회고와 같은 스크럼 회의들은 고도로 체계화된 방법을 사용할 수 있도록 사회적이고 구조적으로 지원한다.

스크럼 성공 요인

스크럼 실패 유형을 성공 요인으로 변환하면 다음과 같은 목록이 만들어진다.

- 효과적인 프로덕트 오너를 세운다.
- 백로그를 정제한다.
- 스토리를 작게 유지한다.
- 일일 스크럼을 매일 수행한다.
- 스프린트 기간은 1~3주로 제한한다.
- 작업은 수직 슬라이스로 구성한다.
- 통합 테스트, 테스터, QA는 개발팀으로 통합한다.
- 명확한 완료 정의를 만든다.
- 각 스프린트는 릴리스 가능한 수준의 품질로 진행한다.
- 스프린트마다 회고를 진행한다.

- 매 회고에서 얻은 교훈은 그다음 스프린트에 곧바로 적용한다.
- 팀에 효과적인 스크럼 마스터를 둔다.

성공적인 스프린트

성공적인 스프린트는 가능한 한 가장 높은 가치를 가져다 주는 스크럼의 주요 목표를 지지한다. 스프린트 수준에서는 다음을 포함한다.

- 스프린트는 사용 가능하고 가치 있는 제품의 증분(기능적으로 누적되는)을 제공하며, 이는 완료 기준을 완전히 만족한다.
- 스프린트 증분은 이전 스프린트에 비해 가치가 증가한다.
- 스크럼팀은 프로세스를 이전 스프린트보다 개선시킨다.
- 스크럼팀은 자기 자신, 비즈니스, 제품 혹은 고객에 대해 무언가를 배운다.
- 지난 스프린트가 끝났을 때만큼 동기가 부여되거나 더 고취된다.

스프린트 시간 할당

이번 장에서는 스크럼에서 발생하는 활동을 전체적으로 다루었다. 따라서 스크럼에서 소프트웨어 개발에 많은 시간이 투여되지 않는다고 쉽게 결론지을 수도 있다. 표 4-1은 2주간의 스프린트 동안 개발자들의 활동시간이 어디에 투입되는지 예를 보여 준다.

스프린트 계획의 매개 변수	
스프린트 기간(업무일 기준)	10
하루 평균 이상적인 업무시간(프로젝트 집중 시간)	×6
스프린트당, 개발자당, 이상적인 업무시간 총합	=60

스프린트별, 개발자별	스크럼 활동시간
테스트를 포함한 개발 업무	48
일일 스크럼(스탠드업 미팅)	2
제품 백로그 정제(5%)	3
스프린트 계획	4
스프린트 리뷰	2
스프린트 회고	1
총 합계	60

표 4-1 스프린트 기간 활동시간 할당

표에서 '이상적인 업무시간'은 프로젝트 집중 시간(프로제트 목표 달성을 위해 동료와 커뮤니케이션하거나 동료가 일을 마칠 때까지 기다렸다 내 일을 해야 하는 등 협업에 드는 오버헤드를 제외하고 맡은 범위의 일에만 집중할 수 있는 시간)을 가리킨다. 하루 5~6시간의 이상적인 업무시간은 대기업이나 중견 기업에서 일반적이다. 작은 회사는 평균 6~7시간을 쓸 수 있고, 스타트업에서는 종종 그 이상을 평균으로 한다.

스프린트당 사용할 수 있는 60시간 중 약 20%는 계획과 프로세스 개선에 들어가고, 80%는 개발 업무에 쓴다.

스크럼 전환 문제

팀은 지리적 분포, 레거시 시스템, 제품 지원, 새로운 역할 채우기 등을 고려해 실제 스크럼을 어떻게 구현하는지 배워야 한다.

스크럼을 구현하는 초반에 팀은 그들이 느려졌다고 느낀다. 실제로 팀은 처음부터 더 자주 수행했어야 할 작업(순차 프로젝트에서는 마지막에 쌓이거나 보이지 않는 작업)을 더 빨리 맞닥뜨린다. 그러다 점점 더 숙련된 팀으로 거듭나면서 속도가 빨라지는 걸 체감한다.

스크럼 점수표

스크럼을 얼마나 충실하게 구현했는지 평가하려면 가장 중요한 스크럼 성공 요인으로 스크럼 프로젝트 점수를 매기는 게 유용하다. 그림 4-6 은 1장에서 소개한 스크럼 방사형 그래프이다.

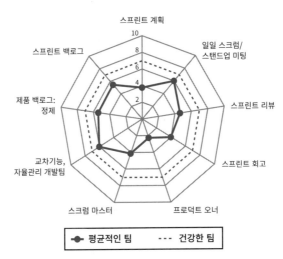

그림 4-6 주요 스크럼 성공 요인에 따라 스크럼팀 성과를 보여 주는 진단 도구

이 표는 다음과 같은 항목을 사용했다.

0 사용하지 않음

2 드물게 비효율적으로 사용

4 때때로 혼합해 효과적으로 사용

7 일관되게 효과적으로 사용

10 최적화

회색선은 2010년 이후 우리 회사가 약 천여 개의 스크럼팀과 함께 컨설팅과 훈련을 진행하며 본 평균적인 관행을 반영한 것으로, 지난 2년 동안 관찰한 것에 편중되어 있다.

점선은 건강한 팀이다. 앞서 언급했듯이 그동안 만난 평균적인 스크럼팀은 스크럼을 잘 활용하지 못했다. 건강하고 효과적인 팀은 모든 성공 요인에 대해 7점 이상의 점수를 받는다.

스크럼에서 검토하고 적용하기: 일일 스크럼

효과적인 팀은 시간이 지남에 따라 구현한 스크럼을 검토하고 적용한다. 초기 스크럼은 책에 있는 그대로 구현되어야 하며, 현장 경험을 토대로 보완한다.

가장 일반적으로 변경되는 영역은 일일 스크럼인데, 이는 아마도 제일 자주 수행되고 빈번하게 반성과 개선의 기회를 제공하기 때문이다.

보통 팀들은 일일 스크럼의 세 가지 질문을 다양하게 수정한다. 예를 들어 첫 번째 질문은 다음과 같이 바뀐다.

- 어제는 무엇을 했는가?(공식 질문)
- 어제는 무엇을 성취했는가?
- DoD에 따라 어제 완료한 일은 무엇인가?
- 스프린트 목표에 따라 어제는 어떤 진전이 있었나?
- 어제 스프린트 계획을 어떻게 진행했나?

팀은 일일 스크럼을 수행하는 방법을 다듬는다. 어떤 팀은 회의가 세 가지 질문에서 벗어나지 않도록 회의 동안 이를 모니터에 띄워 둔다. 어떤 팀은 발언봉talking stick을 사용해 장외 토론이 길어지는 걸 제한하고, 또 어떤 팀은 세 가지 질문에서 나아가 보다 토론 지향적인 접근을 하기도 한다. 각각의 시도가 개선을 가져오는지 모니터하는 한 이러한 변화는 건강하다.

다양한 실천법

애자일 개발의 특징 중 하나는 이름이 있는 실천법의 확산이었다. 각 실천법은 똑똑한 컨설턴트나 실무자에 의해 만들어졌고, 각각은 적어도 하나의 조직에서 최소 한 번은 잘 동작했다. 각 실천법에는 그것을 옹호하는 사람이 생겼다.

이 책은 많은 조직에서 광범위하게 사용되어 검증된 실천법에 초점을 둔다. 지금부터 여러분이 들어는 봤지만, 우리 회사의 경험상 광범위하게 적용할 수 있을 정도로는 아직 증명되지 않은 실천법 몇 가지를 설명하겠다.

익스트림 프로그래밍(XP)

애자일 개발 초창기에는 익스트림 프로그래밍Extreme Programming, XP이 크게 주목받았다[Beck, 2000], [Beck, 2005]. 이는 초기 애자일 원칙을 내재화한 특정 기술 실천법과 프로세스, 규율의 집합이었다. 초기 XP에 대한 관심은 알다시피 극에 달했지만, XP를 거시적인 개발 접근방식으로서 장기적으로 사용하는 일은 성공하지 못했다. XP 버전 1은 12개의 모든 실천법을 사용해야 한다고 설명하지만, 본보기로 선정된 프로젝트조차 실천법의 절반만 사용하였다[Grenning, 2001], [Schuh, 2001], [Poole, 2001].

XP를 완벽하게 사용하도록 강조하던 시류는 2000년대 초반부터 점차 시들해졌다. 오늘날 XP는 지속적 통합, 리팩터링, 테스트 주도 개발, 지속적인 테스팅 등 최신 애자일 개발에 필수적인 기술 실천 방법의 원천으로서 기여하고 있다.

칸반

칸반Kanban은 개발 단계를 거치면서 업무를 스케줄링하고 관리하는 시스템이다. 칸반은 이전 단계에서 일을 밀어 넣는 대신 다음 단계로 일을 끌어가는 것을 강조한다. 칸반은 업무를 시각화하고, 진행 중인 작업 수를 줄이고, 시스템을 통해 흐름을 극대화한다.

커네빈에서 칸반은 우선순위 지정과 처리량이 주된 관심사인 난해함 영역의 작업에 적합하다. 반면에 스크럼은 목표를 향한 작고 반복적인 단계에 초점을 두기 때문에 복잡함 영역의 업무에 더 적합하다. 어느 쪽이든 프로세스를 개선하는 좋은 토대가 될 수 있다.

칸반은 소규모 팀(1~4명)의 프로젝트 지향적인 스크럼보다 생산 지향적인 업무에 더 적절하다. 스크럼팀은 애자일이 성숙해짐에 따라 스크럼 구현 시 칸반을 통합하는 방향으로 발전하고 있으며, 일부 조직은 대규모 프로젝트 포트폴리오 관리 도구로 칸반을 사용하는 데 성공했다.

몇몇 그룹과 팀은 칸반으로 애자일을 성공적으로 시작하기도 했다. 하지만 스크럼은 더 구조적이고, 더 규범적이며, 더 팀 지향적이기 때문에 애자일 개발을 시작하기에 가장 유용하다.

칸반에 대해서는 19장 '애자일 프로세스 개선'에서 자세하게 다루겠다.

📋 애자일 리더를 위한 To Do List

☑ 검토하기

- 팀이 스크럼을 어떻게 사용하고 있는지 인터뷰하자. 스크럼 점수표에 따라 팀 스스로 점수를 매기게 한다. 스크럼을 얼마나 효과적으로 사용하고 있는가?
- 이번 장에 소개한 스크럼 실패 유형을 주요 팀원들과 검토하고 개선이 필요한 부분을 파악하자.
- 팀에서 스크럼 마스터를 맡을 사람을 검토해 보자. 스크럼 마스터가 팀이 스크럼 실천법을 수행하도록 효과적으로 도울 수 있는가? 그 실천법은 스크럼 실패를 방지할 정도로 고도로 체계적인가?

☑ 적용하기

- 정량적이고 측정된 기준을 보여 주는 별다른 방법이 있지 않는 한 기본 스크럼을 사용해야 한다고 얘기하라(19장 '애자일 프로세스 개선'에서 언제 애자일 프로세스에 변화를 줘야 하는지 더 자세히 설명한다).
- 스크럼 마스터가 효과적이지 않다면 능력을 개발시키거나 교체한다.

더 읽을 거리

- Schwaber, Ken and Jeff Sutherland. 2017. *The Scrum Guide: The Definitive Guide to Scrum: The Rules of the Game*. 2017. [Online]

  간결한 스크럼 가이드로 많은 사람들이 실천법을 이해할 수 있도록 명확한 설명을 담고 있다.

- Rubin, Kenneth, 2012. *Essential Scrum: A Practical Guide to the Most Popular Agile Process*(《성공적인 애자일 도입을 위한 에센셜 스크럼》, 제이펍).

  스크럼 채택과 관련된 일반적인 문제를 다루는 스크럼에 대한 포괄적인 가이드이다.

- Lacey, Mitch, 2016. *The Scrum Field Guide: Agile Advice for Your First Year and Beyond, 2d Ed*.

  스크럼을 어떻게 실행하는지 알려 주는 책으로 스크럼 구현에서 발생하는 실질적인 문제에 중점을 둔다.

- Cohn, Mike, 2010. *Succeeding with Agile: Software Development Using Scrum*(《경험과 사례로 풀어낸 성공하는 애자일》, 인사이트).

  [Rubin, 2012]이나 [Lacey, 2016]을 대체할 수 있는 또 다른 좋은 제안이다.

- Sutherland, Jeff, 2014. *Scrum: The Art of Doing Twice the Work in Half the Time*(《스타트업처럼 생각하라》, 알에이치코리아).

  비즈니스 지향적인 스크럼을 보여 준다.

- Stuart, Jenny, et al. "Six Things Every Software Executive Should Know about Scrum." *Construx White Paper*, July 2018.

경영진을 대상으로 스크럼의 주요 내용을 간략하게 안내한다.

- Stuart, Jenny, et al. "Staffing Scrum Roles," *Construx White Paper*, August 2017.

  스크럼에서 인력을 배치하거나 충원할 때 흔히 발생하는 문제를 설명한다.

5

애자일팀 구조

애자일 개발에서 생산성의 기본 단위는 팀이다. 성과가 뛰어난 개인이 아니라 성과가 뛰어난 팀이 기본이다. 이게 핵심이다. 많은 조직이 애자일팀이 성공하는 데 필요한 게 무엇인지 이해하지 못한 채 필요한 방법으로 팀을 돕지 않음으로써 애자일 적용을 방해하고 있다.

이번 장에서는 애자일팀과 관련된 구조적 문제를 다루고, 다음 장에서 애자일팀 문화를 설명하겠다.

핵심 원칙 교차기능팀 만들기

〈2018 데브옵스 현황 보고서*2018 Accelerate: State of DevOps*〉에 따르면, "고성과 팀일수록 단일 교차기능팀에서 소프트웨어를 개발하고 배포할 가능성이 두 배 더 높다. (…) 저성과자의 경우 뛰어난 실력자에 비해 따로 분리된 별개의 팀에서 일하고 있을 가능성이 두 배 가까이 더 높았다"[DORA, 2018].

효과적인 애자일팀은 독립적으로 즉, 자체적으로 일하는 데 필요한 기능이나 원칙을 가지고 있다. 커네빈의 복잡함 영역에서 작업하는 경우, 대개 팀 업무는 탐색, 인지, 대응으로 구성된다. 탐색하거나 인지할 때마다 팀 밖으로 나가야 한다면 적시에 대응하는 능력을 갖추지 못할 것이다. 팀은 제품, 기술, 프로세스 세부사항에 관한 결정을 포함해 대부분의 작업을 스스로 결정 내릴 수 있어야 한다. 운영 서비스 코드를 작성하는 사람들은 자동화된 테스트 코드를 짜고 세부 요구사항을 선별해야 한다. 이런 팀은 복잡한 환경에서 빠르게 움직이고 비즈니스 요구사항을 안정적으로 지원한다.

자율적으로 관리되는 교차기능팀은 최소한 다음과 같은 전문화가 필요하다.

- 애플리케이션의 여러 레이어(프런트엔드, 백엔드 등)와 서로 다른 전문 지식(아키텍처, 사용자 경험ux, 보안 등)을 갖춘 개발자
- 다양한 애플리케이션 레이어를 다루는 테스터
- 테크니컬 라이터
- 사용 중인 개발 프로세스 관련 전문가(스크럼 마스터)
- 분야별 전문가
- 비즈니스를 이해하고 비전과 ROI를 팀에 전달하는 비즈니스 전문가 (프로덕트 오너)

권장하는 팀 규모인 5~9명을 유지하면서 필요로 하는 모든 기술을 갖춘 팀을 구성하기란 어렵다. 한 사람이 여러 가지 역할을 수행해야 하며, 조직은 직원이 추가적인 기술을 익히도록 도와야 한다. 8장 '개인과 상호작용'에서 이를 수행하는 방법을 설명한다.

기술 외에도 교차기능팀이 높은 수준으로 운영되려면 적시에 구속력 있는 결정을 내릴 수 있는 '능력'과 '권한'을 가져야 한다.

의사결정 능력

의사결정 능력은 팀 구성 방식에 따라 크게 영향받는다. 팀이 효과적인 의사결정을 하는 데 필요한 모든 지식을 갖고 있나? 아키텍처, 품질, 사용성, 제품, 고객, 비즈니스에 관한 지식을 갖추고 있나? 아니면 이를 찾기 위해 외부로 나가야 하는가?

어느 영역이든 전문 지식이 부족한 팀은 효과적인 교차기능팀이 될 수 없다. 팀이 의사결정을 내릴 경험이 없는 영역을 마주하면 해당 전문 지식에 접근할 수 있는 다른 조직에 연락해야 하는데 이는 수많은 지연을 발생시킨다. 누구에게 연락해야 하는지 항상 알고 있기 어렵고, 알맞은 사람을 찾는 데는 시간이 걸린다. 게다가 외부 직원이 필요할 때마다 바로 도와줄 수 있는 것도 아니다. 팀 상황을 설명하는 데도 시간이 걸린다. 만약 팀이 외부 의견을 해석하는 과정에서 피드백이 필요하다면, 이로 인해 작업은 또 지연된다. 팀과 외부 직원 모두 가정한 부분이 있을 텐데, 그중 일부는 잘못되었다고 밝혀질 것이며, 그러한 실수를 찾아서 고치는 데 더 많은 시간이 걸릴 것이다.

모든 팀이 외부에 도움을 요청할 수 있지만, 의사결정에 필요한 모든 지식을 자체적으로 갖춘 팀은 그렇지 않았다면 며칠이 걸릴 문제를 몇 분만에 해결할 수 있다. 가능한 한 많은 문제를 스스로 해결할 수 있는 팀을 구성해야 한다. 5~9명의 팀에 많은 수의 전문가가 있기는 어렵다.

일반적으로 UX나 아키텍처 분야의 전문가는 몇 번의 스프린트 동안 풀타임보다 적은 시간을 내서 프로젝트에 참여한다.

자체적으로 의사결정을 내리는 데 필요한 전문 지식을 갖춘 애자일팀을 꾸리려는 의지는 애자일의 성패를 결정하는 사안이다.

범위 내에서 의사결정을 내리는 권한

의사결정 권한은 부분적으로 팀에 있는 모든 주요 이해관계자들이 부여하고, 일부는 조직에서 적절한 승인을 받는 데서 생긴다. 효과적인 팀이 되려면 조직의 다른 사람이 취소할 수 없도록 구속력 있는 의사결정을 내릴 수 있는 능력이 필요하다.

적절한 권한이 주어지지 않아 발생하는 역학 관계는 역효과를 초래한다.

- 팀이 조직의 다른 사람들에 의해 뒤집힌 결정을 재작업하는 데 너무 많은 시간을 할애한다.
- 팀이 결정한 내용이 비판받거나 뒤집힐 것을 예상하여 지나칠 정도로 신중하게 일한다.
- 팀이 조직 내 다른 사람에게 결정을 승인받기 위해 대기한다.

능력과 권한은 함께 고려돼야 한다. 팀이 의사결정할 수 있는 환경을 만들지 않으면 의사결정 권한을 팀에 부여하는 일은 조직에 효과적이지 않다. 만약 이해관계자의 시각이 모두 팀에 반영된다면, 전체 의사결정이 관련 있는 모든 관점에서 평가될 것이다. 그렇다고 팀이 절대 실수를 하지 않는 것도 아니다. 팀은 의사결정을 위한 확실한 근거를 갖추고 나머지 조직은 팀의 결정을 신뢰할 수 있는 확실한 근거를 갖고 있어야 한다.

구속력 있는 의사결정 권한을 팀에 위임하지 않으려는 조직의 태도는 애자일을 지지하는 듯하면서 실제로는 망가뜨리는 행위이다.

자율관리팀으로 거듭나기

자율관리팀이 어느날 갑자기 만들어질 수는 없다. 그들은 성장해야 한다. 1일 차에는 자율적으로 관리할 준비가 되어 있지 않다. 팀 성숙도를 이해하고 팀이 스스로 관리할 수 있는 역량을 개발할 수 있도록 리더십과 관리, 코칭을 제공하는 게 리더의 일이다.

실수의 역할

다른 종류의 팀과 마찬가지로, 자율적으로 관리하는 애자일팀도 실수를 하게 마련이다. 조직이 효과적인 학습 문화를 구축했다면 실수해도 괜찮다. 팀은 실수에서 배우고 발전할 것이다. 또한 실수해도 조직이 팀을 충분히 신뢰한다는 사실을 알게 되면 강력한 동기부여가 일어난다.

테스트 인력 조직

테스트 조직을 만드는 일은 지금까지도 추구하는 목표이다. 예전에는 테스터가 개발팀에 통합되어 일하면서 개발 관리자에게 보고했다. 개발 관리자는 테스터에게 "너무 많은 결함을 찾지 말라"라고 압박했고 그 결과 고객이 대신 결함을 발견하였기 때문에 문제가 있었다.

이 단계 이후 몇 년 동안 테스터는 별도 그룹으로 분리되어 다른 구역에 앉았고, 개발 관리자에게 보고하지 않았다. 그들은 이사나 부사장급

보고가 아니고서는 개발자 보고 체계와 겹칠 일이 없는 다른 보고 체계를 거쳤다. 이러한 구조는 개발과 테스트 사이에 적대 관계를 포함한 새로운 문제를 일으켰다. 적대감은 '테스터는 게이트 키퍼(문지기) 역할을 해야 한다'는 사고방식에 의해 악화되었고, 테스터는 암묵적으로나 명시적으로나 품질이 낮은 릴리스를 차단해야 할 책임이 있었다. 개발과 테스트를 둘러싼 책임의 분리는 개발자들이 자신의 코드를 테스트하는 책임을 포기하는 원인이 되었다.

테스트 인력 조직의 다음 발전 단계에서, 테스터는 계속해서 따로 보고했지만 더 협력적인 관계를 지원하기 위해 개발자와 함께 앉았다. 개발자는 테스터가 테스트할 수 있도록 전용 빌드를 제공하고, 테스터는 테스트 케이스를 써서 개발자들과 공유했으며, 개발자는 공식적으로 코드를 체크인하기 전에 테스트 케이스에 대해 코드를 실행하고 결함을 수정했다. 이러한 방식은 결함이 추가되고 이를 감지하는 데 걸리는 시간을 최소화하는 데 꽤 효과적이었다.

핵심 원칙 테스터를 개발팀에 통합하기

오늘날 테스트 조직을 구성할 때는 애자일 개발과 자동화 테스트 증가를 고려해야 한다.

애자일 개발은 개발자가 자신의 작업을 테스트하는 것을 강조한다. 이는 결함 추가와 감지 사이의 갭을 최소화하는 데 확실하고 중요한 단계이다. 불행히도 이로 인해 일부 조직에서는 전문적인 분야로서의 테스트가 없어졌다. 이는 테스트 단계가 잘못 알려진 것이다. 소프트웨어 테스팅은 엄청나게 깊은 지식을 필요로 하는 영역이다. 대부분의 개발자들은 근본적인 테스트 개념을 이해하지 못한 채 기본적인 테스트 실천법을 적용하지 않고 테스트 도구에 집착한다. 이는 훨씬 후진적이다.

테스트 전문가는 여전히 다음과 같은 여러 가지 역할을 수행해야 한다.

- 테스트 자동화에 일차적 책임을 진다.
- 스트레스 테스트, 성능 테스트, 부하 테스트 등 보다 정교한 유형의 테스트를 생성하고 유지한다.
- 입력 도메인 범위, 등가(동등) 클래스 분석, 경계값 범위, 상태차트 범위, 위험 기반 테스트 등 개발자가 하는 것보다 더 정교한 테스트 방법을 적용한다.
- 자신의 코드를 테스트하는 개발자가 놓친 사각지대의 테스트를 생성한다.

개발자 테스트는 애자일 개발에서 다루는 테스트의 기본이지만, 테스트 전문가는 여전히 가치를 더한다. 더 이상 테스터를 따로 두지 않는 조직에서 우리는 전에 테스터로 일했던 직원이 주로 통합 테스트, 부하 테스트, 다른 교차기능 테스트에 주력하는 모습을 보았다. 또한 개발 팀원들보다 테스트 자동화 작업의 비율이 높았다. 애자일 씬에서 흔히 말하는 '쓰리 아미고'Three Amigos는 세 가지 아미고(친구) 중 하나로 테스트를 포함한다(나머지는 개발과 비즈니스이다). 조직도에 테스트 전문가로 드러나지 않더라도, 그들은 여전히 현업에 존재한다. 이는 테스트 전문가가 제공하는 가치를 암묵적으로 인정하는 것이다.

이 장에서 다룬 것처럼, 효과적인 애자일 개발은 테스트를 포함하는 교차기능팀을 만드는 데 달려 있다. 테스터는 소프트웨어 개발과 전달 프로세스가 진행되는 내내 개발자와 함께 작업해야 한다.

운영 지원 조직

함께 일했던 회사 가운데 어느 곳도 운영 지원 조직을 구성하는 방법에 100% 만족하지 못했다. 회사는 다음 패턴의 일부 혹은 전부를 시도한다.

- 시스템을 구축한 사람들 모두 운영 업무를 지원한다.
- 별도의 팀이 모든 운영 업무를 지원한다.
- 별도의 팀이 1단계, 2단계 지원을 수행하고, 엔지니어링 조직이 3단계 문제를 지원한다.

마지막 접근방식이 가장 일반적인데 여러 가지 방법으로 시도된다. 3단계 지원을 제공하는 한 가지 방법은 1단계, 2단계 지원팀보다 더 기술적인 내용을 다루는 분리된 팀을 운영하는 것이다. 그 팀의 주요 책임은 운영 서비스 지원이다. 애초에 시스템을 구축한 직원이 3단계 지원을 제공하는 경우도 있다. 대부분 다른 팀에서 일하고 있겠지만 말이다.

에스컬레이션된 운영 업무 지원 문제를 2차적인 책임(즉, 개발자들이 이전에 작업한 시스템을 지원)으로 처리하는 개발팀에서는 운영 업무 지원 문제를 다루기 위해 다음과 같은 다양한 방식을 사용한다.

- 에스컬레이션된 운영 업무 지원 문제가 도착하면 각 팀원에게 라운드 로빈Round Robin[1]방식으로 할당한다.

---

[1] (옮긴이) "라운드 로빈은 스케줄링의 한 방법으로 다중 처리에서 태스크의 실행 순서를 사이클에 따라 실행하는 방법이다. 예를 들어 A, B, C, 3개의 태스크가 있을 경우 'A→B→C→A→B→C→A→……'와 같이 전환된다"(전산용어사전편찬위원회, 《컴퓨터 IT 용어대사전》, 일진사, 2012).

- 에스컬레이션된 운영 업무 지원 문제는 팀원 한 명이 처리하며, 매일 혹은 매주 돌아가며 책임진다.
- 에스컬레이션된 운영 업무 지원 문제는 해당 문제를 해결하는 데 가장 적합한 팀원에게 할당된다.

대부분의 회사는 이러한 패턴 중 몇 가지를 시도하다 어떤 방식도 문제가 전혀 없지는 않다고 결론짓는다. 목표는 완벽한 해결책보다는 최선의 방법을 찾는 것이다.

스크럼팀의 운영 업무 지원

애자일 개발에서 발생하는 운영 업무 지원은 스크럼팀의 스프린트를 방해하지 않고 문제를 처리하는 일이 핵심이다. 팀은 발생한 운영 업무 지원 문제에 소비할 시간을 예상하고 계획해야 한다. 몇 가지 지침은 이렇다.

스프린트 내에 운영 업무를 지원하는 시간을 계획하자. 만약 운영 업무 지원에 필요한 시간이 팀이 지속할 수 있는 노력의 20%를 차지한다면, 스프린트 계획 시에 스프린트와 관련한 업무에는 80%의 시간만큼만 쓸 수 있다고 추정한다.

스프린트를 중단할 수 있는 작업의 종류에 관한 정책을 만들자. 향후 스프린트를 위해 제품 백로그에 들어갈 수 있는 정기적인 업무와 스프린트에 개입해야 할 정도로 긴급하고 중요한 문제를 구분하자. "우선순위 1, 심각도 1, SLAService Level Agreement, 서비스 수준 협약서 관련 결함은 스프린트 목표보다 우선한다"와 같은 구체적인 정의가 가장 유용하다.

운영 업무 지원 계획을 정제하는 데 회고를 사용해 보자. 속도 기반의 스프린트 계획과 스프린트 회고는 각 스프린트에서 해당 작업에 허용되는 시간을 팀이 측정하도록 도와준다. 팀은 스프린트 목표 달성 도중 맞닥뜨린 과제를 검토할 때, 운영 업무 지원에 할당된 시간 대비 실제 소요된 시간을 평가하고 그에 따라 향후 계획을 세워야 한다.

운영 업무를 지원하는 형태는 팀마다 다르다. 팀마다 발생하는 문제의 수가 다르고, 팀이 수행해야 하는 새로운 작업의 우선순위와 긴급도가 다르다. 이전 시스템의 지원 문제를 처리할 수 있는 팀 구성원의 경험과 능력치가 서로 다르다. 이러한 모든 요인으로 인해 팀마다 각기 다른 방식으로 운영 업무 지원 문제를 가장 잘 처리할 수 있다.

애자일팀은 블랙박스여야 한다

스크럼의 애자일 실천법은 스크럼팀을 명시적으로 '블랙박스'로 취급한다. 만약 당신이 조직의 리더라면 팀의 투입과 산출은 볼 수 있지만, 팀 내부 업무에 대해서는 크게 신경 쓰지 말아야 한다.

스크럼에서 이러한 아이디어는 팀이 각 스프린트를 시작할 때 정해진 양의 작업(스프린트 목표)을 수행한다고 말함으로써 구현된다. 팀은 스프린트가 끝날 때까지 무슨 일이 있어도 작업을 완수할 것을 약속한다. 그런 다음, 팀은 스프린트 기간 동안 블랙박스로 취급된다. 아무도 내부를 들여다볼 수 없고, 누구도 스프린트 중에 일감을 더 넣을 수 없다. 스프린트가 끝나면 팀은 처음에 약속했던 기능을 전달한다. 스프린트가 짧기 때문에 관리자는 팀이 약속을 지켰는지 확인하기 위해 기다릴 필요가 없다.

팀을 블랙박스로 표현한 건 다소 과장되었지만 그 본질이 중요하다. 관리자나 다른 리더들과 나눈 수백 건의 대화에 따르면, 팀을 블랙박스로 취급하면 보다 건강하고 효과적인 관리가 가능하다. 관리자가 세부 기술이나 프로세스를 검토해선 안 된다. 그들은 팀이 명확한 방향성을 갖도록 하는 데에 초점을 두어야 하며, 팀이 그 방향을 수행하는 책임을 지도록 해야 한다. 팀이 목표를 향해서 어떻게 갈 건지 매 순간 내리는 결정이나 저지르는 실수를 모두 알 필요 없다. 세부사항에 지나치게 신경 쓰는 일은 실수를 문책하지 않고 팀의 자율도를 극대화하는 등의 여러 핵심 원칙에 반대되는 행위이다.

리더가 '블랙박스'에서 관심 가져야 하는 일은 장애물 제거, 스프린트 도중 운영 중단 막기, 갈등 해결을 통한 팀 코칭, 프로젝트 간 우선순위 충돌 해결, 자기 계발 지원, 새로운 팀원 채용, 조직 관료주의 간소화, 팀의 경험을 되돌아봄으로써 배우는 일 장려하기 등이다.

자율관리팀이 아니라면 애자일은 실패한다

애자일 안티 패턴은 진정한 자율관리팀을 만들지 않고 스크럼을 채택하는 것이다. 만약 경영진이 세부적인 수준에서 팀을 지휘하고 통제하면서 말로만 자체적으로 관리한다고 한다면, 애자일 구현은 실패할 것이다. 기꺼이 의지가 있고, 준비되어 있고, 자율관리팀을 만들어 이를 지원하는 데 전념하려는 조직이 아니라면 애자일을 채택해서는 안 된다.

일하는 공간

지리적으로 분산되어 있는 팀

아무리 효과적인 팀이라고 해도 일하는 공간이 분리돼 있으면 문제가 발생한다. 이에 관해서는 7장 '분산 애자일팀'에서 자세히 다룬다.

개방형 사무 공간에 관한 계획

애자일을 적용할 때 종종 사무실이나 폐쇄형 공간을 개방형으로 전환하여 수준 높은 협업을 지원하려고 한다. 나는 이를 추천하지 않는다.

기대와 다르겠지만, 하버드대학교의 연구 결과에 따르면 개방형 사무 공간은 폐쇄형에 비해 면대면 의사소통이 약 70% 감소되었다[Jarrett, 2018]. 몇 년간의 연구 결과, 열린 사무 공간에서는 직원 만족도 감소, 스트레스 증가, 업무 성과 감소, 창의성 감소, 집중력 손상, 주의력 하락, 동기 감소가 일어나는 것으로 나타났다[Konnikova, 2014].

어떤 팀은 개방형 사무실을 선호할 수 있지만(그들이 괜찮다면) 대부분은 그렇지 않다. 실제로 개방형 사무 공간에 대한 반발은 심했다[Jarrett, 2013]. 한 기사에는 다음과 같은 제목이 달렸다. '개방형 사무실은 역대 최악의 유행이다'[James, 2018].

1996년에 출간한 《Rapid Development 프로젝트 쾌속 개발전략》에 당시 연구 결과가 요약되어 있는데 최고 수준의 생산성은 개인 전용이나 2명 정도의 전용 사무 공간에서 성취되는 것으로 밝혀졌다.[McConnell, 1996]. 현재 연구에 따르면 이 결과는 변하지 않았다.

효과 있는 순서대로 다음을 권장한다.

- 팀을 위한 개방형 사무 공간과 개인 전용 혹은 2인용 사무실
- 팀을 위한 개방형 사무 공간과 개인이 임시로 사용할 수 있는 집중실 (소규모 사무실)
- 집중실이 있는 폐쇄형 사무실
- 집중실이 있는 개방형 작업 공간

첫 번째를 제외한 어떤 사무 공간에서도 거의 보편적으로 헤드폰을 사용하거나 집에서 일하는 빈도가 늘어났다. 이는 직원들이 사무 공간에서 업무를 잘 수행하기 위해 충분히 집중할 수 없음을 보여 준다.

📋 애자일 리더를 위한 To Do List

☑ 검토하기

- 팀 구성을 검토하자. 대부분의 의사결정에 필요한 전문성을 보유하고 있는가?
- 팀 구성원을 인터뷰하여 조직도에 표시된 것이 아닌 팀의 실제 테스트 조직을 파악하자. 테스트 전문가의 유무와 관계없이 팀이 효과적으로 자체 테스트를 수행하는가?

☑ 적용하기

- 앞에서 실행한 팀 구성 검토에 기초하여, 자율관리팀이 되기 위해 개발해야 하는 기술을 설명하는 갭 분석을 만들자.
- 각 팀이 스스로 결정을 내리고 진정한 자율관리팀이 될 수 있도록 팀 구성을 수정하거나 부족한 기술을 개발해 보자.
- 테스트 기능이 개발팀의 필수 파트로 통합되도록 계획을 세우자.

더 읽을 거리

- Aghina, Wouter, et al. 2019. *How to select and develop individuals for successful agile teams: A practical guide*. McKinsey & Company.
  애자일팀에서 다양성이 갖고 있는 가치를 연구한 보고서이다. 5가지 성격 모델five-factor personality model과 애자일에 초점을 둔 직무가치 모델을 기반으로 하는 다양성을 포함한다.

6

애자일팀 문화

애자일 조직은 애자일팀의 구조와 문화가 서로 영향을 미친다는 사실을 깨닫게 된다. 자율관리팀으로 전환하려면 팀의 자율적인 관리 능력을 보완하고 지원하는 팀 문화로의 전환이 필요하다. 이번 장에서는 팀 차원의 애자일 문화 요소를 다룬다. 그리고 17장 '애자일 조직 문화'에서 조직 차원의 애자일 문화를 추가적으로 다룬다.

핵심 원칙 자율성, 숙달성, 목적성으로 팀 동기 유발하기

대부분의 생산성 연구에 따르면 생산성은 다른 어떤 요소보다 동기에 의존하는 정도가 더 높다[Boehm, 1981]. 소프트웨어 개발 업무의 경우, 여러 가지 동기 가운데 내적 동기가 가장 중요하다. 회사는 본질적으로 사람들의 두뇌를 빌려서 직원들에게 돈을 지불하고 회사가 원하는 것을 생각하도록 시킨다. 다른 사람에게 무엇에 대해 생각하기를 강요할 수 없기 때문에 외부의 동기는 작동하지 않는다. 그저 직원들이 원해서 회사의 문제를 생각하도록 상황을 설정할 뿐이다.

다니엘 핑크Daniel Pink는 저서 《DRIVE 드라이브: 창조적인 사람들을 움직이는 자발적 동기부여의 힘》에서 자율성, 숙달성, 목적성의 관점에 기초한 내적 동기 이론을 제시했다. 핑크의 동기 이론은 애자일팀이 효과적이려면 필요한 내용과 꼭 들어맞는다.

자율성

'자율성'은 삶과 일에서 무엇을, 언제, 누구와 함께할지 이끄는 능력을 의미한다. 자율성은 신뢰와 관련 있다. 만약 자신이 내린 결정을 조직에

자율성 지원하기	자율성 저해하기
리더가 방향을 설정함(광범위한 조직의 비전과 사명에 부합)	리더가 업무를 수행하는 세부사항에 관심을 둠
방향을 약속함	방향을 자주 변경함
독립적으로 실행하는 데 필요한 모든 기술이 팀에 포함됨	팀이 독립적으로 일하기 위해 필요한 전문성을 허락하지 않음. 제대로 된 팀을 만들지 않고 개인들이 그냥 엮여 있는 그룹을 만듦
팀이 회고를 바탕으로 방식에 변화를 주는 실험을 허용함	팀의 경험에 관계없이 사전에 정의된 프로세스를 고집함
팀이 스스로 결정한 속도로 작업을 수행하도록 함	작업이 팀에 전달되는 속도를 지시함
합의된 프로세스를 통해 요구사항이 들어옴	팀이나 팀 구성원 개인에게 직접 요구사항이 전달됨
고성과 팀은 그대로 유지함. 일을 사람에게 분배함	팀을 자주 해체하고 재구성함. 사람을 일에 분배함
실수에서 배우도록 함	실수를 범죄로 여기고 팀을 처벌함

표 6-1 자율성을 지원하거나 저해하기

서 신뢰하지 않는다고 믿는 사람이 있다면, 진정한 자율성을 가지고 있다고 생각하지 않을 것이다. 자신의 힘으로 의사결정을 할 수 있는 능력과 권한을 가진 교차기능 애자일팀을 발전시키려면 각자의 자율성도 지원해야 한다.

숙달성

'숙달성'은 배우고 개선하려는 욕구를 나타낸다. 일정 수준의 숙련도를 목표로 하는 게 아니라, 지속적으로 발전하려는 사고이다. 이는 기술 직원에게 특히 중요하다. 《Rapid Development 프로젝트 쾌속 개발전략》에서 지적했듯이, 성장의 기회는 발전, 인정, 급여, 지위, 책임 수준, 그리고 더 중요하다고 생각할 수 있는 다른 그 어떤 동기보다 개발자들에

숙달성 지원하기	숙달성 저해하기
회고를 위한 시간을 허용함	회고를 금지함
학습과 개선을 목적으로 스프린트마다 변경을 권장함	변경을 금지하거나 대규모 변경 승인 프로세스를 요구함
기술 담당자의 새로운 기술 탐색을 허용함	기술 담당자의 업무를 즉각적인 비즈니스 요구로 제한함
교육과 전문성 개발을 위한 시간을 허용함	모든 시간을 단기 프로젝트 목표에 할당하게 함. 교육 시간을 허용하지 않음
새로운 시도를 하는 혁신의 날을 지지함	실험 금지
코딩 카타(kata)와 같은 의도적 실천 방식을 지지함	작업에 엄격하게 집중해야 하고, 개인적인 개선을 위한 시간을 허용치 않음
직원이 새로운 영역으로 이동하는 걸 권장함	직원이 가장 경험이 많은 영역에 머물도록 요구함

표 6-2 숙달성을 지원하거나 저해하기

게 더 강력한 동기부여가 되는 것으로 밝혀졌다. 경험을 통한 학습에 초점을 둔 애자일은 팀이 숙달성을 익히는 데 도움이 될 것이다.

목적성

'목적성'은 왜 일하는지 이해하는 자세를 말한다. 큰 그림은 어떠한가? 지금 하고 있는 일이 자기 자신보다 더 중요한가? 일은 회사나 사회 전반에 어떻게 도움이 되는가? 애자일은 고객과 직접 닿는 것에 초점을 두어 팀의 목적의식을 뒷받침한다. 또한 팀의 공동 책임과 의무를 강조해 팀의 목적의식을 지지하는 동료애를 촉진한다.

목적성 지원하기	목적성 저해하기
기술 직원(개발자)이 실제 고객과 정기적으로 접촉함	기술 직원(개발자)이 고객과 직접적으로 소통하지 못하게 제한함
기술 직원(개발자)이 내부 비즈니스 담당자와 빈번하게 교류함	기술팀과 비즈니스 담당자가 서로 교류하지 않도록 사일로를 만듦
팀 업무를 둘러싼 큰 그림에 관해 정기적으로 소통함	가끔 열리는 회사 전체 미팅에서만 큰 그림을 전달함
현실에 기반한 의사소통	현실과 동떨어진 진부한 정보 전달
팀 작업이 실제 미치는 영향을 설명함. "우리 제세동기는 지난해 ○○ 씨의 생명을 구했다."	큰 그림은 리더십의 영역이며, 팀은 '알 필요 없다'고 주장함
조직에 고품질 업무의 가치를 강조함	즉각적인 재정적 이익이나 단기 목표에 관해서만 논의

표 6-3 목적성을 지원하거나 저해하기

자율성, 숙달성, 목적성의 선순환

다니엘 핑크의 연구에 의하면 스스로 일하고, 왜 이 일을 하는지 이해하며, 꾸준히 개선하는 팀은 동기 역시 강하다. 효과적인 팀을 만드는 요인들은 또한 동기부여된 팀을 만들고, 이러한 선순환 효과와 동기 유발은 서로를 지지한다.

핵심 원칙 성장 마인드셋 개발하기

'더 효과적인' 애자일은 끊임없이 움직이는 목표이다. 올해 효과적으로 일했더라도, 내년에 더 나아질 수 있다. 그러나 성장을 위해서는 팀이 개선에 시간을 할애하도록 허용해야 한다. 개선은 스프린트 회고나 스프린트 계획처럼 정기적인 주기를 활용하거나, 스프린트 진행 중에 일어나야 한다.

　더 효과적이려면 '우리는 더 나아질 수 있다'고 생각하는 사고 방식이 필요한데, 모든 리더가 이를 갖추고 있지는 않다. 어떤 리더는 소프트웨어 프로젝트가 다음 그림과 같이 기본적입 투입과 산출로만 이뤄진다고 본다.

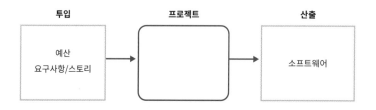

이러한 관점에서 보면, 프로젝트의 유일한 목적은 소프트웨어를 만드는 것이고 프로젝트의 유의미한 산출물은 오로지 소프트웨어 자체이다.

프로젝트의 투입과 산출을 보다 전체적인 관점에서 보려면 프로젝트 전후 팀 능력을 고려해야 한다. 일반적으로 일정 압박이 수반되는 작업에 초점을 맞춘 프로젝트는 다음과 같은 투입과 산출을 생성한다.

리더가 팀을 성장시키는 데 집중하지 않으면 프로젝트 시작 시점보다 생산능력이 떨어진 녹초가 되어 버린 팀을 만드는 방식으로 프로젝트를 운영하기 쉽다. 스프린트와 릴리스에도 동일한 논리가 적용된다. 일부 스크럼팀은 스프린트가 지속 가능한 속도로 실행되지 않을 때 '스프린트 피로'를 경험한다.

팀이 프로젝트를 시작하고 종료하는 방법의 차이는 조직의 효율성에 큰 영향을 미친다. 많은 조직에서 모든 프로젝트를 서두른다. 바로 앞에 닥친 업무에만 집중하며 개인이나 팀이 일을 더 잘할 수 있게 하는 데 들일 시간이 없다. 실제로 지속적인 일정 압박은 자율성과 숙달성, 궁극적으로는 동기 유발 측면에서 팀이 하는 일을 더 악화시킨다.

이로 인해 팀은 번아웃을 경험하고, 최고의 팀원들이 다른 조직으로 떠나고, 조직 능력이 저하되는 예측 가능한 수순을 밟는다.

더 효과적으로 일하는 데 전념하는 조직은 소프트웨어 프로젝트의 목적을 보다 포괄적인 성장 마인드셋 관점으로 바라본다. 물론 프로젝트는 동작하는 소프트웨어를 생산해야 하지만, 소프트웨어를 만드는 팀의 능력을 향상시키는 것도 필요하다. "우리는 시간이 지나면서 더 나아질 수 있고, 나아지기 위해 시간을 할애할 것이다."

성장 마인드셋은 조직에 여러 가지 이점을 제공한다.

- 개인 에너지 수준 증가
- 개인과 팀의 동기 향상
- 팀 응집력 향상
- 충성도 향상(장기 근속)
- 더 나은 코드와 더 높은 품질로 인한 기술적, 비기술적 역량 확장

성장 마인드셋이 얼마나 많은 이득을 창출하는지 깨달은 회사는 다음과 같이 프로젝트를 수행한다.

'지속 가능한 속도'라는 애자일의 오래된 신념(만트라)은 더 효과적인 애자일에 필요한 요소 중 하나이지만 이는 팀이 단순히 번아웃되지 않게 할 뿐 지속적으로 더 발전하게 만들지는 못한다. 지속 가능한 속도로 일함으로써 기반을 다지고 이를 활용해 조직과 개인에게 추가적인 이익을 제공하는 건 성장 마인드셋에 대한 약속이다.

팀의 역량 향상은 소프트웨어 리더의 주요 책임이다. 체계적으로 직원의 역량을 개발하는 접근방식은 8장 '개인과 상호작용'에서 설명한다.

비즈니스 주도 개발하기

소프트웨어 개발에 특효약은 없지만 비즈니스 지향적인 실행이 그에 가장 가까운데, 이를 채택하는 조직은 찾아보기 힘들다. 실천법은 간단하고, 이로 인한 이점은 구현하는 과정에서 겪는 어떠한 어려움보다 훨씬 크다.

그렇다면 특효약에 가까운 건 도대체 뭘까? 바로 모든 개발자가 그들이 만드는 시스템의 사용자인 실제 고객과 직접 접촉하는 일이다.

어떤 비즈니스 담당자들은 개발자와 사용자의 대면을 거부한다. 개발자들이 사용자가 이해할 수 없는 날것 그대로의 이야기를 할 수 있다고 우려하기 때문이다. 그들은 프로덕트 오너(혹은 영업이나 비지니스 애널리스트)를 개발자와 사용자 사이의 방어막으로 둔다. 하지만 이건 실수이고 중요한 기회를 잃는 일이다.

개발자에게는 사용자와 직접 접촉하는 일이 인생을 바꾸는 경험인 경우가 많다. 이전에는 기술적인 순수성(그게 뭐든)을 주장하고 사용자를 주로 터무니없는 기능을 요청히여 짜증을 유발하는 원천으로 간주했던 개발자가 사용 편의성과 사용자 만족을 강력히 지지하는 사람이 된다.

개발자를 실제 사용자에게 노출시키는 비즈니스 리더는 사용자 관점을 이해함으로써 얻는 이점이 그들이 우려하는 어떤 위험보다 언제나 훨씬 크다고 전한다. 기술 직원은 자신이 작업한 결과물이 현장에서 어떻게 사용되는지, 사용자가 얼마나 그 결과물에 의존하는지, 무엇이 사용자를 실망시키는지, 결과물이 실제 사용자의 요구를 충족시킬 때 얼마나 많은 영향을 미칠 수 있는지 이해하게 된다. 개발자를 사용자에게 노출시키는 일과 자율성, 숙달성, 목적성의 '목표' 사이에는 강력한 상호작용이 존재한다. 이는 제품 품질을 향상시키고 동기를 유발한다.

개발자와 사용자를 연결하는 방법은 다음과 같다.

- 주기적으로 한 번에 몇 시간씩 개발자가 CS 관련 내용을 듣게 한다.
- 개발자에게 몇 시간 동안 현장을 지원하게 한다.
- 개발자를 현장에 보내 소프트웨어를 사용하는 사용자를 관찰하게 한다.
- UX 실험실에서 단방향 유리 혹은 TV 모니터로 개발자가 사용자를 관찰하게 한다.
- 고객 방문 시 개발자가 영업 직원과 동행하거나 영업 상담을 청취하도록 한다.

이는 보상이나 처벌이 아니라 건강한 사업을 유지하기 위한 프로세스이며 시니어 개발자, 주니어 개발자, 새로 들어온 개발자 모두에 적용된다.

사용자와의 접촉은 일회성 체험이 아닌 지속적인 프로그램으로 만드는 게 중요하다. 그렇지 않으면, 개발자는 단 한 번 경험한 상호작용에서 관찰한 문제에 지나치게 집착할 수 있다. 개발자에게 사용자 문제를 바라보는 균형잡힌 시각을 제공하려면 지속적인 노출이 필요하다.

프로덕트 오너 역할은 많은 조직에서 약한 고리다. 기술 직원의 비즈니스 마인드셋을 개발한다고 해서 좋은 PO를 대체할 수 있는 건 아니지만, 완벽하지 않은 PO가 유발하는 실패 유형을 완화시킬 수 있다.

개발자를 사용자와 직접 접촉하게 하는 일은 매우 드물게 수행되는 믿기 힘들 정도로 간단한 아이디어이지만, 완료할 때마다 의미 있는 결과를 낳는다.

팀 역할 이론

사람들의 팀워크 능력은 대인관계 기술에 영향을 받는다. 이 요소에 관해서는 8장에서 더 자세히 다룬다.

팀은 개인들의 지향과 역할이 균형을 유지할 때 최고의 성과를 내는 경향이 있다. 메러디스 벨빈Meredith Belbin의 팀 역할 이론은 팀에서 역할의 존재를 평가하는 흥미롭고 유용한 방법을 제시한다. 이는 각 개인이 팀에서 어떻게 행동하는지, 한 그룹의 사람들이 함께 잘 일할 확률이 얼마나 되는지, 각 역할을 채울 후보를 어떻게 선정하는지에 관한 평가를 포함한다. 벨빈이 말하는 역할에는 실행자Company Worker, 지휘자Chairman, 창조자Plant, 추진자Shaper, 자원 탐색자Resource Investigator, 분위기 조성자Team Worker, 조정자Co-ordinator, 냉철한 판단자Monitor/Evaluator, 완결자Completer/Finisher가 있다.

IT 팀에 대한 연구는 팀 역할의 균형과 팀 성과 사이에 높은 상관관계가 있음을 보여 준다[Twardochleb, 2017].

📋 애자일 리더를 위한 To Do List

☑ 검토하기

- 표 6-1, 6-2, 6-3의 목록을 검토하자. 해당 표의 항목을 참고했을 때 리더로서의 상호작용을 어떻게 평가하는가?
- 표 6-1, 6-2, 6-3의 목록에 대한 나머지 조직의 평가 결과는 어떠한가?
- 각 프로젝트나 릴리스 주기의 시작과 종료 시점에 팀 스스로 동기와 사기를 평가하게 하자. 숫자가 팀이 지속 가능한 속도로 일하고 있고 성장하고 있음을 보여주는가? 아니면 팀이 지쳐 가고 있는가?

☑ 적용하기

- 필요에 따라 행동 방침을 변경하여 팀에 자율성을 부여하자.
- 표 6-1, 6-2, 6-3을 검토한 결과를 근거로 다른 변화를 실행하자.
- 프로젝트가 끝날 때 팀이 더 건강해지고, 초기보다 더 많은 역량을 개발할 수 있도록 계획을 세우자. 각 주기를 학습하는 데 약간의 시간을 쓰자고 팀에 알리자.
- 개발자가 고객과 직접 접촉할 수 있도록 계획을 세우자.

더 읽을 거리

- Pink, Daniel H. 2009. *Drive: The Surprising Truth About What Moti-vates Us*(《Drive 드라이브: 창조적인 사람들을 움직이는 자발적 동기 부여의 힘》, 청림출판).

  이 인기 있는 비즈니스 책은 6장에서 설명한 자율성, 숙달성, 목적성에 기반한 동기 유발 이론을 발전시켰다.

- McConnell, Steve. 1996. *Rapid Development: Taming Wild Software Schedules*(《RAPID DEVELOPMENT 프로젝트 쾌속 개발전략》, 한빛 미디어).

  여러 장에서 명시적이거나 암묵적으로 동기부여를 논한다.

- Twardochleb, Michal. 2017. "Optimal selection of team members according to Belbin's theory." *Scientific Journals of the Maritime University of Szczecin*. September 15, 2017.

  이 논문은 벨빈의 팀 역할 이론을 요약하여 학생 프로젝트에 적용한다. 저자인 트바르도흘레프는 팀 역할이 단 하나라도 존재하지 않으면 팀이 임무를 완수할 수 없다는 사실을 발견했다.

- Dweck, Carol S. 2006. *Mindset: The New Psychology of Success*(《마인드셋: 스탠퍼드 인간 성장 프로젝트》, 스몰빅라이프).

  성장 마인드셋에 대한 고전적인 설명으로 성장 마인드셋이 학생, 부모, 리더, 파트너, 그리고 다양한 역할에 어떻게 적용되는지 논의한다.

7

분산 애자일팀

개발팀이 지리적으로 분산되어 있는 회사들과 20년 이상 일하면서, 같은 장소에서 일하는 개발팀과 생산성을 견줄 만한 경우를 찾기는 어려웠다. 지리적으로 분산된 애자일팀이 같은 장소에 있는 팀만큼 효과적이라는 어떤 징후도 발견하지 못했다. 하지만 오늘날 대부분의 대기업에서 분산된 팀은 피할 수 없는 현실이 되었으므로 이번 장에서는 이를 가능한 한 잘 동작하게 만드는 방법을 다룬다.

핵심 원칙 피드백 루프 촘촘하게 하기

효과적인 소프트웨어 개발의 한 가지 원칙은 피드백 루프를 최대한 촘촘하게 하는 것이다. 이 책의 많은 세부사항을 이 원칙에서 추론할 수 있다. 왜 우리는 애자일팀에 프로덕트 오너를 두려고 할까? 요구사항과 관련 있는 피드백 루프를 강화하기 위해서다. 왜 교차기능팀을 만들려고 할까? 의사결정에 필요한 피드백 루프를 강화하기 위해서다. 왜 요구사항을 작은 단위로 정의하고 전달할까? 요구사항을 정의하는 과정에서 실행 가능하고 동작하는 소프트웨어로 피드백 루프를 강화하기 위해서다. 왜 개발하기 전에 테스트를 먼저 수행할까? 코드와 테스트 사이의 피드백 루프를 강화하기 위해서다.

커네빈의 복잡함 영역에서 작업할 때 엄격한 피드백 루프는 더욱 중요해진다. 작업을 사전에 계획할 수 없기 때문이다. 작업은 수많은 탐색, 인지, 응답 주기를 통해 발견되어야 한다. 이러한 주기는 피드백 루프의 일종으로 가능한 한 엄격해야 한다.

지리적으로 분산된 팀은 피드백 루프를 느슨하게 만든다. 이는 의사결정을 늦추고, 오류를 증가시키며, 재작업을 늘리고, 생산량을 감소시켜 궁극적으로 프로젝트가 지연된다. 대면으로 진행할 수 없는 의사소통은 잘못될 가능성이 더 커서 피드백 루프를 느슨하게 한다. 시간대가 서로 다른 것도 응답을 지연시키므로 같은 효과를 낳는다. 해외로 업무를 위탁하기 위해 대규모로 작업을 일괄 처리해 놓고 내부 프로덕트 오너가 해외팀을 방문하여 대면 커뮤니케이션을 지원하게 되면 피드백 루프가 다시 늘어진다. 언어, 국가 문화, 현장 문화가 서로 다른 데다 불편한 시간대에 원격 회의에 참석함으로써 축적되는 피로까지 더해지면 피드백 루프는 헐거워지고 실수가 증가한다.

해외팀이 국내팀의 생산성을 떨어뜨리는 회사와 일한 적이 있다. 해외팀 일부를 국내로 데려오니 생산성이 단시간에 급격하게 좋아졌지만, 해외로 돌아가자 다시 생산성이 떨어졌다. 이는 성과 문제가 개인 탓이 아님을 보여 준다. 1만 9천 킬로미터만큼 떨어져 있어서 의사소통의 차이와 지연이 발생했고, 이로 인해 해외팀이 일을 효과적으로 수행하지 못한 것이다.

분산된 팀의 가장 큰 문제는 느슨한 피드백 루프이다. 이는 그림 7-1

에 표현된 것처럼 다양한 형태로 나타나는데, 모두 전형적인 실수라고 할 수 있다.

- 개발과 테스트가 서로 다른 장소에서 진행됨
- 프로덕트 오너십과 개발이 서로 다른 장소에서 이루어짐
- 두 장소에서 50/50으로 나눠서 공유된 기능을 작업함

이러한 배치에서는 어느 것도 제대로 동작하지 않는다. 각각은 자주 소통해야 하는 사람들 간에 커뮤니케이션을 지연시키는 상황을 만든다.

그림 7-1 책임을 할당할 수 없는 분산된 팀

2천 년대 초반 기업들은 개발과 테스트를 서로 다른 사업장에 배치해 개발 중에 버그를 감지하고 개발 소요 시간을 줄이는 '팔로우더선'Follow-the-Sun 방법론을 지원했다. 논리적으로는 말이 됐지만 개발자가 결함 보고서를 이해하지 못하거나 테스터가 개발자가 만든 변경 사항을 이해하지 못하는 일이 발생했고, 같은 장소에 있는 팀이라면 의사소통에 두어 시간 걸렸을 일이 하루 반나절씩 소요됐다.

이럴 때 사용할 수 있는 최선의 방법은 그림 7-2와 같이 각자의 위치에서 가능한 자율적으로 운영할 수 있는 팀을 만드는 것이다. 소프트웨어

업계에서는 이를 높은 응집력으로 느슨하게 결합된 팀이라고 부른다.

그림 7-2 분산된 팀에 책임을 할당하는 방법

분산된 팀의 모범 사례와 일반적인 애자일팀의 모범 사례가 같은 것은 우연이 아니다. 현지에서 구속력 있는 의사결정을 할 수 있는 능력과 권한을 모두 갖춘 자기 주도적인 교차기능팀을 구성하자.

성공적인 분산 애자일팀

분산된 팀이 성공하려면 다음 사항이 필요하다.

- 주기적인 대면 커뮤니케이션 일정 수립하기
- 분산된 팀에 물적 지원 강화하기
- 자율성, 숙달성, 목적성 활용하기
- 콘웨이의 법칙Conway's Law 존중하기
- 애자일팀을 블랙박스로 취급하기
- 고품질 유지하기
- 문화적 차이 인식하기
- 검토하고 적용하기

주기적인 대면 커뮤니케이션 일정 수립하기

개발팀이 분산돼 발생하는 대부분의 어려움은 기술적인 게 아니라 대인 커뮤니케이션 문제이다. 지리적 거리를 비롯해 시간대, 언어, 국가 문화, 현장 문화, 상황 등의 차이는 의사소통의 안정성을 떨어뜨리고 대화를 더 어렵게 만든다.

정기적으로 직접 소통하는 것이 중요하다. 글로벌 회사의 한 시니어 리더는, "신뢰의 반감기는 6주"라고 했다. 실수가 늘어나기 시작하면 사람들을 비행기에 태워 보내서 함께 게임을 하고, 식사를 하며, 인간관계를 발전시켜야 할 때다.

팀원의 100%가 수 년 동안 다른 사업장을 방문하는 것을 목표로 약 6주마다 일정 비율의 직원이 한 사업장에서 다른 사업장으로 출장을 가도록 하자.

분산된 팀에 물적 지원 강화하기

분산된 팀으로 성공하려면 돈과 노력, 시간을 투자해 업무 방식을 지원해야 한다.

정기적인 의사소통 모두가 참석해야 하는 필수 회의를 설정하자. 특정 현장에 서로 다른 시간대로 인한 피로가 몰리지 않도록 불편한 시간을 골고루 배치하자. 원격 회의를 위한 효과적인 도구와 이를 지원하는 네트워크를 제공하자. 안건을 작성하고, 결과물을 정의하고, 주제를 유지하고, 정시에 종료하는 등 좋은 회의 규칙을 정하자.

비정기 의사소통 사업장 간 자발적으로 이루어지는 소통을 지원한다.

각 직원에게 고품질 마이크, 웹캠, 충분한 네트워크 대역폭과 같은 통신 기술을 지원하자. 온라인 게시판뿐 아니라 텍스트 기반으로 시간 순서에 따라 메시지를 전달하는 커뮤니케이션 도구(슬랙Slack, 마이크로소프트 팀즈Microsoft Teams 등)도 제공하자.

원격 대리인 현장에서 PO나 엔지니어링 매니저를 대신할 사람을 지정하자. 팀이 PO 혹은 엔지니어링 매니저에게 답변을 받지 못할 때, 팀원들은 대리인에게 연락한다. 대리인은 업무 파트너와 정기적으로 일대일 논의를 하여 업무 상황을 바로바로 업데이트한다.

직원 이동 직원들은 영구적으로 혹은 장기간 이동할 수 있다. 많은 소프트웨어 팀이 글로벌하게 구성되어 있기 때문에 본국으로 돌아가길 원하는 팀원을 찾는 건 흔한 일이다. 잘 알려지지 않은 사실이지만, 마이크로소프트는 첫 번째 인도 사업장을 마이크로소프트의 레드몬드 캠퍼스에서 일하던 인도인들로 채웠다. 이는 인도 지역에서 회사 문화와 지식이 자리 잡는 데 도움이 되었다.

신규 인원 온보딩과 교육 온보딩 활동으로 신규 직원이 원격으로 사업장에 방문하게 하자. 멘토를 통해 분산된 팀에서 효과적으로 일하는 방법을 알려 주자.

자율성, 숙달성, 목적성 활용하기
어떤 회사들은 여러 사업장에 팀을 고르게 분포시켜 각 사업장이 동일한 상태이게끔 하지만 여러 장소에 사업장을 보유한 회사는 일반적으로 국내와 해외, 사내와 아웃소싱, 모회사와 인수 회사, 주요 사업장과 위성 사업장 사이에 상태가 불일치한다. 그들은 덜 중요한 작업을 포함하여 다른 종류의 업무를 보조 사업장에 할당하고, 해당 사업장의 자유도를 줄인다.

지위의 차이와 낮은 자율성은 각 현장의 동기를 제한한다. 보조 팀은 자신의 지위와 책임 수준을 자각하고 숨김없이 의견을 표현하는 경향이 있다. 보조팀 관리자는 더 많은 자율성과 자체 결정권, 성장 기회(숙달성)를 요청하고, 수행하는 업무의 큰 그림(목적성)을 이해하고 싶다고 자주 보고한다.

애자일 또는 그 밖의 방법으로 분산된 개발팀을 성공시키고 싶다면, 각 사업장에 자율적으로 일할 수 있는 작업을 제공하고 각각이 전문적으로 성장할 수 있는 방법을 찾자.

콘웨이의 법칙 존중하기

콘웨이의 법칙에 따르면 간단히 말해, 어떤 시스템의 기술적 구조는 그 시스템을 구축한 인간 조직의 구조를 반영한다고 한다[Conway, 1968].[1] 여기에는 공식적인 관리 구조와 비공식적인 대인관계 네트워크 구조가 포함된다. 이들 간의 상호작용은 지리적으로 분산된 작업에 중요하다.

콘웨이의 법칙은 양방향이다. 기술 설계가 인간 조직 설계에도 영향을 준다. 만약 팀이 서로 다른 세 장소에 분산되어 있는데 기술 구조가 독립적인 세 개 영역의 작업을 지원하지 않는다면, 팀은 지리적 경계를 넘어 서로의 작업에 기술적으로 의존하게 되므로 어려움을 겪을 것이다.

---

1 정확한 문장은 다음과 같다. "시스템을 설계하는 조직(여기서는 넓은 의미로 사용됨)은 이러한 조직들의 소통 구조를 복제한 설계를 생산할 수밖에 없다."

몇 년 동안 팀이 지리적으로 분산되어 있었다면, 아마 기술 아키텍처에 팀의 구조가 이미 반영돼 있기 마련이다. 만약 팀이 지리적으로 분산될 예정이라면, 기술 아키텍처와 인간 조직을 비교하고 일치하지 않는 부분을 찾자.

애자일팀을 블랙박스로 취급하기

같은 공간에 있는 팀에서 그랬듯이 팀을 블랙박스로 취급하는 관리 원칙은 세부사항에 지나치게 간섭하는 관리자보다 방향을 설정하는 리더 역할을 더 많이 하는 관리자에게 도움이 된다. 팀의 투입과 산출을 관리하라. 팀이 어떻게 일하는지 세부사항에 집중하지 말라.

고품질 유지하기

소프트웨어를 항상 릴리스할 수 있는 상태로 유지하는 애자일 원칙은 다른 지역에 있는 팀 간에 너무 많은 차이가 발생하는 것을 막는다.

각 팀을 블랙박스로 취급하면서도 결과물이 고품질인지 확인해야 한다. 코드를 릴리스 가능한 수준의 품질로 유지하는 일은 같은 공간에서 일하는 팀조차 어려움을 겪을 정도로 고도의 훈련이 필요하다.

팀이 분산되면 자연스레 릴리스할 수 있는 상태가 더 드물어지는 경향이 있다. 이건 실수다. 지리적으로 분산된 팀은 이를 인식하지 못하고 다른 방향으로 가게 될 위험이 있다. 이 말은 리스크 관리를 위해 더 자주 수렴해야 한다는 뜻이다. 효과적으로 통합할수 있도록 분산된 팀은 완료 정의에 특히 주의를 기울여야 한다.

소프트웨어를 릴리스 가능한 수준의 품질로 유지하는 데 노력을 기울이다 보면 지리적인 분산으로 인한 비용이 부각된다. 분산된 팀이 릴리스 가능한 품질을 유지하려고 자주 수렴하는 데 지나치게 많은 시간을 쏟고 있다면, 이를 해결하는 방법은 덜 통합하는 게 아니다. 그렇게 하면 팀이 전혀 수렴하지 못할 위험이 증가한다! 해결책은 일하는 방식을 수정해 안정적이면서도 자주 수렴하기 위해 필요한 작업을 간소화하는 것이다. 어떤 경우에는 수렴에 드는 수고로움이 부각되며 개발 현장 수를 줄이겠다는 결정이 나올 수도 있다.

문화적 차이 인식하기

문화 간 일반적인 차이점은 다음과 같다.

- 나쁜 소식을 전하려는 의지(간단한 질문에 '아니오'라고 대답하는 것)
- 권한에 대한 반응
- 성취를 둘러싼 개인 대 팀의 윤리
- 기대근무 시간, 업무 대 개인 생활의 우선순위

검토하고 적용하기

지리적으로 분산된 팀으로 개발하는 일은 어렵다. 얼마나 많은 사업장을 보유하는지, 각 사업장이 어디에 있는지, 소프트웨어 아키텍처가 어떠한지, 각 사업장에 어떻게 작업을 할당하는지, 그리고 각 사업장에 있는 특정 팀과 개인의 능력에 따라 과제가 달라진다.

지리적으로 분산된 팀이 잘 돌아가려면 정기적인 회고를 통해 무엇이 제대로 작동하고 있는지, 무엇에 필요 이상으로 시간이 더 걸리는지, 분산된 팀 작업과 관련된 이슈가 어떤 문제나 비효율을 야기하고 있는지 솔직히 평가해야 한다. 문화적 차이가 회고를 어렵게 만들 수 있으니 솔직한 토론을 장려하기 위해 추가적인 작업이 필요할 수 있다.

또한 조직은 특히 여러 사업장에서 개발하는 데서 비롯된 이슈를 간소화하는 데 초점을 맞추어 시스템 수준의 회고를 지원해야 한다. 그런 다음 팀은 회고에서 얻은 통찰력으로 식별한 어려움을 해결하는 변화를 만들어야 하고, 그러한 변화를 만들 수 있는 권한을 받아야 한다. 만약 팀이 권한을 부여받지 못하면, 조직은 지리적으로 분산된 개발로 인해 효율성이 떨어질 위험이 있다.

분산 개발을 제대로 수행하지 않으면, 1차, 2차 사업장의 직원 모두 의욕이 꺾여 사기가 저하되고 이직률이 높아진다.

많은 조직(아마도 대부분의 조직)이 지리적으로 분산된 팀을 구성하며 세운 목표를 달성하지 못한다. 분산된 팀으로 성공하려면 많은 일을 제대로 해야 하는데, 여기에는 지름길이 없다.

핵심 원칙 개인이 아닌 시스템 고치기

지리적으로 분산된 개발은 잘못된 의사소통을 증가시켜 오류가 늘어난다. 지리적으로 분산된 팀은 팀 간 거리로 인해 결함 수와 결함 해결 시간이 증가하기 때문에 같은 장소에 위치한 팀보다 결함을 고치는 데 더 많은 시간을 소모한다. 오류율이 높아지면 스트레스가 늘어나고 이는 서로 손가락질하거나 비난하는 경향을 증가시킨다.

지리적으로 분산된 팀이 성공하려면 오류를 처벌하지 않는 원칙을 강조하는 것이 중요하다. 오류를 개인이 아니라 시스템의 문제로 취급하

자. 그리고 이렇게 물어보자. '어떤 시스템 때문에 이 오류가 발생했을까?' 이는 일반적으로도 좋은 방법이지만, 지리적으로 분산된 환경에서는 특히 더 중요하다.

분산된 팀이 현장에서 의사결정을 내릴 수 없어서 비효율적인 상황이 발생하고 있다면, 1차 사업장의 팀이 비슷한 문제를 겪고 있는지 확인하자. 비슷한 비효율을 경험하고 있을 가능성이 있다. 단지 1차 사업장의 팀은 지리적으로 더 가까이 있는 사람들과 일하면서 부족한 자율성을 보완하기가 쉽기 때문에 덜 비효율적으로 보일 뿐이다.

📋 애자일 리더를 위한 To Do List

☑ 검토하기

- 분산된 팀과의 피드백 루프가 얼마나 강력한가? 이 장에 나열된 고전적인 실수를 저지르고 있지는 않은가?
- 사업장 간 언어, 국가 문화, 현장 문화로 인한 차이점을 검토하자. 이러한 차이가 의사소통 실수에 미치는 영향을 평가하자.
- 각 팀이 자율성, 숙달성, 목적성을 가질 수 있도록 구성되어 있는가?
- 분산된 팀은 최소한 함께 배치된 경우만큼 릴리스 가능한 수준의 품질로 자주 수렴하는 일을 고도로 체계적으로 수행하는가?
- 분산된 팀이 도전적인 환경에서 더 효과적으로 일할 수 있는 방법을 배울 수 있도록 검토와 적용을 시스템화했는가?

☑ 적용하기

- 필요하다면 팀과 의사소통 패턴을 재정비하여 피드백 루프를 촘촘하게 하자.
- 사업장 간 소통과 이해를 향상시키기 위한 계획을 세우자.
- 분산된 팀이 자율성, 숙달성, 목적성을 갖추도록 지원하는 계획을 세우자.
- 팀에 언제나 릴리스 가능한 수준의 품질을 유지하는 일이 중요하다는 점을 전달하고, 팀이 적절한 완료 정의를 사용하고 있는지 확인하자.
- 팀이 회고를 통해 변화를 만들 수 있도록 권한을 부여하자.

더 읽을 거리

7장에서 다룬 정보의 대부분은 우리 회사의 직접적인 경험을 요약한 것이다. 따라서 더 읽을 거리 역시 제한적이다.

- Conway, Melvin E. 1968. How do Committees Invent? *Datamation*. April 1968.

  콘웨이의 법칙을 다룬 최초의 논문이다.

- Hooker, John, 2003. *Working Across Cultures*. Stanford University Press.

  여러 문화권에 걸쳐 작업할 때 고려해야 하는 일반적인 사항을 설명하고, 중국, 인도, 미국 및 기타 국가 사례를 구체적으로 해설한다.

- Stuart, Jenny, et al. "Succeeding with Geographically Distributed Scrum," Construx White Paper, March 2018.

  분산된 팀을 위한 스크럼을 제안한다. 7장에서 설명한 것과 동일한 경험을 많이 담고 있다.

8

개인과 상호작용

애자일 선언문에서 애자일은 프로세스와 도구보다 개인과 상호작용을
더 가치 있게 여긴다고 밝혔다. 하지만 현재까지 애자일은 개인보다 프
로세스에 훨씬 더 광범위하게 집중하고 있으며, 개인을 향한 초점은 확
실히 체계적인 협업을 둘러싼 상호작용에 국한되어 있다.

'성장 마인드셋 개발'Develop a Growth Mindset 원칙은 전반적으로 학습 경향
에 기여하지만, 이를 일반적인 포부 이상으로 발전시키지 않으면 학습
은 일시적일 뿐 더 많이 누적되지 않는다. 팀이 프로젝트를 시작했을 때
보다 더 견실하게 프로젝트를 완료해야 한다는 생각에 동의한다면, 학
습을 위한 시간을 허용하고 이에 대한 계획을 세워야 한다.

이번 장에서는 개발자의 학습에 대한 체계적인 접근방식을 설명하고,
개발자에게 가장 중요하지만 가장 부족한 학습 영역을 다룬다. 내용이
광범위하고 개괄적이기 때문에, 끝에 범위가 넓은 '더 읽을 거리'를 제공
하였다.

효율적인 조직은 개인의 성장을 지원한다

개인의 효율성을 극대화하는 일은 조직의 효율성을 높이기 위한 프로그램의 초석이 되어야 한다. 수십 년 동안 연구자들은 비슷한 수준의 경험을 지닌 사람들 사이의 생산성이 적어도 10배 이상 차이 난다는 점을 발견했다[McConnell, 2011]. 또한 같은 업계에서 일하는 팀 간의 생산성도 10배 이상 차이가 난다는 점을 발견했다[McConnell, 2019].

개인의 능력 차이는 어느 정도는 타고나고 어느 정도는 만들어진다. 넷플릭스의 클라우드 아키텍트인 에이드리언 콕크로프트Adrian Cockcroft 는 그 놀라운 사람들을 어디에서 구했냐는 질문을 받았다. 그는 '포춘 선정 500인의 리더'에게 "난 여러분의 회사에서 일하던 사람들을 고용했습니다!"라고 답했다[Forsgren, 2018]. 요지는 훌륭한 성과를 내는 사람들이 하룻밤 사이에 그렇게 된 건 아니라는 점이다. 그들은 시간이 지나며 발전하는데, 효율적으로 일하려고 하는 조직은 그 과정에서 직원을 지원하는 기회를 얻게 된다. 최근 인터넷 밈에 이런 말이 있다.

CFO: 우리가 직원에게 투자를 했는데 그들이 떠난다면 어떻게 될까?
CEO: 우리가 그들에게 투자하지 않고 그들이 머물면 어떻게 될까?

직원의 역량 개발을 지원하는 일은 여러 면에서 시너지 효과가 있다. 직원의 역량 개발을 지원하는 첫 번째이자 가장 중요한 이유는 직원이 조직에 기여할 수 있는 능력이 향상되기 때문이다. 또한 프로젝트 차원에서 검토하고 적용하는 성장 마인드셋과 전문성 개발 차원에서 활용하는 개인의 성장 마인드셋 사이에는 시너지가 있다. 마지막으로, 직원의 역량 개발을 지원하는 일은 숙달성에 대한 동기를 유발하는 힘으로 작용한다.

니콜 폴스그렌Nicole Forsgren, 제즈 험블Jez Humble, 진 킴Gene Kim은 고성과 기술 조직에 대한 광범위한 연구에서 다음과 같이 보고하였다.

"오늘날과 같이 빠르게 변화하고 경쟁이 치열한 세상에서, 당신의 제품과 회사, 직원을 위해 할 수 있는 최선은 실험과 학습의 문화를 정착시키고 이를 가능케 하는 기술과 관리 역량에 투자하는 것이다"[Forsgren, 2018].

이와 더불어 폴스그렌, 험블, 킴은 학습 환경이 소프트웨어를 전달하는 성과와 상관관계가 높은 세 가지 요소 중 하나라고 보고했다.

어떤 조직에서는 새로운 학습과 이전의 배움을 적용하는 것 사이에 긴장감이 존재한다. 직원은 배움을 극대화하고자 새로운 영역으로 이동하고 싶어 하지만, 조직은 직원들이 이미 습득한 전문 지식을 적용하도록 현재의 영역에 머무르기를 원하는 게 일반적인 패턴이다. 이로 인해 영역 사이의 이동이 매우 어려워지기 때문에 가장 의욕적인 직원들은 전문성 개발을 추구하며 다른 회사로 이직한다.

유능한 개별 구성원을 성장시키려는 조직은 주니어 엔지니어에서 시니어 엔지니어로 나아가기, 개발자에서 매니저로 이동하기, 테크니컬 리드에서 아키텍트로 성장하기 등에 대해 명확한 지침을 제공한다.

핵심 원칙 개인 역량을 키워 팀 생산성 강화하기

대부분 소프트웨어 전문가의 경력은 프로젝트마다 한 기술에서 다른 기술로, 한 방법론에서 다른 방법론으로 튀기 때문에 핀볼에 비유할 수 있다. 모든 종류의 전문적인 경험은 가치 있지만, 이러한 패턴은 시간이 지남에 따라 전문성과 역량을 응집하여 쌓는 체계적인 프로그램이라기보다는 산발적인 경험을 임시 방편으로 축적하기 위한 처방이다.

역할의 밀도

교차기능 애자일팀은 전문 분야에서 우수한 성과를 내고 필요하다면 다른 영역에서도 일할 수 있는 기술 직원에 의해 좌우된다. '역할의 밀도'는 한 사람이 얼마나 많은 다른 역할을 수행할 수 있는지를 나타낸다. 다음 그림에서 역할의 밀도 차이를 비교해 보자.

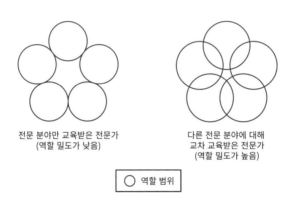

전문 분야만 교육받은 전문가   다른 전문 분야에 대해
(역할 밀도가 낮음)   교차 교육받은 전문가
(역할 밀도가 높음)

○ 역할 범위

어느 팀이 직원 이직에 더 취약할까? 어느 팀이 더 유연하게 작업을 할당할까? 어느 팀이 더 적응력이 좋을까?

더 효과적이길 원하는 소프트웨어 조직은 전문적인 개발 경험을 확장할 수 있도록 기술 직원을 지원할 것이고 이는 그들이 더 높은 수준의 숙달성을 성취하게 한다.

세 가지 종류의 전문 역량 개발

기술 조직은 소프트웨어 전문가에게 가장 중요한 지식의 유형을 기술 지식으로 국한하는 경향이 있다. 하지만 이는 근시안적인 발상이다. 유능한 소프트웨어 전문가는 다음 세 가지 종류의 지식을 다루는 능력이 뛰어나다.

- 기술 지식: 프로그래밍 언어나 툴과 같은 특정 기술에 관한 지식
- 소프트웨어 개발 방법: 설계, 코딩, 테스트, 요구사항, 관리 등의 실무에 관한 지식
- 도메인 지식: 전문가가 일하는 특정 비즈니스나 학문 분야에 관한 지식

기술 담당자는 이러한 다른 종류의 지식이 각기 다른 수준으로 필요하다. 소프트웨어 개발자는 기술과 소프트웨어 개발을 다루는 깊은 지식이 요구되지만 비즈니스나 학문 영역은 덜 강조된다. 프로덕트 오너는 도메인에 관해 깊은 지식이 필요하지만, 기술이나 소프트웨어 개발 지식은 적다. 세부사항은 역할별로 정의된다.

전문성 개발 단계를 활용해 경력 개발 프로그램 구성하기

20년 전 우리 회사와 나는 소프트웨어 전문가들의 커리어 패스가 제대로 정의되거나, 지원받고 있지 못하다는 점을 인지했다. 그래서 소프트웨어 직원의 전문성을 개발할 수 있는 전반적인 방향을 제시하고 세부적으로 지원하도록 상세한 전문성 개발 사다리Professional Development Ladder, PDL를 만들었다. 그 후로 PDL을 지속적으로 유지하고 업데이트하며 발전시켜 왔고, 소프트웨어 전문가와 조직에서 많은 PDL 자료를 경력 개발을 위해 자유롭게 사용할 수 있게 했다.

컨스트럭스의 PDL은 개발자, 테스터, 스크럼 마스터, 프로덕트 오너,

아키텍트, 비즈니스 분석가, 기술 관리자 및 일반적인 소프트웨어 직책을 포함하여 다양한 소프트웨어 직원의 경력 개발을 장기적인 관점에서 지원한다. PDL은 방향과 구조를 제공하는 동시에 개인의 관심사가 특정 경력으로 이어질 수 있도록 한다.

PDL은 다음 네 가지 요소로 구성된다.

- 표준 기반 소프트웨어 개발 지식 영역: 요구사항, 설계, 테스트, 품질, 관리 등
- 역량 수준의 정의: 입문, 숙련, 리더십
- 전문성 개발 활동: 각 지식 분야의 역량을 달성하기 위한 교육, 독서, 경험
- 앞서 설명한 개발 지식 영역, 역량 수준, 전문성 개발 활동을 활용하여 구축한 역할별 커리어 패스

컨스트럭스의 전문성 개발 사다리의 핵심은 11개의 지식 영역과 3개의 역량 수준을 결합할 때 만들어지는 11×3 전문성 개발 매트릭스Professional Development Matrix, PDM이다[McConnell, 2018]. 그림 8-1을 보자.

역량 수준	형상 관리	구성	설계	기초	유지	관리	프로그래밍	프로세스	품질	요구사항	테스팅
							지식 영역				
입문	●	●	●	●	●	●	●	●	●	●	●
숙련	●	●	●								●
리더십		●									

그림 8-1 11×3 전문성 개발 매트릭스(시니어 개발자)

그림 속 동그라미가 그려진 상자는 한 사람이 시니어 개발자로서 수행하도록 PDL이 권장하는 역량을 나타낸다. 예를 들어, 시니어 개발자는 구성 영역에서는 리더십 역량을, 형상 관리 영역, 설계 영역, 테스팅 영역에서는 숙련자의 역량을 확보해야 한다. PDL 자료는 해당 역량 수준을 달성하는 데 필요한 읽기, 학습, 경험에 관한 특정 목록을 제공한다.

전문성 개발 매트릭스는 단순해 보이지만 놀랍도록 강력하다. 매트릭스에서 어떤 상자를 체크했는지에 따라 경력 목표를 정의하거나, 매트릭스에서 체크된 부분을 지나는 경로로 경력을 도식화할 수 있다. 전문성 개발 활동은 PDM에서 지원하는 역량의 관점으로 정의할 수 있다.

11가지 표준에 기반한 지식 영역과 3가지로 정의한 역량 수준의 조합으로 발생하는 매트릭스는 고도로 체계적인 동시에 유연하며 사용자 정의가 가능한 경력 개발 프레임워크를 제공한다. 가장 중요한 점은 각 소프트웨어 전문가에게 꾸준히 숙련도를 높이는 명확한 경로를 제공한다는 것이다. 전문성 개발 시기, 전문성 개발을 지원하는 제안 및 기타 실행 관련 질문을 포함한 PDL에 관한 상세한 내용은 〈소프트웨어 전문가를 위한 커리어 패스*Career Pathing for Software Professionals*〉를 참조하자 [McConnell, 2018].

소프트웨어 팀에는 의사소통 기술이 필요하다

개인이 소프트웨어 개발 역량을 향상시키면 모든 팀이 개선될 수 있을 것 같지만, 사실 많은 팀이 상호작용이 원활하지 않아 어려움을 겪는다. 애자일 개발은 대면 협업을 필요로 하므로 순차 개발할 때보다 마찰이 없는 상호작용이 더 중요하다. 지난 20년간 많은 회사에서 리더들과 함께 일해 보니, 다음과 같은 상호작용 소프트 스킬이 애자일 팀원들에게 가장 효과적이었다.

감성지능

두 명의 개발자가 기술적으로 사소한 문제에 대해 이메일로 상호 공격하는 모습을 본 적 있는가. 이는 소프트웨어 팀에 더 폭넓은 감성지능이 필요하다는 증거다.

감성지능의 가치는 문서로 충분히 입증됐다. 대니얼 골먼Daniel Goleman 은 《하버드 비즈니스 리뷰Harvard Business Review》에서 스타 플레이어와 평균치 역량을 발휘하는 임직원 간 차이의 90%는 감성지능EQ에 기인한다고 보고했다[Goleman, 2004]. 500명의 임원 후보에 관한 연구에 따르면 EQ가 지능이나 경험보다 훨씬 더 나은 채용 예측변수였다[Cherniss, 1999].

기술적으로 기여하는 직원들은 자신과 타인의 감정 상태를 더 잘 인식하고, 정서적 자기 조절 능력을 향상시키며, 타인과의 관계를 관리함으로써 이익을 얻는다.

예일대학교 감성지능센터Yale Center for Emotional Intelligence의 룰러RULER 모델은 이 분야에서 유용한 자료다[Yale, 2019]. RULER는 다음의 약자이다.

- 자신과 타인의 감정을 인식한다(Recognizing).
- 감정의 원인과 결과를 이해한다(Understanding).
- 감정에 이름을 붙인다(Labeling).
- 적절한 감정을 표현한다(Expressing).
- 감정을 효과적으로 조절한다(Regulating).

룰러 모델은 맨 처음 청소년을 대상으로 개발되었으며 그 후에 성인, 특히 단체로 일하는 성인에 맞게 변경되었다.

다른 성격 유형과의 의사소통

영업 직원은 사람들이 서로 다른 방식으로 소통하고 적절하게 생각이나 의견을 주고받는 것을 직감적으로 이해한다. 기술 직원이 듣는 사람에 맞게 의사소통 스타일을 바꾸게 하려면 뚜렷하게 설명하고 격려해야 한다.

성격 유형 연구는 기술 직원들이 사람마다 의사결정을 할 때 중점을 두는 요소가 다르다는 점을 이해하는 데 도움을 준다(데이터 대 감정). 사람들은 자신을 다르게 표현하고, 스트레스를 받으면 다르게 반응한다. 다양함에 이름을 붙이고, 그러한 다름이 다른 사람에게 어떻게 적용되는지 확인하고, 자기 평가를 하는 것은 기술 직원들에게 눈이 뜨이는 경험이다.

사회적 유형Social Styles 모델은 성격 유형을 이해하기 위한 직관적인 도구이다[Mulqueen, 2014]. 사회적 유형 모델은 관찰 가능한 행동을 기반으로 하기 때문에 어떻게 상호작용을 하면 좋을지 알기 위해 상대방의 테스트 결과를 알 필요는 없다. DISC 평가, 마이어스-브릭스MBTI, 컬러 코드Color Code도 비슷하게 유용하다.

사회적 유형의 차이를 인식하면 다른 유형의 직원들 사이에서 일어나는 상호작용을 확실히 개선할 수 있다. 그림 8-2에서 보듯이 사회적 유형 모델에 따르면, 기술 직원은 분석적(Analytical)이고 영업 직원은 표현이 풍부하며(Expressive), 관리직은 주도적(Drivers)인 경향이 있다

(물론 이는 수많은 예외가 있는 사회적 유형을 일반화한 것이다).

사회적 유형에 관해 배우면 기술 직원과 영업 직원이 더욱 효과적으로 의사소통할 수 있고, 이를 통해 조직에서 관리 업무를 더 잘할 수 있으며, 팀 내 다양한 성격 유형 간의 의사소통도 개선된다. 어떤 기술 직원은 상대방에 따라 의사소통 방식을 조정하는 일을 다소 부정직하다고 보는데, 이러한 생각은 커리어에 걸림돌이 되기도 한다. 의사소통 기술은 훈련하면 개발할 수 있고, 한계를 극복하는 데 도움을 준다.

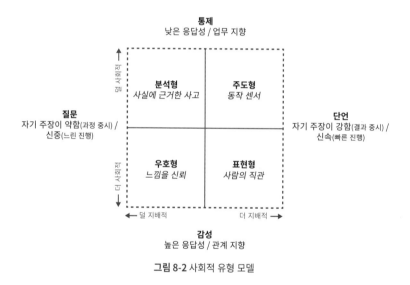

그림 8-2 사회적 유형 모델

유명한 성격 유형 모델들은 과학적으로 타당한지 의심받고 있다. 가장 과학적인 접근방식이 궁금하다면, 5가지 성격 특정 요소Big Five Personality Traits 모델을 찾아 보자. 실용적인 측면에서 "모든 모델에는 잘못된 부분이 있지만 그중에는 유용한 모델도 있다"라는 의견에 동의하며 사회적 유형 모델이 특히 쓸모 있다고 생각한다.

결정적 순간의 대화

업무를 어떻게 수행해야 하는지 감이 없는 사람들은 구조화된 접근방식으로 지원할 수 있다. 난감할 때 결정적 순간의 대화Crucial Conversation는 다음과 같은 상황에 효과를 발휘한다[Patterson, 2002].

- 위험이 크다.
- 의견이 다양하다.
- 감정이 고조된다.

기술적인 맥락에서 결정적 순간의 대화는 성과 문제로 직원들과 각을 세우고, 설계 방식을 결정해야 하거나, 주요 이해관계자에게 나쁜 소식을 전하는 등 다양한 상황에서 발생한다.

경영진과의 커뮤니케이션

서로 다른 성격 유형을 이해하면 일반적으로 의사소통이 향상되고 특히 경영진과 소통이 원활해지는 유용한 토대를 쌓을 수 있다.

이 책의 원고를 검토해 준 한 리뷰어가 썼듯이, "당신의 머릿속은 해결해야 하는 문제로 완전히 가득 차 있고 하루 종일 그 문제들을 풀 수 있다. 상사는 7분의 여유 시간이 있고, 3가지 주요 항목은 충분히 기억할 수 있다."

사회적 유형에 따른 경영진의 성격을 파악하고, 의사결정 스타일을 이해하고, 스트레스 상황에서 경영진이 어떤 반응을 보일지 예상함으로써 기술 직원이 성공적인 의사소통을 준비하도록 도울 수 있다.

팀 개발 단계

터크만Tuckman 그룹 개발은 관리 분야에서는 진부한 모델이지만, 소프트웨어 업무는 팀으로 수행되는 경우가 많고 많은 조직에서 팀이 자주 바뀌기 때문에, 터크만의 4단계(형성기, 혼돈기, 규범기, 성취기)를 이해하면 유용하다. 그림 8-3을 보자.

형성기나 혼돈기의 팀들은 그들이 경험하고 있는 게 정상이라는 것을 깨닫게 되면 안심한다. 게다가 이러한 깨달음은 그들이 규범기와 성취기로 더 빨리 움직일 수 있도록 돕는다.

리더들 또한 이러한 과정이 정상이고 일어날 수 있는 일임을 이해해

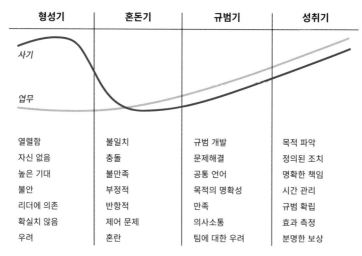

그림 8-3 터크만 모델의 팀 구성 단계

야 한다. 또한 팀을 해체했다가 다시 만들면 팀이 다시 처음부터 성취기에 이르는 데 시간이 소요된다는 점을 알아야 한다.

합리적인 의사결정 모델

소프트웨어 팀에는 요구사항 우선순위, 설계 방식, 업무 할당, 프로세스 변경 등 의사결정을 내려야 하는 사안이 끝이 없다. 몇 가지 팀 지향적인 의사결정 모델을 알고 있으면 유용하다. 나는 엄지 투표/로마 투표, 손가락 수 투표fist of five[1], 도트 투표 및 의사결정권자가 결정하기 등 간결한 방법을 사용해 성공을 거두었다.

효과적인 회의 진행

스크럼의 표준 회의는 체계적으로 잘 짜여져 있다. 회의 역할, 목적, 기본 안건 모두 스크럼에서 정의하므로 회의를 순조롭게 진행하고 시간을 잘 활용할 수 있다.

많은 조직이 갖가지 종류의 회의로 엄청난 시간을 낭비한다. 전체 회의의 경우 회의를 효과적으로 진행하도록 지침을 제공하면 유용하다. 최소한 여기에는 다음과 같은 조언이 포함되어야 한다. 회의의 명확한 목적이 있어야 한다. 회의에서 어떤 결정이나 결과물을 내놓을 건지 명료하게 정의된 기대치를 설정하자. 회의가 길어지지 않고 짧게 진행되도록 시간 계획에 신경을 쓰자. 회의 결과물을 만드는 데 필요한 사람들을 초대하고, 목표를 달성하는 즉시 회의가 끝났다고 선언하자. 이와 관련해 《회의 성공의 Key》는 참고할 만한 좋은 자료이다.

---

1   (옮긴이) 0(주먹 쥐기): 절대 반대, 1: 전혀 중요하지 않음, 2: 중요하지 않음, 3: 보통, 4: 중요(동의), 5: 매우 중요(완전 동의)

상호작용을 위한 상생 마인드셋

다른 사람의 성공을 돕는 방법에 초점을 둔 마인드셋을 개발하면 팀 내에 선순환이 이루어진다. 내가 알고 있는 가장 좋은 모델은 국제 로타리의 4가지 표준Four-Way Test이다.

- 진실한가?
- 모두에게 공평한가?
- 선의와 우정을 쌓게 하는가?
- 모두에게 이로운가?

4가지 표준을 통과하는 결정이나 상호작용은 팀을 더 강해지는 길로 이끈다.

누구든지 자신이 일반적으로 사용하는 상호작용 기술을 주기적으로 검토하면 도움이 된다. 《데일 카네기 인간관계론》은 거의 100년 전에 이에 대한 연구가 수행되었을 때와 마찬가지로 효과적인 상호작용을 위한 좋은 안내서이다.

📋 애자일 리더를 위한 To Do List

☑ 검토하기

- 개인의 역량을 극대화하기 위한 조직의 접근방식을 돌아보자. 직원을 채용한 후 지속적인 개발을 지원하고 있는가?
- 전문성을 개발할 수 있도록 조직에서 허용한 시간을 검토하자. 주어진 시간을 고려했을 때, 실제로 전문성을 얼마나 개발할 수 있는가?
- 직원을 인터뷰해 보자. 전문가로 성장하기 위해 잘 정의된 기회는 그들에게 얼마나 중요한가? 그들은 현재 조직에서 받고 있는 지원에 얼마나 만족하고 있는가?
- 조직에서 일어나는 비기술적인 상호작용을 검토하자. 직원들이 얼마나 효과적으로 회의를 진행하고, 함께 일하고, 경영진과 소통하고, 다른 소프트 스킬을 보여주고 있는가?
- 팀에서 기술적으로 혹은 다른 문제로 충돌이 발생했던 상황을 떠올려 보자. 직원의 감성지능을 어떻게 평가할 것인가?

☑ 적용하기

- 계획을 세워 직원들이 전문성을 개발할 수 있도록 정기적으로 시간을 할당하자.
- 컨스트럭스의 PDL(혹은 다른 접근방식)을 사용하여 각 직원이 자신에게 의미 있는 전문성 성장 프로그램을 따르고 있는지 확인하자.
- 성격 유형 학습, 조직 전체 의사소통, 갈등 해결, 상생하기 등 팀원의 대인관계 기술을 개선하기 위한 계획을 세우자.

더 읽을 거리

- Carnegie, Dale. 1936. *How to Win Friends and Influence People*(《데일 카네기 인간관계론》, 현대지성).

  마지막으로 이 책을 읽은 지 몇 년 되었다면 꼭 다시 한 번 읽어 보자. 오래됐음에도 불구하고 그 교훈이 얼마나 적절한지 놀랄 것이다.

- Doyle, Michael and David Strauss. 1993. *How to Make Meetings Work!*(《회의 성공의 Key》, 하서).

  효과적인 회의 운영에 대한 고전적인 내용이다.

- Fisher, Roger and William Ury. 2011. *Getting to Yes: Negotiating Agreement Without Giving In, 3rd Ed*(《Yes를 이끌어내는 협상법》, 장락).

  윈윈하는 결과를 달성하는 법을 알려 준다. 협상을 다루는 것처럼 보이지만, 실제로는 집단 문제해결을 다룬다.

- Goleman, Daniel, 2005. *Emotional Intelligence, 10th Anniversary Edition*(《EQ 감성지능》, 웅진지식하우스).

  IQ 만큼이나 중요한 EQ를 다룬 최초의 책이다.

- Lencioni, Patrick. 2002. *The Five Dysfunctions of a Team*(《탁월한 조직이 빠지기 쉬운 5가지 함정 탈출법》, 다산북스).

  혼란에 빠진 팀의 서사를 연대기 형식으로 작성한 짧은 우화로, 건강한 팀을 만들고 유지하는 모델을 보여 주며 마무리된다.

- Lipmanowicz, Henri and Keith McCandless. 2013. *The Surprising Power of Liberating Structures*.

  이 혁신적인 책은 집단이 상호작용하는 방식에 대한 수많은 패턴과 '해방적 구조'를 설명한다.

- McConnell, Steve and Jenny Stuart. 2018. *Career Pathing for Software Professionals*. [Online]

  이 백서는 컨스트럭스 PDL(전문성 개발 사다리)의 배경과 구조를 설명한다. 더불어 아키텍트, QA 매니저, 프로덕트 오너, 품질 관리자, 기술 관리자로 이어지는 커리어 패스를 다룬다.

- Patterson, Kerry, et al. 2002. *Crucial Conversations: Tools for talking when the stakes are high*(《결정적 순간의 대화》, 김영사).

  모든 사람이 중요한 대화에 참여할 수 있는 능력이 있다면 세상이 더 나은 곳이 될 것이라는 설득력 있는 사례를 보여 주는 책으로 매우 잘 읽힌다.

- Rotary International, 2019. *The Four-Way Test*. [Online]

  온라인에서 검색하면 국제 로타리 4가지 표준의 역사와 현재 어떻게 적용되고 있는지 수많은 설명을 찾을 수 있다. 위키피디아 자료는 그 어떤 것보다 좋은 요약본이다.

- TRACOM Group, 2019. [Online]

  트라콤 웹사이트에는 사회적 유형 모델에 관한 많은 자료가 있다. 모델 개요, 모델 타당성 보고서, 사회적 유형 모델과 MBTI처럼 다른 인기 있는 모델의 비교 등의 자료를 볼 수 있다.

- Wilson Learning, 2019. [Online]

  윌슨 학습 웹사이트에는 사회적 유형 모델을 다룬 여러 기사가 있다. 주로 영업에 이를 어떻게 적용하는지 논의한다(트라콤의 사회적 유형 모델과 윌슨의 사회적 유형 모델은 실제로는 비공식적으로 쓰인다).

- Yale Center for Emotional Intelligence. 2019. *The RULER Model*. [Online]

교육 환경에서 감성지능을 사용하는 것에 중점을 두고 룰러 모델과 이를 응용하는 내용을 설명한다.

더 효과적인 일

More Effective Work

3부에서는 애자일 프로젝트에서 일을 어떻게
수행하는지 자세히 살펴본다. 대규모 프로젝트에서
일을 구성하고 업무 처리와 관련된 특별한 이슈를
다루는 방식을 설명한다. 이어서 품질 업무, 테스팅,
요구사항, 전달을 포함한 특정 종류의 업무를
이야기한다.

만약 세부적인 업무보다 최상위 리더십에 더 관심
있다면, 4부 '더 효과적인 조직'으로 넘어가자.
조직이 대규모 프로젝트로 어려움을 겪고 있다면
4부로 가기 전에 10장 '대규모 애자일 프로젝트'를
읽어 보자.

9

애자일 프로젝트

앞에서는 애자일 개발에서 사람들을 조직하고 지원하는 방법을 다뤘다. 이번 장에서는 애자일 개발 업무를 구성하고 뒷받침하는 법을 다룬다.

대부분의 소프트웨어 개발 업무는 '프로젝트'로 구성된다. 조직은 프로젝트를 설명하려고 '제품', '프로그램', '릴리스', '릴리스 주기', '피처', '가치 흐름', '업무 흐름' 및 이와 비슷한 단어나 문구로 된 수많은 용어를 사용한다.

용어는 조직마다 크게 다르다. 일부 조직에서는 '릴리스'를 '프로젝트'의 대체 용어라고 생각한다. 다른 조직에서는 '릴리스'가 순차 개발을 의미한다고 여겨 그렇게 쓰지 않는다. 어떤 조직은 '피처'를 3~9명이 1~2년간 지속하는 이니셔티브로 정의하기도 한다. 여기서는 이러한 모든 종류의 작업을 프로젝트라고 말한다. 이는 여러 사람이 장기간에 걸쳐 조정된 결과물을 작업하는 일이다.

[핵심 원칙] 프로젝트 작게 유지하기

지난 20년 동안, 가장 널리 알려진 애자일 성공 사례들은 작은 프로젝트에 애자일을 사용한 데서 비롯되었다. 처음 10년간 애자일 개발은 5~10명(3~9명의 개발팀 구성원, 프로덕트 오너, 스크럼 마스터)으로 구성된 팀과 같이 프로젝트를 작게 유지하는 데 집중했다. 그림 9-1처럼 작은 프로젝트일수록 대규모 프로젝트보다 성공적으로 완료하는 것이 훨씬 쉽기 때문에 작은 프로젝트를 강조하는 일이 중요했다.

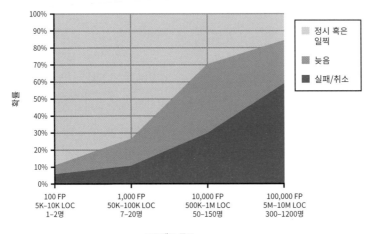

프로젝트 규모

그림 9-1 프로젝트 규모가 클수록 정시에, 예산 범위 내에서 전달될 가능성은 낮아지고 실패할 위험은 높아진다[Jones, 2012]. 'FP'는 기능 점수(Function Point)의 크기를 가리킨다. 'K LOC'는 수천 라인의 코드를 가리킨다.[1] 기능 점수와 코드 라인 수, 팀 크기를 비교하는 자료는 대체로 정확하다.

캐퍼스 존스Capers Jones는 20년 이상 소규모 프로젝트가 대규모 프로젝트보다 더 쉽게 성공한다고 보고해 왔다[Jones, 1991] [Jones, 2012]. 나는 《CODE COMPLETE 2판》과 《소프트웨어 추정: 그 마법을 파헤치다》에서 프로젝트 규모가 미치는 영향에 관한 많은 연구를 간추렸다.

1　(옮긴이) K는 숫자 1,000을, M은 백만을 나타내는 단위이다. 5K: 5,000줄, 50K: 50,000줄, 500K: 500,000줄, 5M: 5,000,000줄을 가리킨다.

소규모 프로젝트는 많은 이유에서 더 자주 성공한다. 대규모 프로젝트에는 더 많은 사람이 참여하고, 팀 내 사람들과 다른 팀 간의 상호 연결이 비선형적으로 증가한다. 상호작용의 복잡도가 높아짐에 따라, 의사소통에 실수가 늘어난다. 의사소통 실수는 요구사항, 설계, 코딩 오류로 이어지며, 그 외 일반적인 오류를 일으킨다.

게다가 그림 9-2에서 볼 수 있듯이 프로젝트가 커질수록 오류율도 높아진다. 이는 단지 오류의 총량이 늘어난다는 말이 아니다. 대규모 프로젝트는 불균형적으로 더 많은 오류를 양산한다.

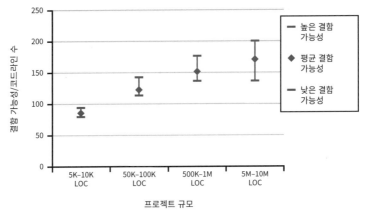

그림 9-2 프로젝트 규모가 클수록 오류 발생률(결함 가능성)이 커진다[Jones, 2012].

오류율과 오류의 총량이 늘어남에 따라, 결함 검출 전략의 효율성이 떨어진다. 이는 소프트웨어에 남아 있는 결함이 비정상적으로 증가한다는 의미이다.

오류를 고치는 데 드는 노력도 늘어난다. 결과적으로 그림 9-3과 같이 소규모 프로젝트가 1인당 생산성이 가장 높고, 프로젝트 규모가 커질수

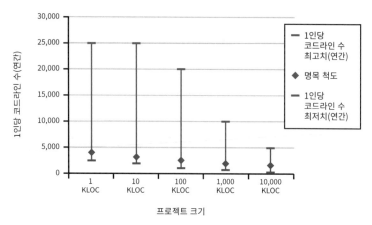

그림 9-3 프로젝트가 클수록 인당 생산성은 낮아진다[McConnell, 2006].

록 생산성이 감소한다. 이를 '규모의 비경제'라고 한다.

규모와 생산성의 반비례 관계는 40년 이상 광범위하게 연구되고 검증되었다. 프레더릭 브룩스Frederick Brooks는《맨먼스 미신》초판에서 소프트웨어에 나타나는 규모의 비경제를 다뤘다[Brooks, 1975]. 소프트웨어 추정에 관한 래리 퍼트넘의 연구는 브룩스의 핀철 결과를 심승했다[Putnam, 1992]. 추정과 관련된 코코모Cocomo, Constructive Cost Model 연구는 1970년대 초기 연구와 1990년대 후반의 보다 철저하고 갱신된 연구에서 경험적으로 규모의 비경제를 확인했다[Boehm, 1981][Boehm, 2000].

요컨대 성공적인 애자일 프로젝트의 가능성을 극대화하려면 프로젝트(와 팀)를 가능한 한 작게 유지하자.

물론 모든 프로젝트를 작게 만들도록 강제하기는 어렵다. 대규모 프로젝트에 대한 접근방식을 찾을 수 있게 10장 '대규모 애자일 프로젝트'에서 대규모 프로젝트를 작은 프로젝트처럼 만드는 방법을 제안하겠다.

핵심 원칙 ## 스프린트 짧게 유지하기

프로젝트가 작은 것만으로 충분하다고 생각할지도 모르겠지만, 프로젝트 규모를 작게 유지하려면 스프린트가 짧아져야 한다. 하지만 1~3주의 짧은 스프린트는 다음에 나오는 내용에서 설명하듯이 다양한 방식으로 성공적인 프로젝트를 지원한다.

중간에 들어오는 요구사항은 줄이고 새로운 요구사항에 더 잘 응답한다

스크럼에서 새로운 요구사항은 스프린트 사이에만 추가한다. 스프린트가 시작되면, 다음 스프린트까지 요구사항을 추가할 수 없다. 이는 스프린트가 1~3주인 경우일 때만 가능한 방법이다.

개발 주기가 더 길면 요구사항 추가에 대한 압박이 증가하며, 이해관계자에게 요구사항을 연기하도록 요청할 명분이 없어진다. 만약 순차 개발로 진행 중이고 주기가 6개월이라고 하자. 이 경우 이해관계자에게 새로운 요구사항 구현을 다음 주기까지 연기해 달라고 요청하면 어떻게 될까? 현재 진행 중인 주기에는 요구사항을 추가하지 않고, 다음 주기가 시작될 때 요구사항을 추가한 다음, 그 주기가 끝날 때까지 전달을 기다려야 한다. 이 기간은 평균 1.5 주기, 즉 9개월이다.

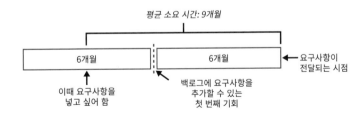

반면에 스크럼에서 대표적인 2주 스프린트는 새로운 요구사항을 원하는 이해관계자가 해당 요구사항이 전달되기까지 평균 3주만 기다리면 된다.

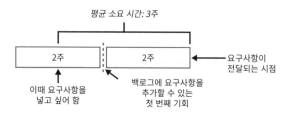

이해관계자에게 새로운 요구사항이 전달될 때까지 9개월을 기다리라고 요청하는 건 보통 합리적이지 않다. 하지만 3주를 기다리라고 하는 건 대체로 합리적이다. 스크럼팀은 스프린트 중간에 새로운 요구사항이 추가될까 봐 걱정할 필요 없이 일할 수 있다.

고객과 이해관계자에게 더 많이 응답한다

모든 스프린트는 소프트웨어를 시연하고 요구사항을 검증하며 이해관계자의 피드백을 결합할 수 있는 새로운 기회를 제공한다. 일반적인 2주 스프린트로 팀은 연간 26번의 응답 기회를 얻게 된다. 3개월의 개발 주기에서는 단 4번의 기회만 가질 수 있다. 15년 전만 해도 3개월짜리 일정은 짧은 프로젝트로 여겨졌을 것이다. 오늘날 이러한 계획은 이해관계자와 고객, 시장에 신속하게 대응하는 기회를 놓치는 걸 의미한다.

이해관계자와 신뢰를 구축한다

팀이 진척 상황을 더 자주 보여 줄수록 투명성이 높아지면서 일이 얼마나 진행되고 있는지 꾸준히 볼 수 있기 때문에, 이해관계자와 기술팀 간의 신뢰가 높아진다.

빈번한 검토와 적용 주기로 신속한 개선을 지원한다

팀이 스프린트를 자주 반복할수록 경험을 돌이켜 보고, 경험에서 배우고, 배운 것을 업무에 녹이는 기회가 더 많이 생긴다. 고객에 대응하는 빈도 역시 마찬가지다. 팀에 '검토'와 '적용'의 기회를 매년 26번 제공하겠는가 아니면 단 4번만 제공하겠는가? 짧은 스프린트는 팀이 더 빨리 향상되도록 돕는다.

실험을 단축한다

커네빈의 복잡함 영역에서는 작업의 전체 범위를 이해하기 전에 문제를 탐색해야 한다. 이러한 탐색은 "특정 질문에 답하기 위해 가능한 최소한의 작업 수행"으로 정의돼야 한다. 불행히도 파킨슨의 법칙Parkinson's Law 은 '가용한 시간을 채우기 위해 일은 확장된다'고 말한다. 팀이 대단히 고도로 단련된 경우를 제외하고, 질문에 답할 시간이 한 달 주어졌다면 응답하기까지 꼬박 한 달이 걸린다. 그러나 일정을 2주로 잡으면 응답하는 데도 보통 2주가 걸린다.

비용과 일정 리스크를 드러낸다

짧은 스프린트는 진행상황을 체크할 수 있는 기회 또한 자주 제공한다. 새로운 이니셔티브에 대한 단 몇 번의 스프린트만으로 팀은 '속도' 혹은 진척률을 보여 준다. 이를 관찰하면 릴리스에 시간이 얼마나 걸릴지 쉽게 예측할 수 있다. 만약 작업이 애초 계획보다 더 오래 걸린다면, 단 몇 주 후에 이 사실이 명백해지는데, 이는 곧 스프린트 기간이 짧기 때문에 가능해진 강력한 성취다. 자세한 내용은 20장 '애자일 예측성'에서 다루겠다.

팀의 성과 책임을 강화한다

2주마다 동작하는 기능을 제공해야 하는 경우, 팀이 장기간 '작업을 멈춤'go dark 기회가 없다. 스프린트 리뷰 회의를 통해 일을 공개하고 이해관계자에게 격주로, 프로덕트 오너에게는 더 자주 시연한다. 프로덕트 오너가 작업을 승인하든 그렇지 않든 진행상황을 쉽게 볼 수 있고, 팀별로 일에 대한 책임감이 높아진다.

개인의 성과 책임을 강화한다

수 세대 동안 소프트웨어 팀은 몇 달 동안 어두운 방으로 출근해 진척 상황에 대해 어떤 흔적도 남기지 않는 프리마돈나 개발자들(자기가 잘난 줄 아는)에게 고통받았다. 스크럼에서는 이건 더 이상 문제가 아니다. 팀의 스프린트 목표를 지지하는 동료들의 압박은(매일 일어서서 전날 성취한 것을 설명해야 하는 필요와 결합된) 이와 같은 행동을 허용하지 않는다. 개발자는 협력을 시작하는 방법으로 문제를 풀든지, 압력을 견디지 못하고 팀을 떠나는 것으로 문제를 해결한다. 궁극적으로는 거의 진전이 없이 몇 주에서 몇 달 동안 누군가가 성과에 대한 책임을 지지 않고 일하는 것보다는 경험상 두 가지 중 어느 쪽이든 이뤄지는 게 낫다.

자동화를 촉진한다

팀은 개발자들이 각자 작업한 내용을 자주 모으기 때문에 짧은 스프린트는 반복적이고 시간이 많이 소요되는 작업을 자동화하도록 권장한다. 일반적으로 자동화된 영역에는 빌드, 통합, 테스팅, 정적 코드 분석이 포함된다.

잦은 성취감을 가져다 준다

2주마다 동작하는 소프트웨어를 전달하는 팀은 자주 반복되는 성취감을 경험하고 성취를 축하할 기회가 많다. 이는 동기를 증가시키는 숙달성에 기여한다.

짧은 스프린트의 가치는 '모든 측면에서 전달 속도가 전달 범위를 능가한다'는 문장으로 요약할 수 있다. 빈번한 주기로 작은 단위의 기능을 제공하면 드문드문하게 큰 단위의 기능을 전달하는 것보다 많은 이점이 있다.

속도에 기반한 계획

스토리 포인트는 작업 항목의 크기와 복잡도를 측정하는 수단이다. 속도는 진행률을 파악하는 척도인데, 스토리 포인트로 측정한 작업 완료율을 기반으로 한다. 속도 기반 계획Velocity-based Planning 은 스토리 포인트와 속도를 사용하여 작업을 계획하고 추적한다.

속도 기반 계획과 추적은 스크럼 교과서에서 소개하는 내용은 아니지만, 경험상 따르는 게 좋다. 스토리 포인트와 속도는 다음과 같은 방법으로 사용해야 한다.

제품 백로그 규모 산정

스토리 포인트 추정은 제품 백로그의 규모를 산정하는 데 사용한다. 제품 백로그에 포함된 항목의 크기는 스토리 포인트로 추정하고, 스토리 포인트를 더해 백로그 크기의 합계를 낸다. 이는 릴리스 주기 초반에 작업이 백로그로 추가되거나 제거될 때 실행한다. 팀이 예측 가능성을 얼마나 필요로 하는지에 따라 그 범위가 결정되는데, 20장에서 더 자세히 다룬다.

속도 계산

각 스프린트에 팀이 할애하기로 한 작업량은 스토리 포인트로 계산된다. 팀이 각 스프린트에 완성하는 스토리 포인트의 수는 팀의 속도가 된다. 속도는 스프린트별로 계산되며, 평균 속도도 알 수 있다.

스프린트 계획

팀은 관찰한 속도를 바탕으로 스토리 포인트를 사용하여 스프린트에서 얼마나 많은 작업을 처리할 수 있을지 계획한다.

만약 한 팀이 매 스프린트마다 평균 20 스토리 포인트를 처리했는데 40 스토리 포인트 완료를 제안받았다면 팀은 그 목표를 낮춰야 한다. 만약 팀원 한 명이 휴가를 가거나 팀원 여러 명이 교육에 참가하면, 해당 스프린트에서 완료하는 스토리 포인트 수를 평균보다 줄여야 한다. 야근과 주말 특근으로 평균 20 스토리 포인트를 달성한 것이고 이 상태가 지속 가능하지 않다면, 스토리 포인트 수를 낮추는 계획을 세워야 한다. 만약 팀이 스프린트 목표를 몹시 편안하게 달성하고 있다면 평균 속도

보다 더 높은 숫자를 약속할 수 있다. 모든 경우에 팀은 스프린트 계획이 가능한지 확인하는 용도로 평균 속도를 사용한다.

릴리스 추적

평균 속도는 제품 백로그에 있는 작업을 완료하는 데 시간이 얼마나 걸리는지 추정하거나 예측할 때 사용한다. 제품 백로그가 200 스토리 포인트이고 팀의 속도가 스프린트당 20 스토리 포인트라면, 이 팀은 백로그에 있는 작업을 완료하는 데 스프린트 10개가 필요하다. 추정 방법은 20장에서 구체적으로 다룬다.

속도는 프로세스나 직원을 바꾸거나 기타 변경 사항으로 인한 영향을 측정할 때 사용할 수 있다. 이는 19장 '애자일 프로세스 개선'에서 자세히 다룬다.

핵심 원칙 수직 슬라이스로 배포하기

짧은 스프린트가 작동하려면, 팀이 동작하는 기능의 작은 조각을 자주 전달할 수 있는 능력을 개발해야 한다. 이를 뒷받침하는 설계 방식을 '수직으로 쪼개기'Vertical Slicing라고 부르는데, 점진적인 기능이나 가치를 제공하기 위해 아키텍처의 각 레이어를 변경하는 것을 의미한다.

　수직 슬라이스는 '은행 명세서에 필드 추가하기' 혹은 '사용자의 거래 확인 시간 1초 줄이기'와 같이 풀스택 기능을 나타낸다. 이는 그림 9-4처럼 일반적으로 기술 스택 전반에 걸친 작업이 필요하다.

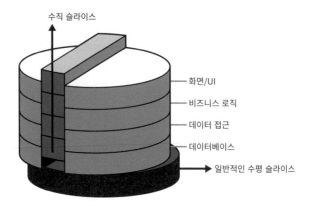

수직 슬라이스

화면/UI
비즈니스 로직
데이터 접근
데이터베이스
일반적인 수평 슬라이스

그림 9-4 수평과 수직 슬라이스. 수직으로 쪼개기는 증분 기능을 제공하는 데 필요한 모든 아키텍처 레이어의 작업을 포함한다.

수직 슬라이스를 이용하면 일반적으로 비기술적 이해관계자 입장에서 비즈니스 가치를 이해하고, 관찰하고, 평가하기가 더 쉽다. 수직 슬라이스는 팀이 더 빨리 릴리스하고 실제 비즈니스 가치와 실제 사용자 피드백을 실현할 수 있는 옵션을 만든다.

수평 슬라이스에 초점을 둔 팀은 여러 스프린트에 해당하는 일을 한 번에 수행하며 절망적인 길을 걷게 될 수도 있다. 어떤 의미에서는 '생산적인' 스토리를 만들지만, 관찰할 수 있는 비즈니스 가치를 창출하지는 못한다.

때로는 팀이 효율성을 근거로 수직으로 쪼개기를 반대하기도 한다. 예를 들면, UX 레이어로 가기 전에 비즈니스 로직 레이어에서 많은 양의 작업을 완료하는 게 더 효율적이라고 주장할 것이다. 이러한 접근방식을 '수평으로 쪼개기'Horizontal Slicing라고 부른다.

수평 슬라이스는 경우에 따라 특정한 기술적 효율을 달성하는 게 사실이지만, 이러한 기술적 효율은 더 큰 가치를 전달하는 고려사항을 배제하고 하위 최적화에 국한되는 경향이 있다. 수평 슬라이싱이 효율성을 증가시킨다는 주장과는 반대로 많은 팀들이 수평 슬라이스를 배포하면서 상당한 재작업을 경험한다.

더 촘촘한 피드백 루프

수직 슬라이스는 비즈니스 사용자에게 기능을 더 빨리 제공하기 때문에 기능이 정확한지 조기에 피드백을 받을 수 있다.

수직 슬라이싱은 팀이 설계와 구현을 함께할 수밖에 없도록 엔드투엔드 개발을 요구하기 때문에 스택 전체를 아우르는 유용한 기술적 피드백을 팀에 제공한다.

게다가 수직 슬라이싱은 엔드투엔드 테스팅을 지원해 테스팅 피드백 루프를 강화한다.

더 나은 비즈니스 가치 전달

수직 슬라이스는 비기술 이해관계자가 이해하기 쉽다. 새로운 기능을 넣을지 아니면 기존 기능을 수정할지 우선순위와 순서를 정하는 비즈니스 의사결정의 질이 향상된다.

수직 슬라이스는 완전한 기능의 증분을 제공하기 때문에, 사용자가 동작하는 기능을 더 자주 손에 쥘 수 있고, 따라서 비즈니스 가치가 높아진다.

수평 슬라이싱은 제품을 제품으로 보기보다는 아키텍처를 제품처럼 여기는 사고방식으로 개발을 이끈다. 이는 기능을 전달하는 데 전혀 필요하지 않은 기술적인 작업과 가치를 축소하는 관행을 조장한다.

팀이 수직 슬라이스를 구현하려면 무엇이 필요할까?
수직 슬라이스 방식으로 기능을 제공하는 일은 도전적이다. 이는 비즈니스, 개발, 테스팅 역량, 전체 기술 스택에 걸친 작업 능력을 포함한 팀 구성 여부에 따라 달라진다.

또한 팀은 설계와 구현에 대한 사고를 컴포넌트나 수평 레이어 작업이 아닌 수직 슬라이드로 전환해야 한다. 어떤 팀은 이를 수행하는 설계 능력이 부족할 수 있으니 역량을 개발해야 할 것이다(그리고 회사는 이를 개발하도록 지원해 주어야 한다).

마지막으로 팀에 수직 슬라이스 형태로 작업을 주어야 한다. 프로덕트 오너와 개발팀은 수직 슬라이스를 생산하는 방식으로 백로그를 정제해야 한다.

핵심 원칙 기술 부채 관리하기
'기술 부채'란 과거에 수행한 낮은 품질의 작업이 누적되어 현재 작업을 늦추는 것을 말한다. 그 보편적인 예가 버그를 수정하려고 할 때마다 하나 이상의 버그가 추가로 드러나는 불안정한 코드 베이스이다. 간단한 버그 수정조차 시간이 오래 걸리고 연이어 발견되는 많은 버그를 수정하게 된다.

기술 부채는 저품질 코드, 저품질 설계, 불안정한 테스트 세트, 작업하기 어려운 설계 방식, 복잡한 빌드 환경, 느린 수동 프로세스, 단기적으로 이득을 취하려고 장기적인 생산성을 희생시킨 작업의 결과이다.

기술 부채가 쌓이면?

일반적으로 부채는 품질을 희생시키고 단기 릴리스를 우선해야 한다는 압력에 의해 누적된다. 프로젝트의 투입과 산출을 전체적으로 보면 시간에 따라 부채가 누적된 결과가 보인다.

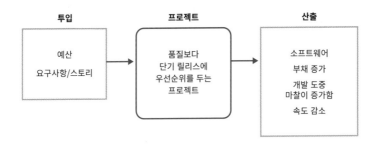

비즈니스와 기술팀이 부채를 떠안는 데는 타당한 이유가 있을 수 있다. 일부 릴리스는 현재 작업을 더 빨리 수행하는 것이 뒤에 추가 작업을 정당화할 정도로 시간에 민감하다.

그러나 부채 관리 계획을 세울 새도 없이 시간이 지날수록 부채가 누적되는 패턴은 결국 팀의 속도를 떨어뜨릴 수밖에 없다. 팀은 부채를 관리 가능한 수준으로 유지하여 속도를 유지하거나 높일 수 있도록 계획을 세워야 한다.

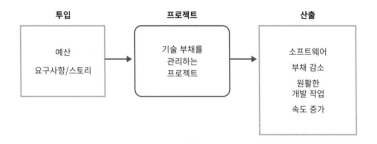

크루흐텐, 노르드, 오즈카야는 기술 부채가 발생하고, (아마도) 비즈니스 가치를 제공하지만, 결국 자산보다 부채가 되는 작업방식을 보여 주는 통찰력 있는 타임라인을 개발했다. 그림 9-5를 보자.

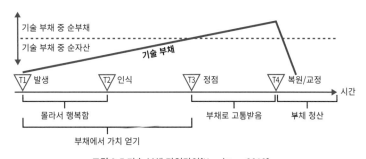

그림 9-5 기술 부채 타임라인[Kruchten, 2019]

아무것도 없는 상태에서 시작하는 일의 경우, 팀은 처음부터 불필요한 기술 축적을 피할 수 있다. 레거시 작업의 경우, 팀은 물려받은 부채를 안고 일할 수밖에 없을 때가 많다. 어떤 종류의 작업이든 부채를 제대로 관리하지 않으면 시간이 지날수록 속도가 떨어진다.

기술 부채 상환

팀이 부채를 갚는 방식은 다양하다. 일부 팀은 각 개발 주기(스프린트나 릴리스)의 일정 비율을 부채 상환에 사용한다. 다른 팀은 제품 백로그나 결함 목록에 부채 감축 항목을 넣고 나머지 업무와 함께 우선순위를 정한다. 어쨌든 핵심은 부채를 명시적으로 관리하는 것이다.

부채의 종류와 대응

모든 기술 부채가 동일하지는 않기 때문에 부채를 구분하는 다양한 분류법이 제안되었다. 다음과 같은 범주가 유용하게 쓰인다.

- 고의적 부채(단기). 시간에 민감한 릴리스를 정시에 배포하는 것과 같이 기술적 또는 전략적인 이유로 발생한 부채.
- 고의적 부채(장기). 처음부터 다중 플랫폼을 지원할 수 있도록 설계하고 구축하는 게 아니라 초기에는 하나의 플랫폼만 지원하기로 결정하는 것과 같은 전략적인 이유로 발생한 부채.
- 의도치 않은 부채(불성실). 소프트웨어 개발 관행으로 인해 우발적으로 발생하는 부채. 이런 종류의 부채는 미래와 현재의 업무 속도를 늦추므로 피해야 한다.
- 의도치 않은 부채(성실). 오류가 발생하기 쉬운 소프트웨어 개발 특성 때문에 우발적으로 발생하는 부채('설계 방식이 생각했던 것만큼 잘 작동하지 않았다.' 혹은 '새로운 버전의 플랫폼이 설계의 중요한 측면을 쓸모없게 만들었다.').
- 레거시 부채. 오래된 코드 베이스에서 새로운 팀이 물려받은 부채.

표 9-1은 부채에 어떻게 대응하면 좋은지 설명한다.

부채의 종류	대응하기
고의적 부채(단기)	비즈니스 문제로 정당화할 수 있다면 부채를 지고, 빨리 갚는다.
고의적 부채(장기)	필요하다면 부채를 지고, 부채 상환을 촉발하는 조건을 정의한다.
의도치 않은 부채(불성실)	수준 높게 일을 처리해 빌미를 만들지 않는다.
의도치 않은 부채(성실)	본질적으로 이 부채는 피할 수 없다. 부채의 영향을 지켜보며 '이자 지불'이 너무 높아지면 갚는다.
레거시 부채	시간이 지남에 따라 부채를 줄이기 위한 계획을 세운다.

표 9-1 기술 부채의 종류에 따라 대응하기

기술 부채를 둘러싼 의사소통

기술 부채는 기술 직원과 비즈니스 직원 사이의 토론을 용이하게 하는데 유용한 비유다. 비즈니스 직원은 기술 부채로 부담하는 비용을 알지못하고, 기술 직원들은 비즈니스 이익을 인식하지 못하는 경향이 있다. 어떤 경우에는 의도적으로 기술 부채를 안는 것이 좋은 비즈니스 의사결정이지만, 그렇지 않은 때도 있다. 부채의 개념은 기술 및 비즈니스 고려사항의 의미 있는 공유를 촉진하여, 부채를 왜 떠안게 되는지, 언제 어떻게 갚아야 하는지, 양질의 의사결정을 이끌어 낸다.

번아웃을 피하는 작업 구조화

애자일을 좇는 데 집중하는 사람들은, 스프린트 주기('공동의 케이던스')가 모두 같아야 한다고 말한다. 팀이 이를 잘 견딘다면 바꿀 필요가없다. 공동의 케이던스는 속도를 계산하거나 스프린트를 계획하는 다른 측면을 훨씬 단순하게 만든다.

그러나 흔히들 스크럼을 구현할 때 끝나지 않는 연속적인 스프린트로 인해 피로하거나 스프린트 쳇바퀴를 돌고 있는 것 같다고 불만을 토로한다. 순차 개발에서는 특히 분야 간에 높은 강도로 일을 해야 하는 기간을 균형 있게 조정할 수 있는 작업 풀이 있다. 모든 스프린트가 정말로 경주라면 연속적인 스프린트에 쉬어갈 수 있는 여지가 없을 것이다.

스프린트로 인한 피로를 해결하는 하나의 방법은 스프린트 길이에 가끔씩 변화를 주는 것이다. 6 × 2 + 1 패턴을 사용하면 체계적으로 진행할 수 있다. 2주 스프린트 6개에 1주 스프린트 1개를 더하면 총 13주가 되므로 분기당 1회 수행하게 된다.

이외에, 주요 릴리스 이후나 공휴일 전후, 혹은 팀의 속도가 안정적이지 않을 때 더 짧은 스프린트를 사용하는 방법도 있다. 1주 스프린트 동안 팀은 인프라나 툴에 관련된 작업을 하거나, 교육 또는 팀빌딩 이벤트에 참석하거나, 핵데이hack days를 하거나, 기술 부채 작업을 하는 것이다. 또 정규 스프린트에서 진행하기에는 너무 큰 개선 작업에 집중하거나 이와 비슷한 다른 일들을 할 수도 있다.

다양한 스프린트 주기는 '지속 가능한 속도'라는 애자일의 개념을 지지한다. 오늘날 애자일에 관한 글 대부분은 지속 가능한 속도를 '저녁이나 주말에 일하지 않는 것'으로 해석한다. 이는 단순하고, 개인의 업무 선호도 차이를 무시하는 처사다. 어떤 사람들에게는 일주일에 40시간을 꾸준히 일하는 게 지속 가능한 속도겠지만, 다른 누군가에게는 지루함의 지름길이다. 내 경우를 말하자면 몇 주 동안은 버스트 모드로 55시간을, 그 후 몇 주 동안은 30시간을 최선을 다해 일했다. 평균적으로는 주마다 약 40시간 일했지만, 개별적으로 보면 매주 40시간 가까이 일한 것은 아니다. 즉, '지속 가능한 속도'를 구성하는 세부사항이 모든 사람들에게 동일하지는 않다.

프로젝트가 아닌 소프트웨어 개발 작업

이 장 처음에 소개한 많은 정의를 고려하더라도 모든 소프트웨어 개발 업무가 프로젝트에서 발생하는 것은 아니다. 비정기로 발생하는 1인 소프트웨어 개발 업무는 지원 티켓이나 운영 이슈, 패치 등을 처리할 때 일반적이다.

이러한 종류의 작업은 소프트웨어 개발 작업으로 확실히 적합하며, 애자일 방식에도 부합한다. 린, 칸반 같은 애자일 실천법을 채택하면 소프트웨어 개발 업무를 보다 효율적이고 고품질로 체계적으로 만들 수 있다. 하지만 지금까지의 경험상 조직은 이러한 작업에는 훨씬 신경을 덜 쓰고 프로젝트 규모의 소프트웨어 개발 작업에 힘쓰는 경향이 있으므로, 이 책에서는 비정기 작업보다는 프로젝트에 초점을 둔다.

📋 애자일 리더를 위한 To Do List

☑ 검토하기

- 조직의 프로젝트 성과 이력을 검토하자. 작은 프로젝트가 큰 프로젝트보다 더 자주 성공하는 일반적인 패턴과 일치하는가?
- 프로젝트 포트폴리오를 검토하자. 수행한 대형 프로젝트를 작은 프로젝트 여러 개로 나눌 수 있는가?
- 팀의 주기를 검토하자. 스프린트가 3주 이상인가?
- 팀이 수직 슬라이스로 전달하고 있는지 살펴보자.
- 팀이 속도 기반 계획을 사용하고 있는지 살펴보자.
- 기술 부채를 주제로 팀을 인터뷰하자. 팀원들은 기술 부채 규모와 상환 능력에 대해 어떻게 인식하고 있는가?

☑ 적용하기

- 스프린트 목표를 세울 때 팀의 속도를 고려하게 하자.
- 개발팀의 설계 능력과 프로덕트 오너의 백로그 정제 접근방식을 포함하여 팀이 수직 슬라이스로 전달할 능력을 갖추게끔 계획을 세우자.
- 팀이 기술 부채를 관리하는 계획을 세우도록 독려하자.

더 읽을 거리

- Brooks, Frederick. 1975. *The Mythical Man-Month*(《맨먼스 미신》, 인사이트).

  오래된 책이지만, 대규모 프로젝트를 성공시키는 도전에 관한 독창적이고 고전적인 논의를 담고 있다.

- McConnell, Steve. 2019. Understanding Software Projects Lecture Series. *Construx OnDemand*. [Online] https://ondemand.construx.com.

  프로젝트 규모와 관련된 소프트웨어 역학을 폭넓게 다루는 강의이다.

- Rubin, Kenneth. 2012. *Essential Scrum: A Practical Guide to the Most Popular Agile Process*(《성공적인 애자일 도입을 위한 에센셜 스크럼》, 제이펍).

  이 포괄적인 스크럼 가이드는 스프린트와 릴리스 계획을 위해 스토리 포인트와 속도를 어떻게 사용하는지 설명한다.

- Kruchten, Philippe, et al. 2019. *Managing Technical Debt*.

  기술 부채의 모든 측면에 대해 완전하고 신중한 논의를 담고 있다.

10

대규모 애자일 프로젝트

고생물학자 스티븐 제이 굴드Stephen Jay Gould는 두 소녀가 놀이터에서 나눈 대화에 관한 이야기를 들려준다[Gould, 1977]. 한 소녀가 말한다. "거미가 코끼리만큼 컸다면 어땠을까? 무섭지 않을까?" 다른 소녀가 대답한다. "아니, 거미가 코끼리만큼 컸다면 코끼리처럼 보일 거야, 바보야."

굴드는 계속해서 두 번째 소녀가 옳다고 설명하는데, 유기체의 크기가 모습을 크게 좌우하기 때문이다. 공기와의 마찰력이 중력보다 강하기 때문에 거미는 다치지 않고 공기 중을 떠다닌다. 하지만 코끼리는 날기에 너무 무겁다. 그 크기에서는 마찰력보다 중력이 훨씬 더 강하다. 거미는 크기가 작기 때문에 자라면서 외피를 버리고 새로운 외피를 분비할 수 있지만, 코끼리는 외골격을 버리고 다시 자라나는 기간을 견디기에는 너무 커서 반드시 내골격이 있어야 한다. 굴드는 거미가 코끼리만큼 컸다면, 코끼리처럼 보였을 거라고 결론짓는다. 그 크기에서는 실제로 그래야 하기 때문이다.

소프트웨어 프로젝트를 두고 이와 유사한 질문을 해보자. "애자일 프로젝트가 정말로 크다면 어떨까? 무섭지 않을까?" 글쎄, 아마도 무섭지는 않겠지만 코끼리와 거미에 대한 분석과 비슷한 추론이 적용될 것이다.

대규모 프로젝트에서 애자일은 무엇이 다를까?

대규모 애자일 프로젝트가 어떻게 하면 효과적일 수 있는지 묻는 건 사실 올바른 질문이 아니다. 조직은 소프트웨어가 도입된 이래로 모든 종류의 대규모 프로젝트와 씨름해 왔다[Brooks, 1975]. 작은 프로젝트도 힘겨웠다. 그중에 애자일 실천법과 스크럼을 사용하면서 소규모 프로젝트에서 더 자주 성공을 거뒀고, 여전히 어려움을 겪고 있는 대규모 프로젝트로 초점이 옮겨진 것이다.

조직마다 대규모의 정의가 근본적으로 다를 수 있다. 우리는 하나 이상의 스크럼팀을 필요로 하는 프로젝트를 대규모로 간주하거나, 참여 인원이 100명 이하인 프로젝트를 중간 규모 혹은 소규모로 보는 조직들과 함께 일해 왔다. '대규모'의 기준은 조직마다 다르다. 이번 장에서 다루는 내용은 두 개 이상의 팀이 참여하는 경우 언제든지 적용할 수 있다. 애자일 개발에서 주요하게 다루는 가치 중 일부는 대규모 프로섹트를 지원하고, 일부는 조정이 필요하다. 표 10-1에 애자일에서 강조하는 가치들이 대규모 프로젝트에서 어떻게 동작하는지 요약하였다.

소규모 배치로 엔드투엔드 개발 작업을 완료하는 애자일의 주요 가치는 대규모 프로젝트에 효과적이다. 지속적 테스팅과 빈번하고 구조화된 협업, 그리고 OODA 역시 대규모 프로젝트에 도움이 된다.

대규모 프로젝트는 사전에 더 많은 계획과 요구사항, 설계를 필요로 한다. 순차 개발에서처럼 모든 작업을 미리 완료할 필요는 없지만 일반적인 애자일보다는 사전 계획이 더 많이 필요하다. 이는 스프린트 계획,

애자일 주요 가치	대규모 프로젝트에서의 시사점
짧은 릴리스 주기	릴리스 주기가 짧은 대규모 프로젝트 팀을 두는 것이 이상적이다.
소규모 배치로 수행되는 엔드투엔드 개발 작업	변경 없음. 대규모 프로젝트 팀은 더 높은 수준의 조정이 필요할지언정 소규모 배치로 엔드투엔드 개발을 완료할 수 있다.
적시에 세부 계획을 세우는 고수준 사전 계획	사전 계획 비중을 늘릴 필요가 있다.
적시에 세부사항을 준비하는 고수준 사전 요구사항	대규모 프로젝트에서는 요구사항 조정이 더 많이 필요하다. 이는 요구사항 개선 시작부터 구현 완료까지 리드 타임이 더 길다는 것을 의미한다.
적기 설계	프로젝트 크기가 증가함에 따라 오류와 재설계 비용도 증가한다. 이는 대규모 프로젝트를 지원할 때 조정해야 하는 애자일의 주요 요소이다.
지속적 테스트와 통합	프로젝트 규모에 상관없이 매우 강조된다. 대규모 프로젝트는 통합 테스트와 시스템 테스트에 더 중점을 두는 방식으로 테스트 유형이 전환된다.
빈번하고 구조화된 협업	대규모 프로젝트에서 더욱 중요하며, 구체적인 형태로 변화한다.
경험적, 응답적, 개선 지향적 접근방식	소규모 프로젝트뿐 아니라 대규모 프로젝트에도 효과가 있다.

표 10-1 대규모 프로젝트에서의 애자일 주요 가치

스프린트 리뷰, 제품 백로그 구조, 백로그 정제, 릴리스 계획, 릴리스 번 다운에 영향을 미친다. 대규모 프로젝트는 적어도 소규모 프로젝트만 큼 지속적 테스팅의 이점을 누리지만, 대규모 프로젝트에는 통합과 시 스템 테스트가 더 많이 필요하므로 테스트 내용을 바꿀 필요가 있다.

프로젝트 규모가 증가함에 따라 애자일의 주요 가치가 어떻게 변하는
지 시각적으로 나타내 보았다.

애자일 주요 가치	팀 인원(5~10명)			
	1	2	7	35+
짧은 릴리스 주기	프로젝트에 따라 달라짐			
소규모 배치의 엔드투엔드 개발	기존과 동일			
적시 계획				
적시 요구사항				
적시 설계				
지속적이고 통합적인 테스팅	기존과 동일			
빈번하고 구조화된 협업	기존과 동일(협업의 형태가 바뀜)			
전반적, 경험적, 응답적, 개선 지향적 접근방식	기존과 동일			

☐ 적기에 수행되는 업무   ▨ 사전에 수행되는 업무

이어서 성공적인 대규모 애자일 프로젝트를 지원하기 위해 필요한 세부
적용 방법을 알아보겠다.

브룩스의 법칙

프레더릭 브룩스는《맨먼스 미신》에서 대규모 프로젝트에 더 효과적인
애자일 실천법을 어떻게 도입할 수 있는지 한 가지 관점을 제시했다
[Brooks, 1975]. 브룩스의 법칙Brooks' Law에 따르면 기한을 넘긴 프로젝트에

사람을 추가하면 마감이 더 늦춰진다. 브룩스는 작업을 완전히 나눌 수 있다면 브룩스의 법칙이 반드시 적용되는 것은 아니라고 주장했다.

대규모 프로젝트에 이상적인 방식은 작업을 완전히 나눠진 소규모 프로젝트의 집합으로 쪼개는 것이기 때문에 이는 대규모 프로젝트 논의와 직접적인 관련이 있다. 그렇게 할 수 있다면 여러 가지 면에서 이득이다. 9장 '애자일 프로젝트'에서 설명한 것처럼 1인당 생산성을 높이고, 오류율을 줄일 수 있다. 또한 순차 개발보다 애자일을 강조할 수 있는 기회가 열린다.

그러나 브룩스가 지적한 것처럼, 대규모 프로젝트를 여러 개의 소규모 프로젝트로 쪼개려면 작업을 완전히 분할해야 한다. 작업을 완전히 나누는 건 어렵다. 작업이 대부분 나뉘어져 있는 경우에도(여전히 다른 프로젝트 팀 간의 조정이 필요하다) 여러 개의 소규모 프로젝트는 대규모 프로젝트처럼 보이고 작동하기 시작한다. 그러면 여러분은 소규모 프로젝트로 나눠 달성하려고 했던 걸 이루지 못할 것이다.

콘웨이의 법칙

콘웨이의 법칙을 이해하지 않고는 대규모 프로젝트와 민첩성을 극대화하는 방법을 파악할 수 없다. 7장 '분산 애자일팀'에서 다뤘듯이, 콘웨이의 법칙은 시스템의 기술적 구조는 이를 만든 인간 조직의 구조를 반영한다고 명시한다.

기술 설계가 대규모 단일 아키텍처를 기반으로 하는 경우, 프로젝트 팀이 크고 획일적인 것 이외의 것을 시도한다면 엄청난 어려움을 겪을 것이다.

콘웨이의 법칙과 브룩스의 아이디어를 종합해 보면, 대규모 애자일 프로젝트의 이상적인 아키텍처는 이를 만드는 팀의 작업을 완전히 분할할 수 있도록 지원한다. 이러한 이상은 일부 시스템에서 다른 시스템보다 쉽게 성취할 수 있다. 특히 레거시 시스템은 일반적으로 점진적인 (기고, 걷고, 뛰는) 접근방식을 채택해야 한다.

핵심 원칙 아키텍처로 대규모 프로젝트 뒷받침하기

작업을 완전히 분할할 수 있으려면, 몇 가지 아키텍처 작업이 완료되어야 한다. 일부 오래된 시스템은 결합도가 낮은 아키텍처로 발전할 수 있다. 그런데 새로운 시스템의 경우 아키텍처 작업이 선행되어야 여러 소규모 팀의 작업으로 나눌 수 있다.

일부 애자일팀은 "이건 애자일이 아니야"라며 'BDUF'Big Design Up Front를 수행하자는 아이디어에 주저할 것이다. 그러나 스티븐 제이 굴드가 시사했듯이, 프로젝트를 작게 유지하는 데 중점을 두는 접근방식을 취하면서 이를 큰 프로젝트에서 동작하게 만들려고 할 때는 무언가를 제공해야 한다. 아무것도 바꾸지 않고 프로젝트가 성공적으로 확장되길 기대해서는 안 된다.

콘웨이의 법칙을 충분히 고려한다면, 정말로 바꿔야 할 유일한 요소는 적기 설계에 대한 강조와 이를 뒷받침하는 데 필요한 계획이다. 작업을 완전히 분할하는 것을 목표로 선행 아키텍처에 중점을 두면 팀을 작게 유지할 수 있으며, 이는 애자일에서 강조하는 나머지 가치가 그대로 남아 있음을 의미한다. 또한 각 소규모 팀은 작업 중인 고도로 분할된 영역 내에서 여전히 적기 설계에 초점을 맞출 수 있다.

소규모 애자일팀에 대한 관심과 마이크로서비스 아키텍처의 출현이 함께 나타난 건 우연이 아니다. 마이크로서비스 아키텍처의 목표는 애플리케이션을 결합도가 낮은 서비스로 구조화하는 것이다. 이와 유사하게, 대규모 애자일 프로젝트를 구성하는 목적은 인간 조직을 결합도가 낮은 작은 팀으로 구조화하는 것이다.

완전히 분할된 작업을 뒷받침하는 대규모 시스템을 설계하는 데 성공한 조직은 자신들이 대규모 프로젝트를 하고 있다고 인식하지 않는다. 그저 독립적으로 일하는 작은 팀들이 모여 있다고 느낀다. 팀들이 지닌 유일한 공통점은 모두 공통의 코드 베이스에 기여한다는 점이다.

아키텍처가 필요로 하는 것보다 부족하면 한 동료가 '눈송이 효과'라고 부른 현상이 발생한다. 각 개발 피처는 서로 다르게 설계되는데 모양이 제각각 독특한 눈송이와 같다. 이렇게 되면 팀원이 각 눈송이의 세부사항을 배워야 코드의 각 영역에서 효과적으로 일할 수 있으므로 개발비용이 많이 든다. 프로젝트가 커질수록 이 문제는 점점 더 중요해진다. 눈송이가 불어나면 결국 눈사태가 날 거다.

아키텍처 사용 지침은 이 책에서 다루지 않지만, 다음 절에 대규모 프로젝트에서 작은 팀을 지원하는 아키텍처 접근방식에 관한 간략한 설명을 담았다. 다소 기술적인 내용이므로 이와 관련이 없다면 건너뛰어도 좋다.

느슨하게 결합된 모듈화 구조가 기본이다

읽기 쉽고 복잡도가 낮은 코드로 결합도가 낮은 아키텍처(가능하다면 모듈화 및 계층화된)를 만들기 위해 노력하자. 아키텍처가 완벽하게 마이크로서비스 코드를 고려할 필요는 없다. 그저 비즈니스 요구를 뒷받침할 수 있을 만큼 충분한 유연성을 제공하면 된다.

때때로 시스템을 50개의 마이크로서비스로 나누는 것이 성배인 것처럼 묘사된다. 시스템은 고도로 모듈화하거나, 자체 데이터베이스를 지닌 자체 호스팅된 컨테이너에서 실행된다. 또 각각 고유한 버전의 인증된 API를 가질 수 있다. 이들은 모두 운영 서버로 릴리스되고 독립적으로 규모를 확장할 수 있는 완전히 분할된 개발팀 50개를 목표로 한다.

이는 실로 엄청나게 기막히고 멋진 비전으로 때로는 실제로 동작하기도 한다. 하지만 시스템의 일부 처리 경로가 시스템의 다른 수많은 부분을 호출하는 경우, 시스템의 수많은 다른 부분을 호출하는 순간high fan out 결국 소프트웨어에서 상당한 처리 오버헤드가 발생하고, 다른 마이크로서비스를 작업하는 팀 간에 상당한 커뮤니케이션 오버헤드가 일어난다. 그렇다면 아마도 시스템을 더 적은 서비스로 통합하는 게 소프트웨어와 팀 구조 둘 다에서 더 나을 것이다.

좋은 해결책은 설계에 관한 기술적인 측면과 팀 조직을 관리하는 능력에 대한 판단을 적절히 조합해 적용하는 것에 달려 있다.

거대한 데이터베이스 방지하기

하나의 거대한 데이터베이스를 만들지 않으면 나눠진 팀을 지원하는 것이 용이하다. 느슨하게 연결된 데이터베이스는 팀의 결합도는 낮게, 모듈화는 강하게 지원할 수 있다. 하지만 시스템 부분들 간의 관계에 따라 상당한 오버헤드와 지연, 오류 발생 가능성으로 이어지는 복잡한 상호작용을 불러일으키기도 한다. 고품질의 기술 솔루션을 유지하면서 결합도는 낮은 팀을 지원하려면 시스템을 얼마나 분해해야 하는지 알아내야 한다. 여기에는 기술적 판단과 팀 관리 능력 평가가 함께 필요하다.

대기열 사용하기

대기열을 사용하면 결합을 끊거나 시차를 두는 방법으로 결합도가 낮은 개발팀을 지원할 수 있다. 추상적으로 말하면, 이는 시스템의 다른 부분이 나중에 처리하도록 작업을 대기열에 넣는 것으로 구성된다. 여기서 '나중'은 대략 마이크로초 후이다. 이러한 가이드라인의 핵심 개념은 시스템이 단순히 대부분의 코드를 즉각적이고 엄격한 요청-응답 루프에서 실행하는 게 아니라는 점에 있다. 대기열을 사용하면 시스템 기능의 핵심 부분들 간의 결합을 높은 수준으로 끊어낼 수 있으므로 아키텍처와 개발팀(콘웨이의 법칙의 다른 인스턴스)에서 결합을 끊는 게 가능하다.

시스템 아키텍처의 핵심 '이음새'를 생각하면 이해하는 데 도움이 된다. 이음새는 그 경계에서 많은 상호작용이 일어나지만, 경계를 가로지르는 상호작용은 별로 없다. 낮은 결합도를 위해서 이음새를 가로지르는 결합이 되도록 대기열를 사용하면 유용하다. 마이크로서비스 사례와 마찬가지로, 50개의 종속성 있는 작업 대기열을 관리하는 50개의 프로세스에서 서로 다른 결합 문제가 발생하면 대기열로 해결하려던 문제보다 더 심각해질 수도 있다.

계약에 의한 설계(Design by Contract, DbC)

계약에 의한 설계는 인터페이스에 특별히 주의를 기울이는 설계 접근방식이다[Meyer, 1992]. 각 인터페이스에는 '사전 조건'과 '사후 조건'이 있다고 간주된다. 사전 조건은 구성요소의 사용자가 구성요소를 사용하기 전에 구성요소가 참이 될 조건에 관하여 적용하는 약속이다. 사후 조건은 구성요소가 작업을 완료할 때쯤 참이 될 조건을 구성요소가 시스템의 나머지 부분에 돌려주는 약속이다.

콘웨이의 법칙을 염두에 두고, 계약에 의한 설계를 사용하여 기술 종속성이 워크플로에 미치는 영향을 제거할 수 있다. '계약'은 소프트웨어 시스템 부분들 간의 인터페이스를 통제하고, 인간 사이의 인터페이스에 대한 기대치를 암묵적으로 설정한다.

모든 지식은 말로 전달될 수 있다?

많은 애자일 업무가 면대면 의사소통의 효율성을 기반으로 한다. 많은 정보가 팀에서 구전으로 단지 일부만 전해진다. 예를 들어, 애자일 요구사항 작성자는 대부분의 요구사항에서 중요한 부분은 그에 관한 대화라고 분명하게 말한다. 이러한 방식은 작은 프로젝트에서 잘 동작한다.

대규모 프로젝트의 경우 자연스럽게 많은 사람이 참여하고, 사람들이 지리적으로 더 널리 퍼져 있으며(같은 캠퍼스라도 다른 빌딩에 있거나), 프로젝트 기간이 길고, 프로젝트가 진행되는 내내 새로운 사람이 들어오고, 장기간 있던 팀원은 프로젝트를 떠나기도 한다.

대규모 애자일 프로젝트가 성공하려면, 모든 지식은 말로 전달될 수 있다는 기대를 누그러뜨려야만 한다. 더 많은 작업을 선행해야 하며, 원래 대화에 참여하지 않았던 사람들도 이해할 수 있는 방식으로 더 많은 작업을 기록해야 한다.

요구사항이 가장 문제

애자일 프로젝트뿐 아니라 일반적으로 소프트웨어 개발을 확장하는 접근방식은 프로젝트 규모로 인해 발생하는 조정의 종류를 잘못 진단하여 어려움을 겪는다. 프로젝트가 커질수록 요구사항, 아키텍처, 형상 관리, QA/테스트, 프로젝트 관리, 프로세스 등 코딩 외의 모든 활동이 더 많이 필요해진다. 핵심 질문은 이러한 영역 중 어느 하나라도 더 빨리 확장해야 하는지 혹은 팀 간 조율이 더 필요한지 판단하는 것이다.

경험에 의하면 가장 일반적인 도전적 과제의 원인은 요구사항이다. 대규모 프로젝트의 조정 문제는 보통 다음과 같은 순서로 빈번하게 발생한다.

- 요구사항(가장 자주 일어남)
- 아키텍처(설계 집약 시스템에서 일어남)
- 형상 관리/버전 관리
- QA(품질보증)/테스트
- 프로젝트 관리
- 프로세스

더 큰 프로젝트에 접근하는 방식을 고려할 때, 문제가 어디서 발생할지 추정하는 1차 자료로 이 목록을 사용할 수 있다. 또한 조직의 대규모 프로젝트를 검토하고, 프로젝트의 가장 일반적인 문제 원인을 이해하고, 그에 대한 조정 계획을 세워야 한다.

대규모 애자일 프로젝트 점수표

대규모 애자일 프로젝트에서 발생하는 주요 과제 영역으로 프로젝트 성과를 측정하면 유용하다. 그림 10-1은 대형 프로젝트의 방사형 그래프를 보여 준다. 그래프는 스크럼 점수표에서 쓰는 것과 동일한 기준을 사용한다.

0   사용하지 않음

2   드물게 비효율적으로 사용

4   가끔 혼합해 효과적으로 사용

7   일관되게 효과적으로 사용

10   최적화

회색선은 우리 회사가 보아 온 평균적인 관행을 반영한 것이다. 점선은 건강한 대규모 프로젝트를 나타낸다. 대규모 프로젝트의 성공 가능성을 높이려면 모든 항목이 7점 이상이 되어야 한다.

성과 범주에 대한 자세한 내용은 나음을 살펴보자.

- **요구사항**: 제품 관리, 제품 백로그, 백로그 정제, 시스템 데모 혹은 다중팀의 스프린트 리뷰를 포함한 요구사항 접근방식.
- **아키텍처**: 프로젝트 규모에 맞게 확장된 설계 방식, 아키텍처적 런웨이Architectural Runway[1] 혹은 이에 준함.
- **품질**: 시스템 회고나 검토, 적용 회의, 제품과 팀 레벨의 품질 매트릭스, 제품 레벨의 완료 정의를 포함한 다중팀의 품질 관행.

---

1   (옮긴이) 확장된 애자일 프레임워크(Scaled Agile Framework)의 애자일 아키텍처 전략을 구현하는 데 사용되는 기본 도구로, 향후 지속적으로 소프트웨어를 릴리스할 수 있는 IT 환경을 갖추기 위한 것이다(*https://www.scaledagileframework.com/architectural-runway/*).

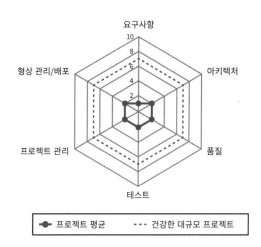

요구사항

아키텍처

품질

테스트

프로젝트 관리

형상 관리/배포

━●━ 프로젝트 평균   ---- 건강한 대규모 프로젝트

그림 10-1 대규모 프로젝트의 주요 성공 요인에 따라 프로젝트 성과를 보여 주는 진단 도구

- **테스트**: 다중팀의 테스트 자동화 인프라, 통합 테스트, 엔드투엔드 시스템 테스트, 성능, 보안, 기타 전문 테스트
- **프로젝트 관리**: 종속성 관리, 다중팀 계획 혹은 PI 플래닝, 스크럼 오브 스크럼, 프로덕트 오너 동기화, 제품 레벨의 추적/릴리스 번다운
- **형상 관리/배포**: 코드와 인프라의 버전 관리, 데브옵스, 배포 파이프라인, 릴리스 관리

일반적으로 이는 업계 경험과도 일치하며, 우리가 검토한 대규모 프로젝트는 평균적으로 소규모 프로젝트보다 성과가 훨씬 나빴다.

스크럼으로 시작하기

4장에서 '스크럼으로 시작하라'라고 충고한 내용은 대규모 프로젝트 환경과 가장 관련이 깊다. 프로젝트가 소규모에서 잘 진행되지 않는다면,

대규모에서는 더욱 악화될 것이다. 작은 프로젝트가 정기적으로 성공하고 있는지 확인하고, 거기에서 발전시켜 보자. 배리 베임Barry Boehm과 리처드 터너Richard Turner가 《민첩함과 규율의 균형*Balancing Agility and Discipline*》에서 썼듯이, 작은 프로세스를 확장하는 것은 큰 프로세스를 축소하는 것보다 더 잘 동작하는 경향이 있다[Boehm, 2004].

SoS와 SAFe

스크럼 오브 스크럼Scrum of Scrums, SoS은 스크럼을 하나 이상의 팀으로 확장하는 접근방식이다. 프로젝트에서 일주일에 한 번 이상 SoS 회의를 진행한다. 각 팀은 회의에 대표자를 보내고, 이는 팀이 일일 스크럼 회의를 하는 것과 유사하게 이뤄진다.

SoS는 여러 스크럼팀에서 수행되는 업무를 확장하는 논리적인 방법처럼 보이지만, 이것이 성공한 적은 거의 없다. 내가 보기에 그 한 가지 이유는, SoS가 조정 회의에 참석하는 대표자로 보통 스크럼 마스터를 선택하기 때문이다. 이러한 선택은 프로세스나 일반 워크플로 영역에서 흔하게 문제가 발생한다는 것을 의미하지만, 경험에 따르면 일반적인 문제의 근원은 요구사항이다. 이러한 경우라면, 스크럼 마스터보다 프로덕트 오너가 조정 회의에 참석하는 게 더 유용하다.

확장된 애자일 프레임워크Scaled Agile Framework, SAFe는 대기업 전반에 걸쳐 애자일을 확장하기 위해 만들어진 정교한 프레임워크다. SAFe는 우리와 일했던 여러 회사에서 대규모 애자일 프로젝트에 가장 자주 사용한 접근방식이다. SAFe는 잘 고안되었고, 꾸준히 발전하고 개선돼 왔으며, 실제로 유용한 요소를 갖고 있다. 그렇지만 함께 일한 회사 중 SAFe

구현에 만족한 곳은 일부에 불과했고, 그 회사들에서는 그들에 딱 맞게 SAFe를 맞춤형으로 실행하였다.

소프트웨어 조직과 함께 일하면 작은 회사들은 모두 자신이 매우 독특하다고 생각하지만 사실 그렇지 않다. 그들은 같은 방식으로 고칠 수 있는 동일한 문제를 가지고 있다. 대기업들은 모두 자신과 똑같은 다른 회사가 있을 것이라 생각하지만 그렇지 않다. 그들은 특유의 비즈니스 관행과 문화뿐만 아니라 고유한 기술을 성장시키고 발전시키며 개선해 왔다.

스크럼은 소규모 프로젝트의 템플릿으로서 적당하다. 소규모 프로젝트에 스크럼을 적용하는 것처럼 대규모 프로젝트에 SAFe를 보편적으로 적용하기는 어렵다. 통합 프레임워크보다는 유용한 도구의 자료 정도로 생각하는 것이 보다 가치 있다는 점을 염두에 두고 고도로 적용해야 한다. 만약 SAFe를 사용하기로 선택했다면, 에센셜 SAFeEssential SAFe, 최소 버전의 SAFe에서 시작하여 프로세스를 구축해 나가는 것이 좋다.

📋 애자일 리더를 위한 To Do List

☑ 검토하기

- 콘웨이의 법칙을 토대로 주요 기술 리더와 아키텍처에 대해 논의하자. 인간 조직의 구조와 기술 조직의 구조는 어떤 면에서 일치하고 어떤 면에서 그렇지 않은가?
- 가장 큰 프로젝트를 진행하는 인간 조직의 구조를 검토하자. 업무가 어느 정도로 분할되거나 단일화되어 있는가? 구조를 만드는 조직의 의사소통 경로망은 얼마나 복잡하며, 이것이 소프트웨어 아키텍처와 어떻게 관련되어 있는가?
- 표 10-1에 있는 애자일의 주요 가치를 검토하자. 더 많은 사전 설계를 하지 않고도 표에 있는 대부분의 가치를 유지할 수 있는 더 쉽고 대체할 만한 방법이 있는지 살펴보자.
- 대규모 프로젝트 과제를 검토하여 요구사항, 아키텍처, 형상 관리, 버전 관리, QA/테스트, 프로젝트 관리 혹은 프로세스에서 조정이 필요한 문제가 얼마나 자주 발생하는지 확인하자.

☑ 적용하기

- 결합도가 보다 낮은 팀 구조를 지원하도록 아키텍처를 발전시키는 계획을 세우자.
- 위의 검토하기 단계에서 찾아낸 조정 문제의 원인을 설명하기 위해 대규모 프로젝트에 접근하는 방식을 수정하자.

더 읽을 거리

- McConnell, Steve. 2004. *Code Complete, 2nd Ed*(《Code Complete 코드 컴플리트 2》, 위키북스).

  이 책 27장에서는 프로젝트 규모가 변화함으로써 프로젝트 수준에서 활동의 비율이 변하는 방식에 초점을 두어 대규모 프로젝트와 소규모 프로젝트의 몇 가지 역학을 설명한다.

- McConnell, Steve. 2019. Understanding Software Projects Lecture Series. *Construx OnDemand*. [Online] 2019. https://ondemand.construx.com

  이 시리즈의 많은 강의는 프로젝트 크기와 관련된 문제를 중점적으로 다룬다.

- Martin, Robert C. 2017. *Clean Architecture: A Craftsman's Guide to Software Structure and Design*(《클린 아키텍처: 소프트웨어 구조와 설계의 원칙》, 인사이트).

  설계 원칙에서 시작하여 아키텍처 구축에 이르기까지 소프트웨어 아키텍처를 이해하기 쉽게 알려 준다.

- Bass, Len, et al. 2012. *Software Architecture in Practice, 3rd Ed*.

  아키텍처에 대한 포괄적이며, 교과서적인 논의를 담고 있다.

- Boehm, Barry and Richard Turner. 2004. *Balancing Agility and Discipline: A Guide for the Perplexed*.

  프로젝트 규모와 민첩성 사이의 특정 역학을 수준 높게 통찰한다. 전문가를 위한 책으로 초급 독자가 읽기에는 오늘날에는 유용하지 않은 2004년 즈음의 애자일 관행에 빠져 있다(XP를 주요 애자일 방법

으로 다루고, 완료 정의에 대해 논하지 않으며, 30일 간의 긴 스프린
트를 가정하고, 백로그 개선에 대한 개념 등이 없다).

11

애자일 품질

"제대로 할 시간을 찾을 수 없다면, 언제 다시 할 수 있을까?" 이는 수 세대에 걸쳐 품질 중심 조직의 신념(만트라)이었다. '올바른 일'을 하는 수단은 꾸준히 발전해 왔고, 애자일 개발은 몇 가지 유용한 실천법이 발전하는 데 공헌했다.

핵심 원칙 결함 감지 간격 최소화하기

보통 그렇게 생각하지 않지만, 소프트웨어 프로젝트에서 결함은 끊이지 않는다. 개발팀이 일하는 매 시간마다 결함이 몇 개씩 만들어진다. 따라서 소프트웨어 프로젝트의 누적 결함 삽입선을 그래프로 그리면 기본적으로 누적 노력선과 똑같이 그려진다.

결함 삽입과 달리 결함 감지와 제거는 일반적인 작업이 아니다. 여기에는 품질 보증QA 활동과 같은 특정한 종류의 노력을 기울여야 한다.

그림 11-1의 위쪽 그래프에서 볼 수 있듯이, 결함 감지와 제거 활동은 많은 프로젝트에서 결함이 삽입되는 것을 상당히 지연시킨다. 두 선 사이의 영역은 소프트웨어에 결함이 삽입되었지만 감지되거나 제거되지

않은 잠재 결함을 나타낸다. 이러한 각각의 결함은 '계획에' 거의 포함되어 있지 않은 추가적인 버그 수정 작업이며, 예상치 않게 예산을 늘리고 일정을 연장하는 등 일반적으로 프로젝트를 방해한다.

잘 돌아가는 프로젝트는 아래쪽 그래프와 같이 결함 삽입과 결함 감지 사이의 간격을 최소화한다.

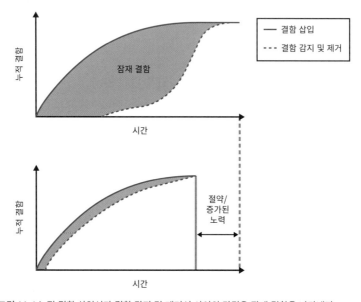

그림 11-1 누적 결함 삽입선과 결함 감지 및 제거선 사이의 간격은 잠재 결함을 나타낸다.

결함이 생겼을 때 바로 결함 수정 작업이 뒤따르는 프로젝트가 더 효율적으로 돌아간다. 그림에서 알 수 있듯이, 이러한 프로젝트는 결국 더 적은 노력으로 더 짧은 시간에 기능을 전달한다. 어떤 프로젝트도 결함을 100% 즉시 감지하지는 못하지만, 목표를 완전히 달성할 수 없더라도 잠재 결함 숫자를 최소화하는 것은 유용한 목표이다. 릴리스 준비 측면에서

그림 11-1의 두 그래프를 보면, 아래쪽 프로젝트가 더 잘 준비되어 있다.

조기에 결함을 감지하는 목표를 지원하는 방법에는 단위 테스트, 페어 프로그래밍, 정적 분석, 코드 리뷰(적시에 수행되는 경우), 지속적인 통합이 있다. 이들은 미세한 수준에서 목표를 지원한다. 애자일은 1~3주마다 릴리스 가능한 수준의 품질로 소프트웨어를 정기적으로 제공하는 것에 초점을 두며 대규모 수준의 목표를 지원한다.

핵심 원칙 완료 정의 만들고 사용하기

완료 정의Definition of Done, DoD가 명확해야 한 항목에 대한 QA 작업을 다른 모든 작업과 밀접하게 맞물리도록 수행할 수 있어서 결함 삽입과 감지 사이의 간격을 최소화하는 데 도움이 된다. 좋은 DoD는 설계, 코드, 테스트, 문서화 및 요구사항 구현과 관련된 기타 모든 작업에 대한 완료 기준을 포함한다. 완료 기준은 참 혹은 거짓이라는 용어를 사용하여 명시하는 게 이상적이다. 그림 11-2는 DoD의 예이다.

```
☐ 코드 리뷰 통과
☐ 정적 코드 분석 통과
☐ 에러 없이 단위 테스트 통과
☐ 단위 테스트를 통해 70% 상태 커버
☐ 시스템과 통합 테스트 완료
☐ 오류 없이 자동화된 비기능 테스트 완료
☐ 에러와 경고 없이 빌드
☐ 문서화된 모든 공용 API
```

그림 11-2 백로그 항목이 실제로 완료되는 시기를 결정하는 완료 정의 예

팀은 현재 상황과 관련된 요소를 사용하여 완료 정의를 규정해야 한다. 완료 정의에는 그림 11-2에 있는 요소들 외에도 다음을 포함할 수 있다.

- 프로덕트 오너의 항목 수락
- UI 스타일 가이드 준수
- 승인 테스트 통과
- 성능 테스트 통과
- 선택된 회귀 테스트 통과
- 코드 체크인
- 요구사항 문서 업데이트
- 자동화된 취약성 검색 통과

다중 완료 정의

다음 두 가지 일반적인 상황에서는 팀에 완료 정의가 하나 이상 필요하다.

다른 종류의 작업에 대해 서로 다른 DoD를 두는 건 유용하고 필요하다. 예를 들어 코드의 DoD에는 전체 회귀 테스트가 포함될 수 있지만, 사용자 문서의 DoD에는 포함되지 않는다. 각각의 DoD는 이후 활동에 대한 종료 기준을 정의하고, 완료 정의를 충족한 항목은 더 이상 재작업이 필요하지 않다는 원칙을 구체화해야 한다.

다중 DoD가 필요한 두 번째 상황은 한 스프린트에서 작업을 완전히 완료할 수 없을 때이다. 예를 들어 하드웨어와 소프트웨어가 결합된 경우, 첫 번째 수준의 완료 정의에는 시뮬레이션 환경에서 모든 테스트를 통과하는 것을 포함시킬 수 있지만, 대상 하드웨어를 아직 사용할 수 없다면 하드웨어 테스트는 포함하지 않아도 된다. 두 번째 수준의 DoD에는 실제 대상 하드웨어에서 모든 테스트를 통과하는 것을 포함한다.

마찬가지로 만들고 있는 소프트웨어가 다른 팀 혹은 계약 업체의 소프트웨어에 의존성이 있는 경우, 다른 팀에서 필요한 컴포넌트를 아직 제공하지 않았다면 모든 테스트는 목업mock up을 통과하는 것을 첫 번째 수준의 DoD로 둘 수 있다. 그런 다음 두 번째 수준의 DoD는 모든 테스트가 해당 컴포넌트와 함께 통과됐음을 명시한다.

여러 수준의 DoD를 허용해야 하는 현실적인 이유가 존재하지만, 그렇게 되면 '완료'가 실제로 '완료'를 의미하지 않고, 서로 다른 정의 사이의 틈바구니에 낮은 품질과 추가적인 작업이 누적될 위험이 있다. 따라서 가능하면 이를 피하는 게 가장 좋다.

진화하는 완료 정의

레거시 환경에서 공통적인 문제는 대규모의 레거시 코드 베이스를 엄격한 완료 정의를 충족하도록 즉시 변환할 수 없다는 점이다. 따라서 레거시 환경에서의 DoD는 개발이 이뤄지지 않은 환경에서보다 초기에 기준을 낮게 설정할 필요가 있다. 레거시 코드의 품질 수준이 향상되면 DoD를 발전시켜 점점 더 기준을 높게 설정한다.

완료 정의와 관련된 일반적인 문제

팀에서 완료 정의를 규정하고 구현할 때 다음과 같은 문제에 유의하자.

- DoD가 릴리스와 관련 없는 표준을 정의한다. 상세 수준은 달라질 수

있지만, DoD의 정신은 한 항목이 '완료'로 선언되면 더 이상의 추가 작업 없이 릴리스할 수 있다는 것이다.

- DoD가 너무 크다. 50개의 항목으로 구성된 DoD 체크 리스트는 팀이 따라 하기에는 너무 다루기 어려워 수행되지 않는다.

- DoD가 레거시 시스템에 비해 너무 의욕적이다. 레거시 시스템에서 수행할 수 없거나 프로젝트에서 승인된 것보다 더 많은 작업량을 의미하는 DoD를 만들지 말자.

- DoD는 증거보다 활동을 기술한다. '코드 리뷰 완료'와 같은 기준을 활동으로 기술하자. '코드가 코드 리뷰를 통과한다'와 같은 기준은 증거이다.

- 여러 수준의 DoD를 두면 긴장감이 현저히 떨어진다. 무엇보다 여러 수준의 DoD를 사용하는 것에 주의하자. 꼭 써야 한다면, 각 수준에 대한 기준이 해당 수준의 '완료'를 정확히 반영하고 있는지 확인하자.

핵심 원칙 릴리스 가능한 품질 유지하기

완료 정의는 개별 항목에 적용된다. 그 외에도 전체 코드 기반이 항상 릴리스 가능한 품질 수준으로 유지되게 하는 일은 품질 안전망을 제공한다. 이러한 안전망은 코딩, 디버깅 및 의미 있는 사용자 피드백 입수 등을 효율적으로 실행하는 데 도움이 된다.

소프트웨어를 수시로 릴리스 가능한 품질 수준으로 이끈다는 원칙은 두 가지 중요한 이점을 제공한다.

첫째, 릴리스 가능한 수준의 품질을 유지하면 결함 삽입과 감지 사이의 간격이 최소화된다. 만약 1~3주마다 소프트웨어를 릴리스 가능한 품질 수준으로 끌어올린다면, 그 격차가 결코 크게 벌어지지 않을 것이다. 이는 고품질을 보장한다. 소프트웨어가 고품질로 동작하는 일이 더 많을수록 그 수준을 유지하고 기술 부채가 누적되는 일을 피하기 쉽다.

둘째, 프로젝트 계획과 추적을 지원한다. 각 스프린트가 끝날 때까지 소프트웨어가 릴리스 가능한 수준의 품질로 구동된다면 이후에 해당 기능에 대해 더 이상 할 작업이 없다. 소프트웨어가 릴리스 가능한 수준의 품질로 구동되지 않으면 나중에 끝이 분명치 않은 추가적인 품질 개선 작업이 이루어져야 한다. 품질 개선 작업은 스프린트 전체에 걸쳐 누적되기 때문에 프로젝트의 실제 상태를 판단하는 능력이 저하된다. 이 중요한 역학에 대해서는 이 장 앞부문에서 자세히 다뤘다.

이러한 두 가지 이유로 팀은 매 스프린트가 끝날 때까지 릴리스 가능한 수준으로 품질을 끌어올리는 것이 중요하다. 대부분은 작업이 완료되면 운영 서버로 배포된다. 몇몇 경우 운영 환경으로 넘기기가 부적절할 때가 있다. 예를 들어 규제 환경에서 작업할 때 소프트웨어 릴리스가 하드웨어 릴리스에 묶여 있을 수 있다. 아니면 작업이 실행 가능한 MVPMinimum Viable Product 임계치를 아직 넘지 않았을 수도 있다.

재작업 줄이기

'재작업'은 이전에 '완료'로 선언한 항목에 대한 작업을 의미한다. 여기에는 버그 수정, 잘못 이해한 요구사항, 테스트 케이스 수정 및 처음부터 올바르게 수행되었어야 하는 기타 수정 작업이 포함된다.

재작업은 그 양을 예측할 수 없고, 프로젝트 계획에서 재작업에 필요한 시간을 허용치 않으며, 추가적인 가치를 창출하지 않기 때문에 프로젝트에 지장을 준다. 재작업을 줄이기 위해 재작업량을 측정하는 것은 유용하다. 이는 18장 '애자일 측정'에서 다룬다.

페어 프로그래밍과 몹 프로그래밍

페어 프로그래밍Pair Programming은 개발자 두 명이 나란히 앉아 한 명은 코드를 작성하고 다른 한 명은 실시간 리뷰어 역할을 하는 방법이다. 이는 파일럿과 내비게이터로 표현되기도 한다. 페어 프로그래밍은 특히 익스트림 프로그래밍과 관련 있다.

페어 프로그래밍에 관한 업계의 데이터는 수년 동안 짝으로 일하는 두 사람의 생산량이 개별 작업하는 두 사람의 총 생산량과 대략 비슷하고, 품질이 더 높으며, 작업을 더 빨리 완료한다는 것을 보여 주었다[Williams, 2002] [Boehm, 2004].

애자일 개발과 밀접한 관련이 있음에도 불구하고 경험상 대부분의 개발자들이 작업을 짝으로 수행하는 걸 선호하지 않기 때문에 더 효과적인 애자일 방법으로써 페어 프로그래밍이 강조되지는 않았다. 그 결과 대부분의 조직에서 페어 프로그래밍은 주로 중요하거나 복잡한 설계나 코드에 선택적으로 사용하는 활용폭이 좁은 방법으로 자리 잡았다. 이러한 용도 외에도 페어 프로그래밍을 광범위하게 사용하려는 팀이 있다면 지지하겠지만, 굳이 고집할 필요는 없다.

몹 프로그래밍과 스워밍

몹 프로그래밍Mob Programming은 팀 전체가 한 장소에 모여 컴퓨터 한 대로 동시에 같은 작업을 하는 방법이다. 스워밍Swarming은 팀 전체가 같은 시간에 같은 스토리를 작업하는데, 각 팀 멤버가 스토리에서 자신이 맡은 부분을 각자 컴퓨터로 작업한다(이 용어는 다양하게 사용되므로 여기서와 다른 의미로 쓰이는 것을 들었을 수도 있다).

이러한 방법을 사용해 성공한 팀들이 있지만, 효율성에 대한 의문이 여전히 존재한다. 이 책을 출판하기 전 리뷰어들 사이에서도 "절대 사용하지 말라" "새로운 팀에서만 사용한다" "경험 있는 팀에서만 사용한다" 등 의견이 다양했다. 이에 대하여 아직 명확한 견해를 정하지 못했기 때문에 몹 프로그래밍과 스워밍 둘 다 선별적으로 사용하거나 어떤 경우에는 사용하지 말아야 할 활용폭이 좁은 방법으로 간주한다.

📋 애자일 리더를 위한 To Do List

☑ 검토하기

- QA 활동과 결함을 발견한 시기와 위치를 검토한다. 애자일 방식으로 얼마나 더 많은 결함을 더 빨리 찾을 수 있는지 평가한다.
- 프로젝트에 남아 있는 버그 목록을 검토한다. 버그가 얼마나 많이 있는가? 이는 프로젝트 진행 시 잠재적 결함을 수정하지 않고 계속 쌓고 있다는 걸 의미하는가?
- 팀에 완료 정의를 보여 달라고 요청하자. 완료 정의가 명확하고, 문서화되어 있으며, 팀이 그것을 사용하고 있는가? 완료 정의의 세부사항이 '릴리스 가능한' 수준으로 누적되어 있는가?
- 팀이 프로젝트의 재작업 비율을 측정하여 이를 프로세스 개선 업무에 활용하고 있는지 살펴보자.
- 현재 팀이 하고 있는 작업과 '릴리스 가능한' 것 사이에 어떤 장애물이 있는가? 팀이 장애물을 해결하도록 어떻게 도울 수 있을까?

☑ 적용하기

- 결함이 발견된 시기와 위치에 대한 평가를 기반으로 품질 관리를 조기에 전환하는 계획을 세운다.
- 프로젝트에서 드러난 버그 숫자를 줄이고 계속해서 낮게 유지하는 계획을 세우자.
- 팀과 함께 협력하여 프로젝트에서 재작업에 드는 노력의 비율을 측정하자. 프로세스 개선의 일환으로 이 비율을 모니터링 하자.
- 팀이 현재 하고 있는 일과 '릴리스 가능한' 상태에 도달하는 것 사이의 장애물을 제거하자.

더 읽을 거리

- McConnell, Steve. 2019. Understanding Software Projects Lecture Series. *Construx OnDemand*. [Online] https://ondemand.construx. com

  이 시리즈에서는 품질 관련 이슈를 폭넓게 논의한다.

- Nygard, Michael T. 2018. *Release It! Design and Deploy Production-Ready Software, 2nd Ed*(《RELEASE IT: 성공적인 출시를 위한 소프트웨어 설계와 배치(1판)》, 위키북스).

  보안, 안정성, 유용성, 배포 가능성 및 이와 유사한 속성을 포함하는 비기능적 능력을 다루면서 고품질 시스템을 어떻게 설계하고 구축하는지 새롭고 재미있게 설명한다.

12

애자일 테스팅

애자일 개발은 기존의 테스트 강조점을 네 가지 방식으로 전환했다. 첫째, 개발자에 의한 테스트이다. 둘째, 기능이 만들어진 직후에 수행하는 프론트 로딩 테스트이다. 셋째, 테스트 자동화이다. 마지막으로 요구사항과 설계를 구체화하는 수단으로써의 테스트이다.

이러한 네 가지 강조점은 적시 설계와 구현 같은 애자일 실천 방법을 위한 중요한 안전망을 제공한다. 종합적인 자동화 테스트를 모아 놓은 안전망이 없다면 끊임없이 변화하는 설계와 코드 환경에 결함이 걷잡을 수 없이 밀려올 것이다. 11장 '애자일 품질'에서 설명한 것처럼 결함의 대부분은 감지되지 않고 잠재적 결함 풀로 들어간다. 자동화 테스트로 안전망을 갖추면 대부분의 결함을 생성되자마자 즉시 감지해 결함 생성과 결함 감지 사이의 간격을 최소화할 수 있다.

다음 절에서는 애자일 프로젝트에서 가장 효과적인 테스트 방법을 다룬다.

핵심 원칙 **개발팀이 만든 자동화 테스트 사용하기**

개발팀은 자동화된 빌드나 배포 시스템에 통합되는 자동화 테스트를 작성해야 한다. API 테스트API tests, 단위 테스트unit tests, 통합 테스트integration tests, 승인 테스트acceptance tests, UI 레이어 테스트UI layer tests, 목mock 지원, 랜덤 입력과 데이터, 시뮬레이션 등 다양한 수준과 유형의 테스트를 사용하면 가장 좋다.

테스트는 개발자, 테스터 혹은 과거에 테스터였던 사람이 포함된 교차 기능팀이 작성한다. 개발자가 단위 테스트 코드를 작성하고 나서 그에 해당하는 코드를 작성하는 게 이상적이다. 테스트를 만들고 자동화하는 것은 노력 추정치에 포함되는 백로그 항목 구현의 고유한 측면이다.

팀은 자동화 테스트를 지원하는 주문형on-demand 테스트 환경을 유지해야 한다. 자동화된 단위 테스트(코드 레벨)와 사용자 수준 테스트의 조합은 모든 완료 정의의 핵심 속성이다.

개발자는 원격 시스템의 동작을 단위 테스트와 목을 사용해 로컬에서 테스트할 수 있어야 한다. 개발자는 팀 빌드 서버나 개발자 컴퓨터에서 제품의 완성된 구성요소에 대한 단위 테스트 모음을 수 분 이내에 실행한다.

로컬 코드는 통합 환경으로 들어가고 통합 환경에서는 개발자의 단위 테스트가 합쳐지고 빌드가 이뤄진다. 팀은 자동화된 단위 테스트, 사용자 수준의 테스트를 포함하여 1~2시간 내에 모든 테스트를 통과할 수 있는 능력을 갖춰야 한다. 많은 환경에서 해당 시간을 분 단위로 측정한다. 전체 테스트 통과는 하루에 여러 번 실행해야 한다.

수준 높은 개발 조직이라면 체크인할 때마다 모든 자동화된 테스트를 실행하여 지속적 통합Continuous Integration, CI을 지원할 수 있는 능력을 갖추고 있다. 대규모 프로젝트의 경우 수많은 가상 환경을 모아 테스트 모음을 병렬로 실행하며, 서로 다른 팀의 테스트 모음을 통합하여 CI 서버를 구축하고 유지 보수 및 확장하는 전담팀(테스트 전문가 포함)이 필요하다.

아마존이나 넷플릭스 같은 유명 대기업은 이 역량에만 집중하는 팀이 있고, 컴퓨터 하드웨어에 많은 투자를 했으며, 수년간 역량을 키워 왔기 때문에 빠르고 지속적인 테스트를 수행한다. 이제 막 CI를 시작했거나 아마존이나 넷플릭스만큼의 요구가 없는 회사라면 기대치를 적절히 높여 나가야 한다.

레거시 환경에서 테스트 자동화하기

이상적인 테스트 모음을 개발할 능력이 없다는 게 자동화 테스트를 만들지 않는 이유가 될 수는 없다. 낮은 품질의 코드를 이어받은 팀들이 기본적인 스모크 테스트smoke test를 수행하고, 자동화 테스트를 천천히 채워 가며, 적은 양의 자동화로도 상당한 이점을 얻는 것을 보아 왔다. 처음에는 느슨하다 시간이 지날수록 엄격해지는 DoD로 시작할 수 있다.

가장 활발하게 작업 중인 코드 영역에 레거시 테스트 작업을 집중하는 것이 최고로 효과적이다. 수년 동안 안정된 코드에 커버리지를 추가하는 건 별 도움이 안 된다.

코드 커버리지만큼 중요한 일

개발팀에 테스터를 포함하고 자동화 테스트를 수행하는 것 외에도 효과적인 애자일 테스트를 위하여 다음의 핵심 사항을 기억하자.

테스트 코드는 개발자에게 일차적인 책임이 있다

통합 테스터가 개발팀에 들어오면 개발자가 자신이 만든 코드를 테스트하지 않는 경우가 생기기도 하는데, 이는 의도치 않은 결과로 원래 계획한 것과 정반대이다! 개발자는 테스트를 포함하여 작업 품질에 관한 일차적 책임을 져야 한다. 다음과 같은 경고 신호에 주의하자.

- 백로그 항목이 각 스프린트가 끝날 때에만 완료된다(테스트가 코딩 후 개별적으로 진행됨을 의미함).
- 개발자가 이전 작업을 DoD로 보내기 전에 다른 코딩 작업으로 이동한다.

코드 커버리지 측정하기

코드를 작성하기 전에 테스트 케이스를 작성("테스트 먼저")하는 건 유용한 원칙일 수 있지만, 새로운 코드 베이스의 경우 다운스트림 테스트 자동화와 결합된 단위 테스트의 코드 커버리지 측정이 더 중요하다. 70%의 단위 테스트 코드 커버리지는 새로운 코드를 지향할 때 유용하고 실용적인 수준이다. 단위 테스트 100%의 코드 커버리지는 드물기도 하고 일반적으로 수확 체감 지점을 훨씬 지나친다(물론 안전이 중요한 시스템에는 예외가 있다).

우리와 함께 일했던 조직의 경우, 최상의 소프트웨어에서 사용한 전형적인 접근방식은 단위 테스트 코드와 상위 수준의 테스트 코드를 포함한 테스트 코드와 제품 코드의 비율이 1:1에 가까웠다. 다시 말하지만, 이는 소프트웨어 유형에 따라 다르다. 안전이 중요한 소프트웨어는 비즈니스나 엔터테인먼트 소프트웨어와는 다른 표준을 지닌다.

개발과 테스트의 우선순위

'70% 상태 커버리지'와 같은 조치는 예상보다 더 자주 남용되는 경향이 있다. 통과율을 높이거나 항상 성공을 반환하는 테스트 케이스를 만들어 내려고 실패한 테스트 케이스를 비활성화하는 팀처럼 말이다.

이러한 경우에는 사람보다 시스템을 고치는 것이 더 효과적이다. 이러한 행동은 팀이 개발 업무가 테스트 업무보다 우선순위가 더 높다고 믿고 있음을 나타낸다. 리더십은 테스트와 QA가 코딩만큼 중요하다는 점을 전달해야 한다. 팀이 테스트의 목적과 가치를 이해하도록 돕고, 70%와 같은 수치는 단순히 지표일 뿐 목표가 아니라는 점을 강조하자.

정적 코드 지표 관찰하기

코드 커버리지와 여타 테스트 지표는 유용하지만 스토리 전체 품질을 말하지는 않는다. 정적 코드 품질 지표도 중요하다. 보안 취약성, 순환 복잡도, 의사결정 중첩 수준, 루틴 파라미터 수, 파일 크기, 폴더 크기, 루틴 길이, 매직 넘버 사용, 임베디드 SQL, 코드 복제 혹은 복사, 주석의 품질, 코딩 표준 준수 등이 해당된다. 이러한 지표는 품질을 유지하기 위해 더 많은 작업이 필요한 코드 영역과 관련된 힌트를 제공한다.

주의 깊게 테스트 코드 작성하기

테스트 코드는 제품 코드와 동일한 코드 품질 표준을 따라야 한다. 올바른 이름을 지정하고, 매직 넘버는 피하고, 잘 다듬고, 중복되지 않고, 일관된 형식을 가지고, 버전 관리로 확인되어야 한다.

테스트 모음 검토 우선순위

시간이 지날수록 테스트 모음이 퇴화되고 꺼져 있는 테스트 비율이 높아지는 테스트 모음도 많다. 팀은 진행 중인 개발 작업의 필수 비용에 테스트 모음 검토와 유지 보수를 포함해야 하고, DoD의 일환으로 테스트 작업을 실행해야 한다. 이는 소프트웨어를 항상 릴리스 가능한 수준의 품질에 가깝게 유지한다는 목표를 지원하고, 통제가 불가능한 결함이 발생하지 않도록 하는 데 필수적이다.

테스트 조직 분리하기

회사에서 별도의 테스트 조직을 운영하고 있다면, 해당 조직에서 승인 테스트를 만들고 유지하는 일차적인 책임을 지는 것이 유용하다. 개발 팀은 계속해서 승인 테스트를 만들고 실행하며, 이는 결함 삽입과 감지 사이의 간격을 최소화하기 위한 중요한 지원을 제공한다. 하지만 개발 팀은 이러한 종류의 업무에 부차적인 책임을 진다.

종종 승인 테스트는 분리된 QA 환경에서 수행된다. 이는 통합 환경의 내용이 끊임없이 유입될 때 유용하며 QA 환경을 더 안정적으로 만든다.

전체적인 시야로 단위 테스트 유지하기

애자일 테스트의 위험은 코드 수준(단위) 테스트를 지나치게 강조하고, 확장성, 성능 등과 같은 긴급 속성에 대한 테스트는 강조하지 않는 것이다. 이는 대규모 소프트웨어 시스템을 통합 테스트할 때 분명해진다. 팀이 스프린트를 완료했다고 선언하기 전에 시스템 전반에 걸친 테스트를 충분히 수행해야 한다.

클라우드에 특화된 테스트

수동 테스트는 탐색적 테스트, 사용성 테스트 및 기타 종류의 수동 테스트 형태로 활용된다.

　요즈음 소프트웨어 세계는 클라우드 컴퓨팅으로 가능해진 테스트 방식의 변화, 즉 변경 사항을 쉽게 올리고 되돌릴 수 있는 용이성과, 클라우드 컴퓨팅으로 인한 새로운 오류 모드 등의 변화를 겪는 중이다. 설치형 소프트웨어에 기반해 테스트 방법을 이해한 후로 내용을 업데이트하지 않았다면, 카나리 배포Canary Releases(A/B 테스트), 카오스 몽키Chaos Monkey나 원숭이 부대Simian Army, 기타 클라우드에 특화된 테스트 방법과 같은 최신 테스트를 습득하는 시간이 필요하다.

📋 애자일 리더를 위한 To Do List

☑ 검토하기

- 팀이 자동화 테스트에 접근하는 방식에 테스트 범위 표준과 최소 허용 가능한 테스트 범위가 포함되어 있는지 검토하자.
- 팀이 수동으로 수행할 테스트를 결정하자. 이러한 수동 테스트를 자동화할 수 있는 계획이 필요한가?

☑ 적용하기

- 각 프로젝트의 테스트 자동화 목표를 정의하자. 향후 3~12개월 동안 이를 달성하기 위한 계획을 세우자.

더 읽을 거리

- Crispin, Lisa and Janet Gregory. 2009. *Agile Testing: A Practical Guide for Testers and Agile Teams*(《애자일 테스팅: 테스터와 애자일 팀을 위한 실용 가이드》, 정보문화사).
  애자일팀과 프로젝트에서 테스트가 어떻게 다른지 다룬 대중적인 참고서이다.

- Forsgren, Nicole, et al. 2018. *Accelerate: The Science of Lean Software and DevOps: Building and Scaling High Performing Technology Organizations*(《디지털 트랜스포메이션 엔진: 고성과 기술 조직 구축 및 진화》, 에이콘출판).
  가장 효과적인 애자일 테스트 방법에 대한 최신 데이터를 요약한다.

- Stuart, Jenny and Melvin Perez. 2018. *Retrofitting Legacy Systems with Unit Tests*. [Online]
  레거시 시스템 테스트에 관련된 특정 문제를 다룬다.

- Feathers, Michael. 2004. *Working Effectively with Legacy Code*(《레거시 코드 활용 전략: 손대기 두려운 낡은 코드, 안전한 변경과 테스트 기법》, 에이콘출판).
  테스트를 포함하여 레거시 시스템으로 작업하는 방법을 자세히 설명한다.

13

애자일 요구사항 만들기

소프트웨어 개발 분야에서 일했던 25년 동안, 내가 접한 프로젝트가 어려움에 처하거나 실패한 원인을 조사한 모든 연구에서 문제의 주요 원인은 불완전하고, 부정확하고, 모순이 있는 등 형편없는 요구사항인 것으로 나타났다. 지난 10년간 우리가 애자일 프로젝트에서 발견한 가장 일반적인 문제의 원인은 프로덕트 오너가 제대로 역할을 하지 못하는 데 있었다. 이는 여러분이 짐작하듯이 요구사항과 관련이 있다.

요구사항은 소프트웨어 프로젝트가 어려움을 겪는 광범위하고 지속적인 원인이기 때문에 두 장을 할애하여 자세하게 낱낱이, 다른 주제보다 더 깊이 다뤄 보려고 한다.

애자일 요구사항의 수명주기

25년 전에 비해 오늘날에는 애자일 프로젝트에 사용할 수 있는 몇 가지 효과적인 요구사항 방법론이 있다. 이러한 방법은 각각의 주요 요구사항을 개발하는 활동에 도움을 준다.

- 도출: 요구사항 초기에 발견하기
- 분석: 우선순위를 포함하여 요구사항을 보다 풍부하고 정교하게 이 해할 수 있게 구축하기
- 명세: 요구사항을 지속적으로 표현하기
- 유효성 검증: 요구사항이 올바르며(고객의 요구를 만족시킬 것) 정확 하게 포착되었는지 확인하기

팀이 애자일이나 순차 프로젝트에 이를 사용하는 방법에는 큰 차이가 없다. 다른 점은 팀이 활동을 수행할 때이다.

이번 장에서는 도출과 명세 활동, 분석에 대한 논의를 시작하고, 다음 장에서는 분석 단계에서 우선순위를 결정하는 양상에 초점을 맞춘다. 애자일 프로젝트에서 요구사항의 유효성을 검증하는 주요 기법에는 요구사항에 관한 지속적인 대화와 스프린트 종료 시점에 수행하는 리뷰 회의(작동하는 소프트웨어 시연)가 포함된다.

요구사항 손상 VS 요구사항 사전 정의

애자일 프로젝트에서는 요구사항 작업이 순차 프로젝트와 다른 시점에 발생한다. 그림 13-1이 이러한 차이를 보여 준다.

순차 프로젝트에서는 요구사항 작업의 상당 부분이 프로젝트 시작 시점에 대규모 배치로 수행된다. 애자일 프로젝트에서 선행 작업은 규모가 훨씬 작고 요구사항의 범위를 이해하는 데 대부분의 초점을 둔다. 예측 가능성이 필요한 애자일 프로젝트는 다른 애자일 프로젝트보다 사전 요구사항 작업을 더 많이 수행한다. 개별적인 요구사항의 세부적인 개

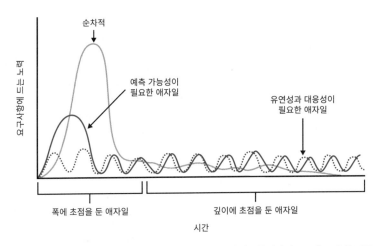

그림 13-1 예측 가능성이 필요한 애자일 프로젝트, 유연성이 필요한 애자일 프로젝트, 순차 프로젝트에서는 요구사항 작업을 선행하는 데 차이가 있다[Wiegers, 2013].

선(정교화)은 해당 요구사항을 개발하는 작업이 시작되기 직전까지 미뤄진다.

애자일 프로젝트는 프로젝트를 시작할 때 각 요구사항의 핵심만을 정의하여 대부분의 상세한 정교화 작업은 적시에 수행되도록 하고, 경우에 따라서는 모든 작업이 적시에 수행되도록 하는 것을 목표로 한다. 애자일 프로젝트에서는 요구사항이 덜 정교한 게 아니라 나중에 정교해진다. 어떤 애자일 프로젝트는 요구사항을 정교하게 만들지 않는 실수를 범하기도 하는데 이런 실수는 애자일보다는 만들고 고치는code-and-fix 개발에서 전형적으로 나타나는 현상이다. 더 효과적인 애자일 프로젝트에서 요구사항을 정교화할 때 사용하는 방법은 14장에서 다룬다.

다음은 애자일 프로젝트에서 어떻게 요구사항에 접근하는지 보여 주는 그림이다.

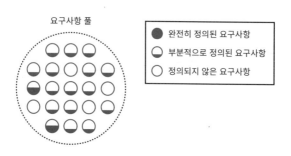

순차 프로젝트에서는 각 요구사항의 세부사항이 처음부터 상세하게 설명되며 프로젝트 후반까지 남아 있는 요구사항 작업이 거의 없다. 다음 그림과 같이 핵심만 포함하는 게 아니라 전체 요구사항이 초기에 만들어진다.

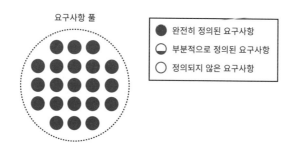

요구사항 상세화 작업은 애자일과 순차 접근방식 모두에서 수행되지만, 수행되는 시점이 다르다. 이는 그림 13-2와 같이 프로젝트가 진행되는 동안 작업의 종류에 따라 완료되는 시간이 달라지는 결과로 이어진다.

대부분의 요구사항 작업을 사전에 수행함으로써 순차 프로젝트는 "세

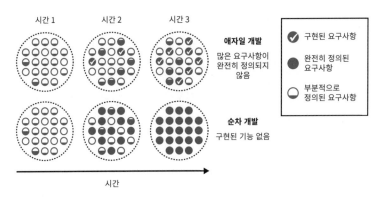

시간 1   시간 2   시간 3

애자일 개발
많은 요구사항이
완전히 정의되지
않음

순차 개발
구현된 기능 없음

✓ 구현된 요구사항

● 완전히 정의된
요구사항

○ 부분적으로
정의된 요구사항

시간

그림 13-2 시간대에 따른 애자일과 순차 프로젝트 요구사항과 기능 완성도의 차이

부 요구사항을 미리 파악하면 나머지 프로젝트에 가치를 더할 수 있고, 세부 요구사항을 미리 작업하면 불확실성이 감소하며 이러한 선행 작업으로 인한 손상 비율은 받아들일 만하다고 확신한다"('손상'은 구현 작업 시작 전에 쓸모없어지는 요구사항 작업이다).

애자일 프로젝트는 본질적으로 "엔드투엔드 구현 작업(요구사항 작업이 아니라)을 하고 피드백을 받는 방식이 불확실성을 줄일 것이라고 확신한다. 사전에 많은 세부 요구사항 작업을 한다는 건, 구현할 때쯤 쓸모없어질 많은 세부사항을 작성한다는 의미이다. 요구사항 손상으로 인해 발생하는 낭비가 요구사항을 사전에 완전히 정의하여 얻을 수 있는 부가가치보다 더 크다"라고 말한다.

두 주장 모두 일리가 있다. 어떤 접근방식이 더 잘 동작하느냐는 팀이 커네빈의 난해함 영역에서 일하고 있는지, 복잡함 영역에서 일하고 있는지, 요구사항 작업을 하는 사람들에게 일을 효과적으로 수행할 기술이 있는지, 하고 있는 일이 복잡함보다는 난해함 영역에 있다고 팀이 얼마나 확신하는지에 달려 있다.

잘못된 시작과 막다른 골목

커네빈의 난해함 영역의 문제인 경우, 팀이 요구사항 개발 작업에 충분히 숙련되어 있다면 완전한 시스템을 미리 모델링할 수 있다.

커네빈의 복잡함 영역의 문제인 경우에는 시스템이 사전에 무엇을 해야 하는지 알 수 없다. 요구사항 개발 작업은 개발팀과 비즈니스 모두를 위한 학습 과정이다. 이 영역에서는 똑똑한 사람조차도 시도하기 전에는 무엇을 해야 하는지 모든 세부사항을 알기 어렵다.

복잡한 문제에 대한 사전 요구사항을 정의하려는 시도에는 다음과 같은 과제가 포함된다.

- 요구사항이 변경되면, 요구사항을 명시한 초기 시점과 구현 작업이 시작되는 시점 사이에 다시 상세화해야 한다. 초기 상세화 작업은 낭비였다.
- 중요한 상세화 작업이 이미 완료되었는데 요구사항이 탈락됐다. 상세화 작업은 낭비였다.
- 실제로 필요 없는 요구사항이 구현된다. 이는 사용자가 동작하는 소프트웨어를 본 후에야 발견된다.
- 프로젝트 중에 요구사항을 간과하여 그냥 넘어가거나 갑자기 요구사항이 생긴다. 이는 사전에 요구사항이 완전히 혹은 거의 완전히 정의되었다고 가정한 설계와 구현 방식에 문제를 야기한다. 잘못된 설계와 구현 작업은 낭비였다.

그림 13-3은 그림 13-2의 '시간 3'을 사용하여 프로젝트에서 요구사항이 완전히 정의되는 시점 이후에 요구사항이 바뀌었을 때 발생하는 낭비를 보여 준다.

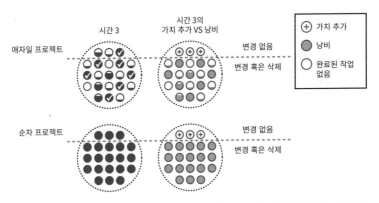

그림 13-3 애자일 프로젝트와 순차 프로젝트에서 요구사항이 프로젝트 중간에 변경될 때 낭비의 차이

그림 상단의 애자일 프로젝트를 보면, 요구사항이 변경되지 않으면 낭비 또한 없다. 요구사항의 변경이나 삭제에 따른 낭비는 작업 완료 정도에 따라 다양하다. 부분적으로 정의된 요구사항에서는 낭비가 덜 발생하고(원 안에 부분적으로 채워진 점을 보자) 완전히 정의된 요구사항에서는 낭비가 더 많이 발생한다.

그림 하단의 순차 프로젝트를 보면, 사전에 요구사항에 투자하는 수준이 높기 때문에 요구사항의 변경과 제거에 따른 낭비의 정도가 높다.

잘못된 시작과 막다른 골목은 애자일 요구사항에서도 발생하지만, 이에 대한 사전 투자가 적기 때문에 전체적으로 낭비가 적다.

스토리

애자일 요구사항은 일반적으로 스토리 형식으로 표현되며, 다음과 같은 형태를 취한다.

'사용자 유형'으로서, '목표' 또는 '욕구'를 달성하기를 원한다. 그로 인해 '이점'을 얻고 싶다.

스토리는 제한적이고 정의된 기능들의 집합이다. 모든 스토리가 요구
사항은 아니다. 표 13-1에 몇 가지 예가 나와 있다.

사용자 유형	이점	목표/욕구
소프트웨어 리더로서	조직의 나머지 구성원들에게 계속 정보를 알릴 수 있도록	프로젝트 상태를 정량적으로 파악하고 싶다
비즈니스 리더로서	어떤 프로젝트에 주의를 기울여야 할지 알 수 있도록	모든 프로젝트 상태를 한곳에서 보고 싶다
기술 직원으로서	대부분의 시간을 기술 작업에 할애할 수 있도록	좀 더 수월하게 상태를 보고하고 싶다

표 13-1 사용자 스토리 예

애자일 프로젝트는 보통 요구사항을 표현하는 주요 수단으로 스토리에
의존한다. 스토리는 온라인 툴, 문서나 스프레드시트, 인덱스 카드, 혹
은 벽에 붙인 포스트잇 등으로 나타낸다. 표 13-1에서 볼 수 있듯이 스
토리 자체는 개발 작업을 지원할 만큼 충분히 상세하지 않다. 스토리는
비즈니스와 기술 직원 사이의 대화를 위해 문서화하고 추적하는 용도이
다. 스토리는 비즈니스, 개발 및 테스트 관점을 포함하는 대화를 통해
정제되며, 스토리에 적절하다면 다른 관점도 포함한다.

제품 백로그
애자일 요구사항은 일반적으로 스토리, 에픽, 테마, 이니셔티브, 피처,
기능, 요구사항, 개선사항, 수정사항 등 프로젝트 범위의 나머지 부분을

정의하는 데 필요한 모든 작업을 담고 있는 제품 백로그에 포함된다. 스크럼에서는 '백로그'라는 용어가 표준이다. 칸반팀은 이를 '입력 대기열'Input Queue이라고 부르지만, 개념은 유사하다. 규제 산업과 같은 맥락에서 일하는 팀은 더 많은 공식적인 요구사항 컨테이너(문서)가 필요할 수도 있다.

대부분의 팀이 현재 스프린트 외에 약 2개의 스프린트에 해당하는 상세화된 백로그 항목이 있으면 워크플로 계획과 기술 개발을 지원하기에 충분한 세부사항이 제공된다는 사실을 알고 있다. 주로 커네빈의 복잡함 영역에 속하는 작업을 수행하는 팀의 경우, 계획을 더 짧게 세우면 더 실용적이다.

그림 13-4는 백로그 항목을 구현함에 따라 제품 백로그 항목이 더 정교화되는 방식을 보여 준다. 하단에 단기 작업이 있는 깔때기로 백로그

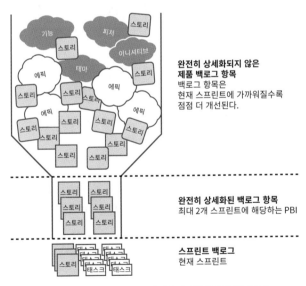

완전히 상세화되지 않은 제품 백로그 항목
백로그 항목은 현재 스프린트에 가까워질수록 점점 더 개선된다.

완전히 상세화된 백로그 항목
최대 2개 스프린트에 해당하는 PBI

스프린트 백로그
현재 스프린트

그림 13-4 애자일 제품 백로그는 적시에 상세화할 것을 강조한다.

를 표시했다(애자일팀은 일반적으로 백로그를 대기열이라 칭하고, 맨 위에는 단기 작업이 있다).

일반적으로 제품 백로그에는 요구사항이 포함되지만 '요구사항'은 모호하게 정의된다. 가장 일반적인 제품 백로그 항목Product Backlog Items, PBI 은 다음과 같다.

요구사항: 피처, 에픽, 스토리, 수정사항, 개선사항 등을 포괄하는 용어이다. '요구사항'이 반드시 '완전히 정형화된 엄격한 요구사항'일 필요는 없다. 실제로 이 장 앞부분과 그림 13-2에 설명한 대로 애자일 작업에서 대부분의 요구사항은 개발되기 직전까지 부분적으로 정의된 상태로 유지된다.

피처: 비즈니스 역량이나 가치를 제공하는 기능의 증가분이다. '피처'에는 피처를 전달하는 데 하나 이상의 스프린트가 필요하다는 의미가 내포돼 있다. 이는 종종 사용자 스토리의 모음으로 설명된다.

에픽: 전달하는 데 하나 이상의 스프린트가 필요한 스토리이다. 에픽과 피처는 구체적인 세부사항이 큰 범위에서 동일하지는 않지만, 둘 다 단일 스프린트에서 완료하기에는 너무 크다는 공통점이 있다.

테마, 투자 테마, 기능, 이니셔티브, 개선 및 이와 유사한 용어: 백로그가 상세화될 것이라는 기대가 있기 때문에 정형화되지 않은 항목도 적기에 상세화될 것이라는 공감 아래 백로그 맨 마지막에 추가할 수 있다.

사용자 스토리 혹은 스토리: 시스템을 사용하는 사람의 관점에서 기술된 성능이나 기능의 설명이다. 어떤 사람들은 스토리와 사용자 스토리를 구분하지만, 두 용어의 사용은 표준화되지 않았으며 대부분 동의어로 쓰인다. 스토리는 일반적으로 단일 스프린트에 적합한 것으로 정의된다. 만약 상세화 과정에서 하나 이상의 스프린트가 필요한 스토리가 발견되면 이는 에픽으로 재분류된다.

수정 사항, 기술 부채 감소, 스파이크 Spike[1]: 사용자 요구사항처럼 결과가 눈에 바로 보이지는 않지만 기술적으로 개선이 필요한 개발 작업이다. 이러한 종류의 작업을 일반적으로 '인에이블러'enablers라고 부른다.

제품 백로그와 관련된 용어는 광범위하고 때로는 모호하다. 이러한 이유로 일부 애자일 전문가들은 모든 제품 백로그 항목을 단순히 'PBI'라고 지칭하는데, 이는 수많은 용어 문제를 피할 수 있는 편리한 방법이다.

요구사항을 제품 백로그로 만드는 법

백로그는 애자일 프로젝트에서 중요한 역할을 하지만 애자일에 관한 많은 자료가 프로덕트 오너와 애자일팀의 나머지 사람들이 어떻게 요구사항을 백로그로 옮기는지 전혀 다루지 않는다. 요구사항은 다양한 기법을 통해 제품 백로그로 만들어진다. 전반적인 접근 방법은 하향식 혹은 상향식으로 설명된다.

하향식 요구사항 도출

하향식 접근 방법에서 요구사항 프로세스는 큰 그림으로 시작된다. 팀은 실행자, 피처, 에픽, 이니셔티브(최상위 비즈니스 목표), 기능과 성능

---

1   (옮긴이) 스파이크는 확장된 애자일 프레임워크의 탐색 에이블러 스토리 유형이다. XP (Extreme Programming)에서 처음 정의된 스파이크는 연구, 디자인, 조사, 탐색, 프로토타입 제작과 같은 활동을 나타낸다(*https://www.scaledagileframework.com/spikes/*).

을 파악한다. 그런 다음 이를 스토리로 쪼갠다. 하향식 접근 방법을 시작하기에 좋은 기법은 다음과 같다.

- 스토리 맵 만들기
- 제품 비전 정의
- 엘리베이터 피치
- 보도자료 및 FAQ 작성
- 린 캔버스 만들기
- 임팩트 맵 디자인
- 퍼소나 식별하기

이러한 각각의 기법은 릴리스의 일반적인 방향성을 정의하기 위한 것이며, 각각은 구현에 지침이 되는 더 상세한 스토리를 만드는 데 도움을 준다.

상향식 요구사항 도출

상향식 접근 방법에서 요구사항 프로세스는 보통 스토리와 같은 구체적인 세부사항에서 시작된다. 상향식 접근 방법을 시작하기에 좋은 기법은 다음과 같다.

- 사용자 스토리 작성 워크숍
- 일반 사용자 대상의 포커스 그룹 인터뷰
- 요구사항 도출 인터뷰
- 작업을 수행하는 사용자 관찰
- 현재 시스템에서 보고된 문제 검토

- 기존 요구사항 검토(기존 시스템의 기능을 복제하는 경우)
- 기존 개선 요청 사항 검토

구체적인 스토리가 생성되면 테마, 피처, 에픽으로 합쳐진다.

하향식과 상향식

새로운 개발 작업은 일반적으로 하향식 접근 방법을 취한다. 레거시 시스템과 새로운 버전을 계속해서 출시하는 개발은 상향식이 적합하다. 반복 개발을 사용해 바닥부터 시작하는 프로젝트라면 사용자 피드백을 생성하기에 충분한 기능을 개발한 후 하향식에서 상향식으로 전환할 수 있다.

하향식 접근 방법을 사용하는 경우 전체 작업 범위를 알 수 있을 정도로 세부사항을 깊이 들여다보지 못하거나 이후에 백로그 정제 과정에서 너무 많은 세부사항이 발견된다.

상향식 요구사항 도출에서는 시스템 전체적으로 의미 있는 관점을 얻는 것이 과제이다. 즉, 상향식 접근 방법으로는 나무가 있는 숲을 볼 수 없다. 세부 작업을 무효화하는 최상위 제약 조건을 보지 못하고 넘어갈 수도 있다. 팀 작업이 일관된 전체 방향으로 이어지도록 하려면 추가 작업이 필요하다.

상향식과 하향식 접근 방법은 결국 어느 정도 중간 지점에서 만나게 된다. 사용자 스토리를 쓰는 워크숍에서 많은 하향식 기법이 나올 수도 있고, 보도자료 초안은 요구사항 인터뷰에서 촉매로 사용된다.

애자일 요구사항을 도출하는 세부적인 방법은 이 책의 범위를 벗어난다. 대신 이 장 끝에 있는 '더 읽을 거리'에 많은 정보를 얻을 수 있는 출처를 실었다.

핵심 원칙 제품 백로그 정제하기

제품 백로그가 처음으로 채워지면, 각 PBI가 효과적인 스프린트 계획과 개발 작업을 지원하기에 충분한 세부사항을 담을 수 있도록 지속적으로 '정제'해야 한다. 일반적으로 현재 스프린트 작업 외에 백로그에 항상 2개 스프린트만큼의 완전히 정교화된 PBI가 준비되어 있는 게 좋다.

백로그가 충분히 정제되지 못하면 애자일팀에 여러 가지 심각한 문제가 발생한다.

- 작업을 가이드할 만큼 백로그 항목의 충분한 세부사항이 정의되지 않아 잘못된 방향으로 간다.
- 스프린트 동안 과도한 시간을 정제하는 데 쓰고, 뜻밖의 상황을 너무 많이 겪는다.
- 백로그 항목이 업데이트되지 않아 이미 쓸모없어진 작업을 구현한다.
- 백로그 우선순위가 올바르게 지정되지 않아 가치가 낮은 항목을 작업하고 더 가치 있는 항목은 뒤로 미룬다.
- 백로그 항목이 잘못 추정되고 너무 커서 스프린트 목표를 마칠 수 없다. 백로그 항목이 예상했던 것보다 너무 크다.
- 백로그에 정제된 항목이 충분치 않아 할 일이 턱없이 모자란다.

백로그 정제 세션

백로그 정제(구체화)는 프로덕트 오너, 스크럼 마스터, 개발팀이 함께

하는 자리에서 수행한다. 향후 작업에 대한 공감대가 형성될 수 있도록 팀 전체가 참석한다.

작업에는 에픽과 스토리를 논의하고, 에픽을 더 작은 에픽으로 쪼개고, 에픽을 스토리로 쪼개고, 스토리를 더 작은 스토리로 쪼개고, 스토리 세부사항을 명확히 하고, 스토리 인수 기준을 정의하고, 스토리를 추정하는 일이 포함된다.

백로그 정제 회의는 일반적으로 스프린트 중반에 열린다. 질문에 대한 답변이 필요하다면, 해결되지 않은 질문이 스프린트 계획을 방해하지 않도록 다음 스프린트 계획 회의 전에 질문에 답하는 작업을 완료해야 한다.

프로덕트 오너는 우선순위대로 정리된 PBI 리스트를 백로그 정제 세션에 가져온다. 이때 대부분의 요구사항과 관련한 정제 작업은 이미 완료됐어야 한다.

핵심 원칙 준비 정의 만들고 사용하기

완료 정의가 팀이 작업을 실제로 완료하기 전에 다음 단계로 넘어가는 것을 방지하는 데 도움이 되는 것처럼, 명확하고 문서화된 준비 정의Definition of Ready, DoR는 팀이 정제되지 않은 요구사항을 개발로 전달하는 것을 방지하는 데 도움을 준다. PBI는 다음의 경우에 준비된 것으로 간주된다.

- 스프린트에서 수행 가능한지 결정할 수 있을 만큼 개발팀이 충분히 이해함
- 추정치가 단일 스프린트에 수월하게 맞음

- 스프린트 동안 구현을 방해하는 종속성이 없음
- (시험 가능한) 인수 기준으로 정의됨

팀은 이를 변형해 자신들만의 DoR을 만들 수 있다. 목표는 다음 스프린트 계획 회의 전에 대상 PBI를 완전히 구체화하여 팀이 효과적으로 계획하는 데 필요한 모든 정보를 확보하고 논의 중인 이슈로 인해 회의가 옆길로 새지 않게 하는 것이다.

요구사항에 주의 기울이기

요구사항은 수십 년 동안 골치 아픈 문제였다. 애자일은 요구사항 기준을 세우는 데 유용한 방법을 제공했지만 고품질 요구사항의 중요성은 변하지 않았다.

순차 개발에서는 프로젝트가 끝날 때 누적된 비효율을 한꺼번에 겪기 때문에 요구사항 문제가 두드러진다. 1년 동안 진행된 긴 프로젝트에서 형편없는 요구사항이 프로젝트에 10%의 비효율을 초래한다면, 프로젝트는 한 달 이상 늦어질 것이다. 그 고통은 무시하기 어렵다.

애자일 개발에서는 형편없이 정의된 요구사항으로 인한 고통이 프로젝트가 진행되는 내내 더 자주, 더 작은 증분으로 발생한다. 조악하게 정의된 요구사항으로 10%의 비효율을 경험하는 팀은 몇 번의 스프린트에서 스토리를 다시 수행해야 한다. 고통이 한꺼번에 오는 게 아니라서 그렇게 고통스러워 보이지 않을 수 있지만, 누적된 비효율은 상당히 크다.

리뷰와 회고를 진행할 때 애자일팀은 요구사항 문제에 특히 주의를 기울여야 한다. 팀이 사용자 스토리를 잘못 이해했다는 걸 알았다면 요구사항 기술을 향상하기 위해 집중적으로 노력해야 한다.

다음 요구사항 자체 평가를 통해 관련 지식을 확인해 보자. 대부분의 용어가 익숙하지 않은가? 소프트웨어 요구사항 평가는 잘 발달된 분야이므로 좋은 기술을 많이 사용할 수 있다.

요구사항 자체 평가

☐ 인수 테스트 주도 개발   ☐ 래더링 질문법[4]

☐ 행위 주도 개발   ☐ 린 캔버스

☐ 체크리스트   ☐ 최소기능제품(MVP)

☐ 컨텍스트 다이어그램   ☐ 퍼소나

☐ 엘리베이터 피치   ☐ 프랭귀지[5]

☐ 이벤트 목록   ☐ 보도자료

☐ 극한 사용자[2]   ☐ 제품 비전

☐ 5why 기법[3]   ☐ 프로토타입

☐ 고충 지도   ☐ 시나리오

☐ 임팩트 매핑   ☐ 스토리 매핑

☐ 인터뷰   ☐ 사용자 스토리

---

2 (옮긴이) 제품, 브랜드 또는 사용자 인터페이스의 엣지 케이스 사용자를 나타내기 위해 사용자 중심 디자인 내에서 쓰이는 방법론. 익스트림 유저라고도 함. *https://en.wikipedia.org/wiki/Extreme_users*

3 (옮긴이) 도요타에서 제조 품질 혁신을 위해 사용된 방법으로 문제의 근본적인 원인이 나올 때까지 묻는 기법.

4 (옮긴이) 5Why의 변형이다.

5 (옮긴이) 플래닝 랭귀지라고도 하며, 요구사항 및 프로젝트 관리에 대한 원칙, 프로세스, 규칙 및 기술 모음을 설명하기 위해 작성자인 톰 길브(Tom Gilb)가 지정한 이름이다.

📋 애자일 리더를 위한 To Do List

☑ 검토하기

- '사전'과 '적시'를 기반으로 요구사항에 접근하는 팀의 방식을 검토한다. '요구사항 손상 비율(쓸모없어졌거나 요구사항을 정의하고 이를 구현하는 시간 사이에 재정의해야 하는 요구사항의 비율)'이 얼마나 되는가?

- 요구사항을 도출하려고 하향식 혹은 상향식 접근방식을 사용하는가? 그 가운데 이 장에서 다룬 일반적인 문제가 어느 정도로 일어나고 있는가? 팀에 그것을 설명할 계획이 있는가?

- 팀의 백로그 상태 파악을 목표로 백로그 정제 세션에 참석하자. 스프린트 기간 중에 효율적인 스프린트 계획과 개발 작업을 지원하기 위해 요구사항을 충분히 정의하고 있는가?

- 팀이 준비 정의를 문서화하고 이를 사용하고 있는지 살펴본다.

- 지난 스프린트 리뷰와 회고를 검토하고, 완료할 수 없었던 백로그 항목을 식별하자. 향후 이러한 일이 발생하지 않도록 조치를 취했는가?

☑ 적용하기

- 준비 정의를 만들도록 한다.
- 제품 백로그 정제가 제때 이루어지도록 한다.

더 읽을 거리

- Wiegers, Karl and Joy Beatty. 2013. *Software Requirements, 3rd Ed*
  (《소프트웨어 요구사항 3: 모든 프로젝트 이해관계자가 알아야 할 요
  구공학의 정석과 실천법》, 위키북스).
  순차 작업과 애자일 작업의 요구사항 사례들을 읽기 쉽게 포괄적으
  로 설명한다.

- Robertson, Suzanne and James Robertson. 2013. *Mastering the Re-
  quirements Process: Getting Requirements Right, 3rd Ed.*
  첫 번째로 소개한 책을 보완하기에 좋다.

- Cohn, Mike. 2004. *User Stories Applied: For Agile Software Develop-
  ment*(《사용자 스토리: 고객 중심의 요구사항 기법》, 인사이트).
  사용자 스토리의 안팎에 초점을 맞추고 있다.

- Adzic, Gojko and David Evans. 2014. *Fifty Quick Ideas to Improve
  Your User Stories.*
  제목에서 알 수 있듯이 짧은 분량에 사용자 스토리를 개선하기 위한
  많은 제안이 담겨 있다.

14

애자일 요구사항 우선순위 매기기

애자일 개발의 주요 강조점 가운데 하나는 비즈니스 우선순위가 높은 순에서 낮은 순으로 기능을 전달하는 일이다. 우선순위가 가장 높은 스토리는 다음 스프린트에서 추가적으로 정제하고 구현하도록 백로그 맨 위로 이동한다. 또한 우선순위는 스토리에서 구현할 것과 그렇지 않을 것을 결정하는 데도 사용된다.

요구사항에 우선순위를 정하는 것은 언제나 유용하지만 애자일 프로젝트에서 요구사항 우선순위는 보다 중요하다. 이를 지원하기 위해 몇 가지 정말 효과적인 기법이 만들어졌다. 먼저 애자일 프로젝트에서 요구사항 우선순위를 정하는 데 가장 책임 있는 역할을 살펴보자.

일 잘하는 PO의 조건

4장 '스크럼의 기쁨과 슬픔'에서 설명한 것처럼 스크럼에서 가장 일반적인 실패 유형 가운데 하나는 비효율적인 프로덕트 오너이다. 우리 회사의 경험에 따르면 효과적인 PO는 다음과 같은 자질을 지닌다.

도메인 영역 전문성 효과적인 PO는 애플리케이션과 관련된 서비스, 산업 및 고객 전문가이다. 업계를 이해하고 있기에 최소기능제품MVP에 실제로 필요한 것이 무엇인지 알고 있고, 팀의 결과물에 우선순위를 부여하는 토대를 마련한다. 기술팀에 비즈니스 맥락을 전달하는 데 필요한 기술을 갖고 있다.

소프트웨어 요구사항 기술 효과적인 PO는 특정 환경에 적합한 요구사항을 정의하는 데 필요한 세부 수준과 유형을 이해한다(비즈니스 시스템의 요구사항과 의료기기에 필요한 세부사항의 수준은 다르다). PO는 요구사항과 설계의 차이를 이해한다. PO는 '무엇'에 집중하고 '어떻게'는 개발팀에 맡긴다.

퍼실리테이션 기술 강력한 PO는 공통의 목표로 사람들을 모을 수 있다. 소프트웨어 요구사항 작업은 비즈니스와 기술적인 목표 간 균형, 팀 내부의 기술적 고민과 더 크고, 조직적인 아키텍처와 관련된 우려 사이의 균형, 시로 나른 제품 이해관계자 간 갈등, 그 외 다른 긴장 등 경쟁적인 이해관계를 조정하는 일이다. 효과적인 PO는 이해관계자들이 강력한 제품을 위해 서로 다른 관점으로 일할 수 있도록 돕는다.

용기 효과적인 PO는 때때로 의사결정할 수 있어야 한다. 효과적인 PO는 독재적이지 않지만 언제 리더십을 발휘해 의사결정을 내려야 할지, 언제 집단의 결정을 따라야 할지 알고 있다.

효율적으로 일하는 능력 효과적인 PO는 에너지 수준이 높고, 백로그 개선을 위해 사전 대책을 강구하고, 회의를 생산적으로 주도하며, 일관되게 후속 조치를 취하는 효율성도 갖고 있다.

이러한 바람직한 특성은 효과적인 PO가 지니는 배경 가운데 일부이다. 이상적인 PO는 엔지니어링 지식에 현장과 비즈니스 경험을 갖고 있지만 앞서 언급했듯이 적절하게 교육하면 비즈니스 분석가, 고객 지원 직원, 테스터 모두 우수한 PO로 거듭날 수 있다.

티셔츠 사이즈

《소프트웨어 추정: 그 마법을 파헤치다》에서 내가 언급했듯이 '티셔츠 사이즈'는 대략적인 투자 수익을 기반으로 부분적으로 구체화된 기능의 우선순위를 정하는 유용한 방법이다.

여기서 기술 직원은 각 스토리의 크기(개발 비용)를 관련 있는 다른 스토리와 비교하여 스몰, 미디엄, 라지, 엑스트라 라지(소형, 중형, 대형, 특대형)로 분류한다('스토리'는 피처, 요구사항, 에픽 등이 될 수 있다). 이와 동시에 고객, 마케팅, 영업 혹은 다른 비기술 이해관계자는 스토리의 비즈니스 가치를 동일한 기준으로 분류한다. 표 14-1은 이러한 두 가지 항목을 합친 것이다.

이렇게 비즈니스 가치와 개발 비용 간의 관계를 형성함으로써 비기술 이해관계자는 "스토리 B의 비즈니스 가치는 스몰이기 때문에 만약 개발 비용이 라지라면 없어도 됩니다"라고 말할 수 있다. 이는 스토리 정교화 초기 단계에 내릴 수 있는 엄청나게 유용한 의사결정이다. 어느 정도의 정제, 아키텍처, 디자인 작업 등을 거쳐 스토리를 전달하더라도 결과적으로는 비용을 정당화할 수 없는 스토리에 노력을 쏟는 수도 있다. 소프트웨어에서 빠른 '아니오'의 가치는 높다. 티셔츠 사이즈를 활용하면 스토리를 전달하지 않고도 프로젝트 초기에 스토리를 배제하는 의사결정을 할 수 있다.

스토리	비즈니스 가치	개발 비용
스토리 A	라지(대형)	스몰(소형)
스토리 B	스몰(소형)	라지(대형)
스토리 C	라지(대형)	라지(대형)
스토리 D	미디엄(중형)	미디엄(중형)
스토리 E	미디엄(중형)	라지(대형)
스토리 F	라지(대형)	미디엄(중형)
…		
스토리 ZZ	스몰(소형)	스몰(소형)

표 14-1 비즈니스 가치와 개발 비용으로 스토리를 분류하는 티셔츠 사이즈

스토리를 대략적인 비용이나 이익 순으로 분류할 수 있다면 무엇을 가져가고 무엇을 버릴지 논의하기가 더 쉬워진다. 일반적으로 이는 개발 비용과 비즈니스 가치를 조합하여 '순사업가치'net business value를 할당하는 방식이다.

표 14-2는 각 조합에 순사업가치를 할당하는 한 가지 가능한 방식을 보여 준다. 이 계획을 사용하거나 각자 환경에서 개발 비용과 비즈니스 가치 조합으로 발생하는 결과를 보다 정확하게 반영하는 계획을 자체적으로 세울 수 있다.

비즈니스 가치	개발 비용			
	엑스트라 라지(특대형)	라지 (대형)	미디엄 (중형)	스몰 (소형)
엑스트라 라지(특대형)	1	5	6	7
라지 (대형)	–4	1	3	4
미디엄 (중형)	–6	–2	1	2
스몰 (소형)	–7	–3	–1	1

표 14-2 개발 비용과 비즈니스 가치 관계에 기반한 대략적인 순사업가치

이 표를 사용해 초기 비용/이익 표에 세 번째 열을 추가하면 표 14-3에 보이는 것과 같이 대략적인 순사업가치를 기준으로 표를 정리할 수 있다.

스토리	비즈니스 가치	개발 비용	대략적인 순사업가치
스토리 A	라지(대형)	스몰(소형)	4
스토리 F	라지(대형)	미디엄(중형)	3
스토리 C	라지(대형)	라지(대형)	1
스토리 D	미디엄(중형)	미디엄(중형)	1
스토리 ZZ	스몰(소형)	스몰(소형)	1
스토리 E	미디엄(중형)	라지(대형)	–2
…			
스토리 B	스몰(소형)	라지(대형)	–3

표 14-3 대략적인 순사업가치에 따른 티셔츠 사이즈 추정치

'대략적인 순사업가치' 열은 근사치이다. 단순히 목록을 나열하고 선을 긋는 건 제안하지 않는다. 대략적인 사업가치에 따라 순위를 매기면 목록의 맨 위에 있는 스토리에 빠르고 확실하게 '예스'라고 대답하고, 맨 아래에 있는 스토리에 빠르고 확실하게 '노'라고 결정을 내릴 수 있다. 중간에 있는 항목에 대해서는 더 논의해야 한다. 순사업가치는 근사치이므로 세부사항을 살펴보면 가치가 1인 스토리인데 가치가 2인 스토리보다 더 나은 경우를 가끔 보게 될 것이다.

여기서는 개발 비용과 비즈니스 가치에 동일하게 티셔츠 척도를 사용했다. 스토리가 스토리 포인트를 할당할 만큼 충분히 다듬어졌다면, 스토리 포인트를 개발 비용으로 사용하고 비즈니스 가치는 티셔츠 사이즈로 표현해도 이 기술은 동일하게 잘 작동한다. 여전히 대략적인 순사업가치를 계산하여 ROI가 가장 높은 아이디어를 맨 위로 올릴 수 있다. 이는 개발 비용에 어떤 척도를 사용하든 관계없이 가능하다.

스토리 매핑

제품 백로그는 종종 수십, 수백 개의 스토리로 구성되기 때문에 우선순위를 혼동하기 쉽고, 각 스프린트가 끝날 때 전달되는 항목들이 개별적으로는 가장 우선순위가 높은 백로그 항목일지라도 그 집합에는 일관성이 없다.

스토리 매핑Story Mapping은 스토리가 전달되는 순서의 우선순위를 지정하는 동시에 스토리 모음을 일관성 있는 패키지로 만드는 강력한 기술이다[Patton, 2014]. 또한 요구사항 도출, 분석, 명세에 도움이 되며 개발 중 상태 추적도 돕는다.

스토리 매핑은 팀 전체와 함께 수행하며 3단계로 구성된다.

1. 포스트잇에 주요한 기능 덩어리를 적어 넣고, 왼쪽에서 오른쪽으로 우선순위가 높은 순에서 낮은 순으로 정렬한다. 주요한 기능 덩어리는 피처, 에픽이나 큰 스토리, 테마, 이니셔티브, 기타 대규모 요구사항으로 구성된다. 이후로는 이를 에픽이라고 부르겠다.
2. 최상위 수준의 에픽을 단계나 테마로 분해한다. 이 정교화 작업은 에픽의 우선순위를 바꾸지는 않는다.
3. 포스트잇에 각 단계 혹은 테마를 스토리로 분해한다. 이를 우선순위에 따라 각 단계나 테마 아래에 배치한다.

이 과정에서 요구사항을 우선순위에 따라 왼쪽에서 오른쪽, 위에서 아래로 나열하는 스토리 맵이 생성된다.

1단계 : 에픽과 기타 최상위 기능 우선순위 지정하기

그림 14-1과 같이 포스트잇을 왼쪽에서 오른쪽으로 붙여 최상위 기능의 우선순위를 정한다.

그림 14-1 스토리 매핑은 에픽이나 기타 최상위 기능 항목을 우선순위에 따라 왼쪽에서 오른쪽으로 나열하는 것으로 시작한다.

에픽은 22장 '애자일 포트폴리오 관리'에서 다루는 가중치를 고려한 최단 작업 우선하기Weighted Shortest Job First, WSJF를 포함하여 티셔츠 사이즈나 다른 기술을 사용해 우선순위를 정한다.

스토리 맵의 오른편에 있는 우선순위가 낮은 에픽은 릴리스에 포함될 만큼 중요하지 않을 수 있다. 그렇다면 마찬가지로 MVP에 포함될 만큼 중요하지 않다고 볼 수 있다.

2단계 : 최상위 에픽을 단계나 테마로 쪼개기

대부분의 에픽은 순차적인 단계를 따라 직관적으로 설명된다. 일부는 순차적인 단계로 구성되지 않고 그림 14-2에서처럼 테마로 쪼개진다.

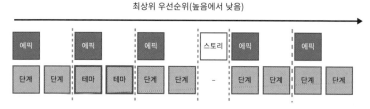

그림 14-2 스토리 매핑은 에픽의 우선순위를 변경하지 않고 에픽 아래에 단계나 테마를 나열한다.

단계와 테마로 쪼개는 2단계를 스토리 매핑에서는 '중추'backbone라고 부른다. 중추를 따라 구축 중인 기능 전체에 대한 일관된 설명이 제공돼야 한다.

3단계 : 각 단계나 테마를 우선순위가 있는 스토리로 쪼개기

중추 아래에서 각 단계나 테마가 하나 이상의 스토리로 더 나눠진다. 이는 그림 14-3과 같이 티셔츠 사이즈나 팀의 비공식적인 판단을 사용하여 위에서 아래로 우선순위에 따라 정렬된다.

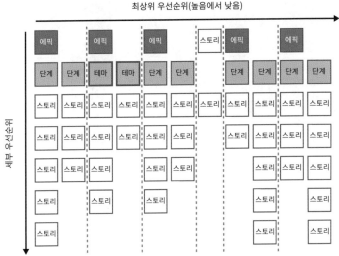

그림 14-3 팀은 각 단계나 테마를 스토리로 쪼개고 우선순위에 따라 왼쪽에서 오른쪽, 위에서 아래로 정렬한다.

각 단계나 테마(주제) 하단에 있는 스토리의 수직 스택을 스토리 매핑에서는 '갈비뼈'rib라고 부른다. 작업을 일관적으로 구현되게 만드는 중추 바로 아래에 있는 최소한의 스토리 집합은 '걸어 다니는 뼈대'walking skeleton이다. 걸어 다니는 뼈대는 일관적이지만 이를 넘어 추가적인 스토리를 필요로 하는 MVP가 되기에는 충분치 않다.

이러한 용어들이 스토리 맵에 어떻게 적용되는지 그림 14-4에 나와 있다.

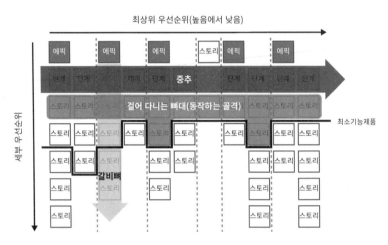

그림 14-4 중추 바로 아래에 있는 기능의 가로 묶음은 '걸어 다니는 뼈대'라 부르며 릴리스에 대한 최소한의 일관된 구현을 구성한다. MVP는 일반적으로 걸어 다니는 뼈대 이상의 기능을 포함한다.

팀은 일관성 있는 릴리스에 추가되지 않는 긴 세부기능 목록을 정의할 수 있다. 중추, 걸어 다니는 뼈대, MVP를 정의함으로써 개발팀은 우선순위가 높고 일관성 있는 기능을 전달하는 명확한 방향성을 얻는다.

스토리 매핑과 사용자 역할

상단에 에픽 대신 사용자 역할을 배치하여 왼쪽에서 오른쪽으로 우선순위를 지정한 다음 그 아래에 에픽을 쪼개는 식으로 쓸모 있게 변형하기도 한다.

정보 방열기

효과적인 애자일 실천법은 업무를 시각화해야 한다고 강조한다. 단지 웹 페이지에서 작업에 접근하는 것만이 아니라 업무 환경에도 가시적인 부분이 있어야 한다. 벽에 붙은 스토리 맵은 팀의 우선순위, 현재 과제, 향후 작업 흐름을 끊임없이 상기시킨다. 애자일팀은 이러한 종류의 디스플레이를 '정보 방열기'Information Radiator라고 부른다. 연구에 따르면 이러한 시각적 디스플레이는 전달 성능을 향상시키는 데 필수다[Forsgren, 2018].

순차 개발 더하기 애자일 개발

스토리 매핑은 소프트웨어 개발의 무게 중심이 완전한 순차 개발에서 초기 애자일로 전환된 과정을 보여 주는 흥미로운 사례이며, 이제 그 무게 추는 더 나은 애자일로 방향을 바꾸었다. 초기 애자일 개발은 모든 비용을 사전 요구사항 작업에 들이지 않고 적기에 요구사항을 수행하여 적시에 완료하게 했다. 애자일 개발과 밀접한 관련이 있는 스토리 매핑은 사전에 요구사항을 구성하고 우선순위를 지정하는 접근방식이다. 하지만 이는 완전히 정교한 요구사항을 사전에 만드는 낡은 순차적 방식이 아니다. 스토리 매핑은 릴리스의 넓은 범위를 사전에 정의할 수 있게 돕고, 릴리스 전체에 걸쳐 점진적으로 요구사항을 구체화하도록 지속적으로 우선순위와 지침을 제공한다.

스토리 매핑은 순차 개발과 애자일 개발을 합쳐 두 세계의 장점을 모두 제공할 수 있는 대단한 방법이다. 스토리 매핑은 사전에 요구사항을 식별하고 구현 직전에 이를 구체화한다. 이는 우선순위에 따라 기능을 제공하지만 큰 그림을 놓치는 일반적인 애자일 실패 유형을 방지한다.

또한 스토리를 왼쪽에서 오른쪽으로, 위에서 아래로 나열하면서 에픽에서 누락된 단계나 잘못 매겨진 우선순위 등의 실수가 드러난다.

유용한 기술들

요구사항 도출과 마찬가지로 요구사항의 우선순위를 정하는 일은 수십 년 동안 까다로운 문제였다. 티셔츠 사이즈와 스토리 매핑 외에도 다음과 같은 유용한 기술을 고려해 보자.

점 투표

점 투표dot voting에서 각 이해관계자는 동일한 개수의 점(예를 들면, 점 10개)을 받는다. 이해관계자는 적합하다고 생각하는 수준으로 요구사항에 점을 할당한다. 점 10개를 1개의 요구사항에 모두 줄 수도 있고, 10개의 다른 요구사항에 각각 점 1개씩 줄 수도 있고, 점 5개를 하나에 주고 남은 점을 각각 하나씩 줄 수도 있다. 모두 가능하다. 이렇게 하면 그룹의 우선순위를 빠르게 찾을 수 있다.

MoSCoW

'MoSCoW'는 Must have(필수), Should have(희망), Could have(선택), Won't have(보류)의 연상 기호이다. 이는 제안된 요구사항을 카테고리로 분류하는 데 유용하다.

MVE

MVE는 '최소실행가능실험'Minimum Viable Experiment의 약자로 팀에 귀중한 피드백을 제공할 수 있는 작은 릴리스를 말한다. MVE는 커네빈의 복잡함 영역의 작업을 지원한다. 가능한 제품 방향을 찾는 데 사용되는 탐색기이다.

MVP의 대안

어떤 팀에서는 최소기능제품을 최소로 유지하는 것이 어렵다. 이러한 문제에 맞닥뜨리면 가장 빨리 테스트할 수 있는 제품, 가장 빨리 사용할 수 있는 제품, 가장 빨리 매력 있는 제품을 내놓는 것을 포함해 '최소'의 대체 공식을 고민하자.

WSJF(가중치를 고려한 최단 작업 우선하기)

WSJF는 작업이 수행되는 순서를 바탕으로 가치를 최대화하는 기술이다. 22장에서 자세히 다룬다.

📋 애자일 리더를 위한 To Do List

☑ 검토하기

- 팀에서 프로덕트 오너 역할을 맡고 있는 직원을 평가하자. 중요한 역할을 맡은 프로덕트 오너는 얼마나 효과적인가? 팀의 효율성을 높이고 있는가, 아니면 사슬의 약한 연결 고리인가?
- 팀이 요구사항 우선순위를 정하는 데 사용하는 기술을 살펴보자. 해당 기술이 ROI에 따라 우선순위를 정하는가?
- 팀이 큰 그림을 고려하지 않고 그저 비즈니스 가치를 내림차순으로 정렬하여 세부적인 기능을 구현하고 있지는 않은지 살펴보자.

☑ 적용하기

- 프로덕트 오너가 효과적이지 않다면 역량을 발전시키거나 교체하자.
- 팀과 협력하여 티셔츠 사이즈나 스토리 매핑과 같은 기술을 적용해 제품 백로그 항목의 우선순위를 정하자.
- 팀과 협력하여 일관된 기능 패키지를 꾸리는 스토리 매핑을 구현하자.

더 읽을 거리

- Patton, Jeff. 2014. *User Story Mapping: Discover the Whole Story, Build the Right Product*(《사용자 스토리 맵 만들기》, 인사이트).

  사용자 스토리 매핑의 권위자로 인정받는 제프 패튼의 저서이다.

- McConnell, Steve. 2006. *Software Estimation: Demystifying the Black Art*(《소프트웨어 추정: 그 마법을 파헤치다》, 정보문화사).

  이 책 12.4절에 티셔츠 사이즈에 대해 더 자세히 설명해 놓았다.

15

애자일 전달

전달Delivery은 나머지 개발 프로세스를 하나로 합치는 활동이다. 따라서 전달은 더 효과적인 애자일 개발의 여러 측면을 논의할 수 있는 유용한 관점을 제공한다.

이번 장에서는 전달과 배포를 모두 다룬다. '전달'은 배포하는 데 필요한 모든 방법으로 소프트웨어를 준비하되 실제로는 배포하지 않는 것을 말한다. '배포'는 소프트웨어를 운영 서버로 밀어 넣는 마지막 단계의 수행을 의미한다.

전달에 필요한 마지막 단계는 통합이다. 애자일 개발의 목표는 지속적 통합CI과 지속적 전달 혹은 배포CD이다. CI와 CD는 데브옵스DevOps의 초석이다.

지속적 통합이 말 그대로 '지속적'으로 실행되는 것은 아니다. 이는 개발자가 일반적으로 하루에도 여러 번 공유 저장소의 코드를 자주 확인하는 것을 의미한다. 마찬가지로 지속적 전달도 말 그대로 '지속적'이란 의미는 아니다. 실제로는 빈번하고 자동화된 전달을 뜻한다.

핵심 원칙 **반복적인 활동 자동화하기**

소프트웨어 개발 활동은 요구사항이나 설계와 같이 개방적이고 창의적이며 비결정적인 활동에서 자동화 테스트, 저장소 커밋, 사용자 인수 테스트, 스테이징 및 프로덕션(운영)과 같이 폐쇄적이고 결정적인 활동으로 흐르는 경향이 있다. 사람은 사고를 필요로 하는 보다 개방적인 업스트림 활동에 능하고, 컴퓨터는 반복적으로 실행해야 하는 보다 결정적인 다운스트림 활동에 능하다.

전달과 배포에 가까워질수록 컴퓨터가 작업을 수행하도록 자동화하는 것이 더 합리적이다. 일부 기업의 이상적인 목표는 완전히 자동화된 배포이며, 여기에는 반복 작업 자동화를 포함한 완전히 자동화된 배포 파이프라인이 필요하다. 그림 15-1은 어떤 작업을 잠재적으로 자동화할 수 있는지 보여 준다.

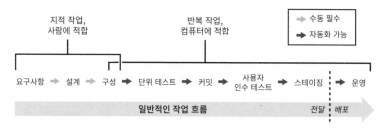

그림 15-1 소프트웨어 작업이 배포에 가까워질수록 자동화에 더 적합하다.

배포 빈도는 본질적으로 무한히 늘어날 수 있다. 아마존은 수년간 몇 초마다 배포해 왔으며, 시간당 1000건 정도 배포하고 있다[Jenkins, 2011]. 대부분의 조직은 이처럼 자주 배포할 사업적인 이유가 없지만 아마존은 사실상 어떤 빈도로도 배포할 수 있다는 것을 보여 준다.

그림 15-1에서 알 수 있듯이 자동화된 배포를 달성하기 위한 핵심 아이디어는 자동화할 수 없는 요구사항, 설계, 구성을 전달과 배포에서 분리하는 것이다.

파이프라인의 후반 단계를 자동화하면 효율성이 향상되고 배포가 빨라진다. 사람이 얻는 이점도 있다. 자율성, 숙달성, 목적성 관점에서 보면 자동화는 동기부여도 증가시킨다. 성장 기회가 없는 반복 작업은 없애고, 성장 기회를 제공하는 업스트림 활동에 쓰일 시간을 확보한다.

CI/CD를 지원하려면?

CI/CD를 지원하기 위해서는 몇 가지 작업 방법이 필요한데 그중 일부는 앞서 다루었다.

거의 모든 것(대부분)을 자동화하기

CI/CD를 완전하게 달성하려면 전체 개발 환경을 자동화해야 한다. 여기에는 코드, 시스템 구성, 애플리케이션 구성, 빌드, 구성 스크립트와 같이 버전 지정이 불가능한 산출물의 버전 관리가 포함된다.

자동화 테스트 더욱 강조하기

자동화 테스트 환경은 단위 테스트, API 테스트, 통합 테스트, UI 레이어 테스트, 임의 입력 테스트, 임의 데이터 테스트, 부하 테스트 등을 포함하며, 여러 유형의 자동화 테스트를 통과하도록 제안된 각 변경사항을 지원해야 한다.

CI/CD의 주요 이점은 오류 삽입 또는 허용되지 않는 성능 저하로 인해 수용할 수 없는 변경사항을 자동으로 감지하고 거부하는 것이다.

배포 능력 우선순위 높이기

자동화된 배포 파이프라인을 유지하는 일에는 노력이 필요하고, CI/CD가 동작하려면 새로운 작업을 수행하는 것보다 시스템을 배포 가능한 상태로 유지하는 일에 우선순위를 두어야 한다[Humble, 2015]. 자동화된 배포 파이프라인을 유지하기보다 새로운 작업을 우선시하는 선택은 장기적으로 고통과 속도 저하를 초래한다.

완료 정의 확대하기

완료 정의는 모든 프로젝트에서 중요한 개념이지만, CI/CD 환경에서는 그 세부 내용이 더 중요해진다.

CI/CD 환경에서 DoD는 단위 테스트, 인수 테스트, 회귀 테스트, 스테이징, 버전 관리에 관한 표준을 포함해야 한다. 그림 15-2는 이러한 환경에 적합한 DoD를 보여 준다.

증분을 쌓는 업무 방식 강조

결함 삽입과 감지 사이의 간격을 최소화하는 목표를 지원하려면 몇 가지 조치를 취해야 한다.

- 코드를 자주(적어도 매일, 가급적 더 자주) 커밋 또는 푸시한다.
- 깨진 코드를 커밋하거나 푸시하지 않는다.

```
☐  제품 증분의 모든 PBI가 인수 기준 만족*

☐  정적 코드 분석 통과

☐  단위 테스트 오류 없이 통과

☐  단위 테스트로 70% 커버리지 충족

☐  시스템 테스트와 통합 테스트 완료

☐  모든 회귀 테스트 통과*

☐  운영 환경에서 시연(스테이징)*

☐  코드가 버전 관리 시스템 안에 들어 있고 릴리스 가능하거나 릴리스됨*

☐  …
```

그림 15-2 CI/CD 환경에서의 완료 기준. 별표 표시 항목은 단일 프로젝트의 DoD와 다르다.

- 깨진 빌드를 포함해 배포 파이프라인 장애를 즉시 해결한다.
- 자동화 테스트 코드를 작성한다.
- 모든 테스트를 통과한다.

이러한 방법은 새로운 피처를 추가하거나 수정할 때마다 팀의 소프트웨어가 릴리스 가능한 상태인지 보장하는 데 유용하다.

전체 개발 효율성 척도로 지속적 배포 사용하기

컴퓨터가 할 수 있는 일을 인간이 반복해서 하는 것은 일종의 낭비다. 운영 서버로 변경된 코드를 가져오는 데 걸리는 시간은 파이프라인 전체에서 수작업이 얼마나 많이 발생하는지 측정할 수 있는 유용한 지표이다.

배포에 걸리는 시간을 측정하면 테스트 자동화(빌드, 릴리스, 배포 프로세스의 단순화와 자동화)를 늘릴 수 있다. 테스트와 배포 가능성을 염두에 두고 애플리케이션을 설계하는 데 더 중점을 둘 수 있다. 또한 더 작은 배치로 기능을 개발하고 배포할 수 있게 된다.

험블, 몰레스키, 오라일리는 "아프면 더 자주 하고 고통을 앞당기라"고 권한다[Humble, 2015]. 고통스러우면 고통스럽지 않도록 자동화하라. 자동화에 적합한 다운스트림 활동의 경우 이는 훌륭한 조언이다.

학습 속도는 빨라지고 수정 비용은 줄어들고

CI/CD는 분명한 이점과 분명하지 않은 이점을 모두 제공한다. 분명한 이점은 새로운 기능을 사용자의 손에 더 빠르게 자주 전달한다는 점이다. 다음과 같은 CI/CD의 분명하지 않은 이점이 더 중요하다.

팀이 더 빨리 배운다. 개발, 테스트, 릴리스, 배포 주기를 더 자주 거치며 빈번한 학습 기회를 얻기 때문이다.

결함이 삽입 시점에 더 빨리 감지되므로 11장 '애자일 품질'에서 논의한 것처럼 수정 비용이 적게 든다.

사람의 실수로 인해 릴리스가 실패할 염려 없이 푸시 버튼 릴리스가 쉬워지기 때문에 팀이 스트레스를 덜 받는다.

배포를 보다 안정적이고 규칙적으로 수행할 수 있게 되면 일반적인 업무 시간 중에 릴리스를 수행할 수 있다. 실수가 발견되면 피곤한 당직자뿐만 아니라 팀 전체가 참여한다.

드물게 릴리스하는 미션 크리티컬 소프트웨어Mission Critical Software를 작업하는 경우라도 하루에 여러 번 릴리스하는 것을 강조하면 도움이 된다. 내부적으로만 가능해도 자주 릴리스하면 품질을 지속적으로 고려할 수 있다. 릴리스를 완료할 수 없을 때마다 원인을 이해하고 개선하는 기회를 얻기 때문에 팀의 학습이 가속화된다.

마지막으로 이 장 초반에 설명한 것처럼 CI/CD는 팀이 더 높은 성장 기회를 제공하는 작업에 더 많은 시간을 할애할 수 있도록 함으로써 동기를 높인다.

실제로 지속적 전달을 실행하고 있는가?

소프트웨어 업계에서 'CI/CD'라는 말은 흔하게 쓰이는데, 이는 조직들이 일상적으로 지속적인 통합과 전달을 수행하고 있음을 시사한다. 그러나 대부분의 조직이 CI/CD 가운데 'CD'는 실행하고 있지 않다. 디존 리서치DZone Research 보고서에 따르면, 50%의 조직이 CD를 구현했다고 믿지만 실제로 교과서적인 정의를 충족시킨 곳은 18%에 불과하다[DZone Research, 2015].

CI는 CD의 전제 조건이므로 CI 환경을 먼저 올바르게 만드는 것이 이치에 맞다. 하루에 수백 번씩 배포하는 넷플릭스나 아마존과 같은 환경에 대한 최근 관심에도 불구하고 매주, 매월, 매 분기 혹은 그 이하로 배포하는 환경은 흔히 볼 수 있으며 가까운 미래에도 그러할 것이다. 임베디드 시스템, 하드웨어와 소프트웨어 결합 제품, 규제 대상 시스템, 엔터프라이즈 환경 또는 잦은 릴리스를 허용할 수 없는 레거시 시스템에서 작업하는 경우도 있다. 그러나 CI의 반복적인 부분을 자동화하면 여전히 이득을 얻는다. 또한 지속적인 배포가 바람직하지 않더라도 지속적인 전달과 관련된 원칙을 활용할 수 있다.

이는 애자일 경계의 개념이 유효한 영역이다. CI는 포함하지만 CD는 포함하지 않도록 애자일 경계를 그리는 게 합리적인 때가 있다.

애자일 경계는 내부 개발 조직과 마찬가지로 외부 고객에게도 적용된다. 우리는 실제로 릴리스하는 것보다 더 자주 소프트웨어를 외부에 릴리스할 수 있는 능력을 갖추었지만, 릴리스 빈도는 낮은 조직과 협력했다. 그들이 자주 릴리스하지 않은 이유는 고객이 요청했기 때문이다. 그들의 고객은 애자일 경계의 반대편에 있다. 그럼에도 그들은 이 장에 설명한 이점을 얻기 위해 내부적으로 자주 릴리스를 한다.

📋 애자일 리더를 위한 To Do List

☑ 검토하기

- 전달과 배포 파이프라인의 자동화 범위를 숙지하자.
- 팀을 인터뷰하여 자동화할 수 있는 반복적인 전달과 배포 활동에 얼마나 많은 노력을 기울이고 있는지 확인하자.
- 여전히 수동으로 수행 중인 전달과 배포 프로세스 목록을 만들자. 무엇이 푸시 버튼으로 전달 또는 배포하는 일을 막고 있는가?
- 팀의 업무가 빈번한 통합을 지원하는 수준으로 계획되어 있는지 살펴보자.
- 코드 변경에서 소프트웨어 배포까지 리드타임(걸리는 시간)을 측정해 보자.

☑ 적용하기

- 팀이 작업을 자주, 최소한 매일 통합하도록 장려하자.
- 자동화된 전달과 배포를 지원하는 완료 정의를 만들자.
- 팀이 최대한 많이 빌드와 배포 환경을 자동화할 수 있도록 계획을 세우자.
- 전달과 배포 파이프라인이 계속 작동하도록 하는 작업이 새로운 기능을 만드는 것보다 우선순위가 높다는 점을 팀에 전달하자.
- 코드 변경에서 배포까지의 리드타임을 줄이기 위한 정량적 목표를 설정한다.

더 읽을 거리

- Forsgren, Nicole, et al. 2018. *Accelerate: The Science of Lean Software and DevOps: Building and Scaling High Performing Technology Organizations*(《디지털 트랜스포메이션 엔진: 고성과 기술 조직 구축 및 진화》, 에이콘출판).

  효과적이고 건강한 전달 조직의 중심이 되는 배포 파이프라인에 대한 설득력 있는 사례를 제시한다.

- Nygard, Michael T. 2018. *Release It!: Design and Deploy Production-Ready Software, 2nd Ed*(《RELEASE IT: 성공적인 출시를 위한 소프트웨어 설계와 배치(1판)》, 위키북스).

  더 빠르고 안정적인 배포와 관련한 문제뿐만 아니라 아키텍처 및 설계 이슈도 다룬다.

더 효과적인
조직

More Effective Organizations

4부에서는 조직의 최상위 수준에서 가장 잘 해결할 수
있으며 경우에 따라 최상위 수준에서만 해결할 수 있는
애자일 개발 문제를 다룬다.

16

애자일 리더십

애자일 마니아들은 '서번트 리더십'servant leadership에 의존해 애자일을 구현한다고 말한다. 이 말이 사실이라고 믿지만, 애자일 적용에 특별히 유용하다고 하기에는 너무 모호하다. 보다 직접적인 지침이 필요하다. 전면적으로 애자일을 도입하기로 결정했든 덜 광범위하게 적용하기로 결정했든지 간에 리더십은 애자일 구현의 성패를 좌우하므로 이번 장에서 다루는 내용은 모두 핵심 원칙이다.

핵심 원칙 세부사항이 아닌 성과 관리하기

조직은 그들이 만든 약속과 그들이 지키는 약속에 따라 살고 죽는다. 효과적인 애자일 구현은 팀에 대한 약속과 팀에서 만들어진 약속, 리더십에 대한 약속과 리더십에서 만들어진 약속으로 이루어진다.

애자일팀(특히 스크럼팀)은 각 스프린트가 끝날 때 스프린트 목표를 달성할 수 있도록 리더십에 따른다. 밀도 높은 스크럼을 구현할 때 약속은 절대적인 것으로 간주된다. 팀은 스프린트 목표를 달성하기 위해 전력을 다한다.

대신 리더십은 스프린트가 신성불가침하다는 것을 스크럼팀에 약속한다. 리더십은 스프린트 진행 도중 요구사항을 변경하거나 팀을 방해하지 않는다. 기존의 순차 프로젝트에서는 프로젝트 주기가 너무 길어 상황이 바뀔 수밖에 없었기 때문에 이러한 약속이 합리적인 기대가 아니었다. 스크럼 프로젝트에서는 스프린트가 보통 1~3주에 불과하므로 전적으로 타당하다. 이 기간 동안 조직이 생각을 바꾸지 않고 초점을 유지할 수 없다면 스크럼 구현이 작동하는지 여부보다 더 큰 문제를 안고 있는 것이다.

팀과 스프린트를 블랙박스로 취급하고 스프린트의 투입과 결과만 관리한다는 발상은 비즈니스 리더들이 마이크로 매니지먼트를 피하도록 돕고 리더십을 갖고 행동할 수 있도록 하는 등 바람직한 부수 효과를 낳는다. 비즈니스 리더들은 팀에 방향을 제시하고, 일의 목적을 설명하고, 서로 다른 목표 사이의 우선순위를 정교화한 다음 팀이 자유로운 상태에서 놀라운 성과를 이룰 수 있게 해야 한다.

핵심 원칙 지휘관의 의도로 명확한 목적 표현하기

팀이 업무의 목적을 이해하지 못한다면 의미 있고 건강한 자율성을 가질 수 없기 때문에 자율성과 목적성은 연결되어 있다. 자율관리팀은 대부분의 의사결정을 내부적으로 내려야 한다. 팀은 그렇게 할 수 있는 기술과 권한을 갖고 있다. 하지만 작업의 목적을 정확히 이해하지 못하면 결정은 말 그대로 잘못된 방향으로 흘러갈 것이다. 그림 16-1은 자율성과 목표(목적)의 명확성에 따라 팀이 낼 수 있는 성과를 설명한다.

미군에서는 '지휘관의 의도'Commander's Intent라는 개념을 사용하는데,

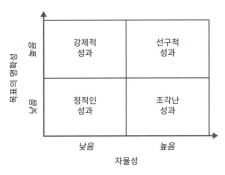

그림 16-1 자율성과 목표의 명확성 간의 관계

이는 원하는 최종 상태와 작전의 목적, 달성해야 할 핵심 과제에 대한 공개적인 방침을 나타낸다. 지휘관의 의도는 당초 계획대로 이벤트가 전개되지 않고, 의사소통이 중단되고, 팀이 지휘 체계상 상관과 상의 없이 의사결정을 내려야 할 때 특히 유용하다.

소프트웨어 맥락에서의 목표도 비슷하다. 회사 경영진과의 의사소통이 강제로 중단되지는 않겠지만 장기간 경영진과 쉽게 연락이 되지 않고[1], 당초 계획대로 이벤트가 진행되지 않아도, 팀은 여전히 결정을 내려야 한다. 이러한 상황에서 팀은 방향을 잡을 수 있는 '안내등'이나 '북극성' 또는 '지휘관의 의도'에서 도움을 얻는다.

다음은 지휘관의 의도를 훌륭하게 설명한다.

- 프로젝트나 이니셔티브의 이유와 동기에 대한 진술 또는 그 목적
- 원하는 최종 상태를 생생하게 시각화하기. 이는 팀 구성원으로 하여금 성공은 어떤 모습인지, 이를 성취하는 데 그들의 역할이 무엇인지 이해할 수 있도록 한다.

---

1   6개월마다 단 30분 동안 상사를 만나는 소프트웨어 회사 임원과 일한 적이 있다.

애자일을 내재화하고 싶은 조직은 목적을 명확하게 기술하는 능력을 키워야 한다. 관리자들은 세부사항에 집중하기보다 목표를 통해 이끄는 것에 초점을 둔다.

> "사람들에게 어떻게 일하라고 말하지 말라. 무엇을 해야 하는지 일러주고 결과로 당신을 놀라게 하라."
> — 조지 S. 패튼

우선순위 지정과 전달

효과적인 애자일 리더는 명확한 우선순위를 전달하는 것으로 팀을 지원한다. 많은 조직이 모든 것을 최우선 순위에 두고 팀이 파악하도록 맡겨버린다. 우선순위를 너무 자주 재조정하거나, 너무 세밀한 수준으로 지정하거나, 아예 거부하기도 한다. 이러한 실수는 매우 흔하고 비효율적이다.

우선순위를 매기지 않는 긴 리더십이 약하다는 신호나. 이는 의사결정에 따르는 책임을 포기하는 것과 같다. 팀이 무엇을 해야 하는지 신경 쓰고 있다면 우선순위에 관한 의사결정을 내리고, 이를 팀에 명료하게 전달해야 한다.

우선순위를 과하게 재조정하는 것도 피해를 줄 수 있다. 우선순위를 자주 변경하면 팀의 자율성과 목적성 모두 약화된다. 리더들은 스스로 "지금 우선순위를 재조정하는 게 6개월 후에 문제가 될까?"라고 자문해야 한다. 문제되지 않는다면, 우선순위 재조정은 팀에 혼란을 줄 정도로 중요하지는 않은 것이다.

지휘관의 의도는 적절한 수준의 우선순위를 알 수 있게 해주는 좋은 렌즈와 같다. 리더는 목표, 결과(성과), 영향, 이점과 같은 성공의 모습을 정의해야 하지만 세부사항까지 정의해서는 안 된다.

효과적인 애자일 구현 과정에서 우선순위를 지정하다 보면 조직의 약점이 부각되기도 하는데 이는 리더에게 위협이 된다. 우리는 애자일 구현을 중단하는 리더들을 이따금 본다. 우선순위를 자주 전달하는 것은 (혹은 부족하게 전달하는 것은) 리더가 팀에 명확한 우선순위를 제공하지 못하는 무능함을 드러내기 때문이다.

이 부분이 얼마나 중요한지 아무리 강조해도 지나치지 않다. 만약 팀 작업에 효과적으로 우선순위를 부여하고 있지 않다면 당신은 팀을 주도할 수 없다. 프로젝트가 달성할 수 있는 성과, 팀이 마땅히 얻어야 할 성과에 훨씬 못 미치는 결과를 얻을 것이다. 효과적이길 원하는 조직이라면 우선순위를 정하지 못하는 약점에 밝은 조명을 비추고 눈이 부시다고 피하는 대신 그 불편함을 개선 동기로 삼을 것이다.

핵심 원칙 활동이 아닌 처리량에 집중하기

비효율적인 리더는 실질적인 일의 진척보다 일이 진행되고 있음을 인식하는 것에 집중하는 경향이 있다. 하지만 움직인다고 무조건 일이 진척되는 것은 아니며 바쁘다는 건 대체로 결과에 대한 빈약한 변명이다.

효과적인 조직의 목표는 시작한 작업의 비율이나 활동 수준이 아니라 완료한 작업의 비율, 처리량을 최대화하는 것이어야 한다. 리더는 처리량을 극대화하기 위해 여유가 필요하다는 점을 인정해야 한다[DeMarco, 2002].

스크럼이 개인이 아닌 팀 수준에 책임을 지우는 한 가지 이유는 팀 스스로 가장 생산적인 방법을 결정할 수 있게 하기 때문이다. 팀원 중 한 명이 하루 동안 자리를 비움으로써 팀의 생산성을 극대화할 수 있다면 팀은 자유롭게 결정을 내릴수 있다.

업무 효율을 극대화하기 위해 개인에게 여유 시간을 허용하는 일은 직관적이지 않다. 하지만 결국 조직에 중요한 건 개개인의 결과가 아니라 각 팀의 합계 결과이다. 만약 팀이 팀 생산성을 효과적으로 최적화하고 있다면 조직은 개인 수준에서 일어나는 일에 신경 쓰지 않아야 한다.

핵심 원칙 핵심 애자일 행동 모델링하기

효과적인 리더는 이끄는 사람들에게서 보고 싶은 행동을 구체화한다. 이는 다음과 같다.

- 성장 마인드셋 개발하기: 개인과 조직 차원 모두에 지속적인 개선을 약속한다.
- 검토 및 적용하기: 지속적으로 살펴보고, 경험에서 배우고, 배움을 적용한다.
- 실수 처벌하지 않기: 각각의 실수를 배울 수 있는 기회로 받아들이는 접근방식을 모델링한다.
- 개인이 아닌 시스템 고치기: 문제가 발생하면 개인을 비난하는 것이 아니라 시스템에서 결함을 찾는 기회로 삼는다.
- 고품질 약속하기: 고품질에 대한 명확한 약속을 행동으로 전달하자.
- 비즈니스에 초점을 두고 개발하기: 의사결정을 내릴 때 기술적인 측

면과 함께 비즈니스 고려사항이 어떻게 포함되는지 보여 준다.

- 피드백 루프 강화하기: (지휘관의 의도를 명확하게 표현했다면 필요하지 않을 수도 있지만) 팀에 즉각 반응한다.

📋 애자일 리더를 위한 To Do List

☑ 검토하기

리더로서 자신의 성과를 검토해 보자.

- 애자일팀을 블랙박스로 취급하며, 세부사항 대신 팀이 약속한 성과를 관리하고 있는가?
- '지휘관의 의도'를 명확히 표현했는가? 팀이 작업의 성공을 생생하게 현재적 정의로 표현할 수 있는가? 필요하다면 몇 주 동안 리더의 개입 없이 일할 수 있는가?
- 팀에 명확하고 현실적인 우선순위를 부여하고 소통하고 있는가?
- 겉으로 드러나는 팀의 활동보다 처리량에 집중하고 있는가?

☑ 적용하기

- 위의 '검토하기' 항목을 토대로 팀에 당신의 리더십에 대한 360도 다면 평가를 요청하자. 실수에서 학습하는 행동 모델대로 팀의 피드백을 환영한다.
- 자기 평가 결과와 팀의 의견을 바탕으로 리더십 계발 행동의 우선순위 목록을 작성하자.

더 읽을 거리

- U.S. Marine Corps Staff. 1989. *Warfighting: The U.S. Marine Corp Book of Strategy*.

  이 짧은 책은 미국 해병대가 계획과 작전에 어떻게 접근하는지 설명하는데, 소프트웨어 프로젝트와 많은 유사점이 있다.

- Reinertsen, Donald G. 2009. *The Principles of Product Development Flow: Second Generation Lean Product Development*.

  처리량 혹은 '흐름'flow에 대한 광범위한 논의가 담겨 있는 책이다. 저자 라이너슨은 제품 개발을 위한 흐름에 초점을 맞추지 않는 것은 "핵심부터 잘못된 것"이라고 강력하게 주장한다.

- DeMarco, Tom. 2002. *Slack: Getting Past Burnout, Busywork, and the Myth of Total Efficiency*(《Slack 슬랙: 변화와 재창조를 이끄는 힘》, 인사이트).

  저자 드마르코는 직원들에게 업무를 여유 있게 부과하자는 주장을 펼친다.

- Storlie, Chad, 2010. "Manage Uncertainty with Commander's Intent", *Harvard Business Review*, November 3, 2010.

  이 장에서 다룬 것보다 더 자세하게 지휘관의 의도를 설명한다.

- Maxwell, John C. 2007. *The 21 Irrefutable Laws of Leadership*(《존 맥스웰 리더십 불변의 법칙》, 비즈니스북스).

  나는 소프트웨어 리더들이 리더십에 대해 지나치게 분석적으로 접근하는 모습을 때때로 보는데 맥스웰의 책은 이와 비교해서 읽기 좋은 자료다. "마음이 머리에 우선한다" "사람들은 여러분이 얼마나 관심을 갖고 있는지 알기 전까지는 여러분이 얼마나 많이 아는지 신경 쓰지 않는다" 등의 핵심 조언을 전한다.

17

애자일 조직 문화

애자일 실천법은 대부분이 팀의 성과, 배움, 개선을 가능케 하는 팀 기반의 실행이다. 리더는 팀 수준의 원칙을 조직 수준의 작업으로 확장할 수 있는 기회를 갖는다. 이번 장에서는 조직 차원에서 보다 효과적인 애자일을 지원하는 실천법을 다룬다.

핵심 원칙 실수 처벌하지 않기

앞서 언급했듯이, 애자일 개발은 계산된 실수를 하고 거기에서 배우며 개선을 도모하는 학습 주기인 검토와 적용을 주요하게 사용한다. '계산된 실수'란 결과에 자신이 없다는 것을 알면서도 결정을 내리고 결과에 상관없이 결과에서 배우는 일에 주의를 기울이는 것을 의미한다.

커네빈 용어로 난해한 프로젝트는 적은 수의 계산된 실수를 만들고, 복잡한 프로젝트는 많은 수의 계산된 실수를 만든다. 그러니 조직은 오류를 감추고, 수치스러워하고, 조직에 유해한 것으로 치부할 게 아니라 시각화하고, 검토하고, 궁극적으로 조직에 유익하도록 오류를 처벌하지 않아야 한다.

제즈 험블은 "복잡한 적응형 시스템에선 실패가 불가피하다. 사고가 발생했을 때 인적 오류는 사후 분석의 흠잡을 데 없는 시작점이다"라고 했다[Humble, 2018]. 엣시와 같은 일부 조직은 실수를 공개하고 축하한다. 이러한 축하는 '우리가 이 실수를 해서 기쁘다. 그렇지 않았다면 X에 대해 절대 알지 못했을 테니까'라는 생각에서 비롯된다.

필요한 실수는 빠르게 저지르기

복잡한 프로젝트는 실수에서 배울 뿐만 아니라 애초에 실수를 하는 것에 성패가 달려 있다. 필요할 때 망설이지 않고 실수하는 조직 문화를 만드는 게 중요하다. 그림 17-1에서 알 수 있듯이, 이는 부주의한 실수를 저지를 수 있는 면허가 아니다. 그러나 결과를 미리 단정할 수 없는 경우에는 뛰어들어 경험에서 배우는 문화를 구축하는 것이 건강하다.

	의도하지 않은 실수	계산된(의도적) 실수
기회	계산된 방식으로 실수를 하면시 배우는 실력을 향상시킨다.	실수를 빨리함으로써 배움을 가속화한다.
피해	부주의는 피할 것	대부분의 실수가 이 범주에 속하게 하자. 복잡한 문제를 해결할 때 필요하다.

그림 17-1 처벌 대상에서 제외된 실수의 분류 체계

복구할 수 있는 시간 안에 실수 수정하기

적은 고통으로 문제를 고칠 수 있는 복구 기간이 있다. 문제가 복구 기간을 벗어나면 고통이 증가한다. 내부 릴리스에서 실수를 바로 잡으면 저렴하다. 고객에게 배포한 후 실수를 바로잡으면 비용이 많이 든다. 조기에 문제가 드러날수록 복구 기간 안에 해결할 수 있는 가능성이 커진다. 좋은 소식은 빨리 퍼진다. 나쁜 소식은 더 빨리 퍼져야 한다.

에스컬레이션 처벌하지 않기

오류를 처벌하지 않는 것에 진지한 조직은 오류를 에스컬레이션하는 것도 처벌하지 않아야 한다. 오류에 관한 정보는 오류를 수정하는 데 필요한 수준까지 자유롭게 퍼져야 한다. MS는 내가 그곳에서 일하던 1990년대 초, 이를 훌륭하게 해냈다. 어느 날 오후 상사가 내 사무실로 오더니 말했다. "하소연 좀 해야겠어. 방금 검토 회의를 했는데 빌 게이츠한테 깨졌어. 2주 동안이나 문제를 뭉개고 있었는데, 빌은 그걸 5분 만에 전화로 해결할 수 있다고 지적하더라고. 자기에게 위임하지 않았다고 호되게 나무랐어. 기분은 나쁜데 욕먹을 만했어. 그에게 맡겨야 한다는 걸 알고 있었지만 그렇게 하지 않았거든."

심리적 안전

실수를 처벌하지 않는 건 팀의 심리적 안전에 기여하기 때문에 무엇보다 중요하다. 구글의 피플 오퍼레이션 팀에서 수행한 2년간의 연구 프로젝트는 그림 17-2에 설명된 것처럼 다섯 가지 요소가 팀 효율성에 기여한다는 것을 알아냈다.

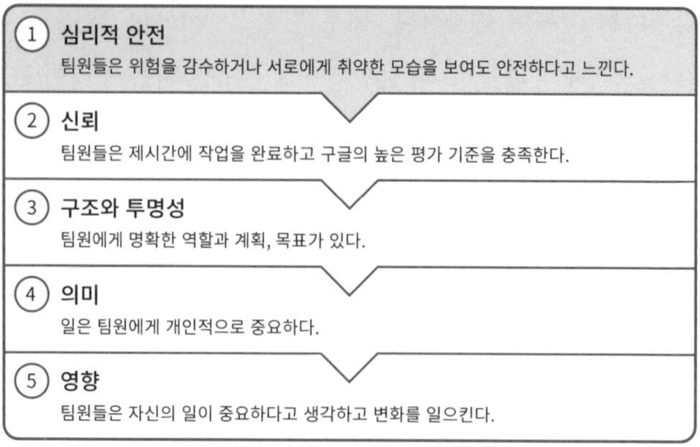

① **심리적 안전**
팀원들은 위험을 감수하거나 서로에게 취약한 모습을 보여도 안전하다고 느낀다.

② **신뢰**
팀원들은 제시간에 작업을 완료하고 구글의 높은 평가 기준을 충족한다.

③ **구조와 투명성**
팀원에게 명확한 역할과 계획, 목표가 있다.

④ **의미**
일은 팀원에게 개인적으로 중요하다.

⑤ **영향**
팀원들은 자신의 일이 중요하다고 생각하고 변화를 일으킨다.

그림 17-2 구글에서 성공적인 팀에 가장 중요하게 기여하는 요소는 심리적 안전이다.

구글의 연구 결과, 팀 효율성에 가장 중요한 영향을 미치는 건 심리적 안전이라는 게 밝혀졌다. 연구팀은 심리적 안전을 팀에서 불안하거나 당황하지 않고 위험을 감수하는 것이라고 정의했다. 구글은 심리적 안전을 다른 네 가지 요소의 토대라고 설명한다.

"심리적 안전이 높은 팀에 속한 개인은 구글을 떠날 가능성이 적고, 팀 동료의 다양한 아이디어를 활용할 가능성이 더 높으며, 더 많은 수익을 올리고, 경영진에게 두 배 더 효율적이라고 평가받는다"[Rozovsky, 2015].

구글의 연구는 론 웨스트럼의 이전 연구와 일치한다[Westrum, 2005], [Schuh, 2001]. 웨스트럼은 병리적, 관료적, 생산적 조직 문화의 '세 가지 문화 모델'을 개발했다. 표 17-1에 이러한 문화의 속성이 나와 있다.

웨스트럼은 생산적인 문화가 병리적이고 관료적인 문화보다 더 효율적이라는 점을 발견했다. 기대 이상의 성과를 내고 더 높은 유연성(어질리티)을 보이며 더 안정적이다.

병리적	관료적	생산적
권력 지향	규칙 지향	성과 지향
낮은 수준의 협력	보통 수준의 협력	높은 수준의 협력
의사전달 차단	의사전달 무시	의사전달 훈련
책임 회피	좁은 책임 범위	위험 공유
부서 간 연결 억제	부서 간 연결 허용	부서 간 연결 장려
실패 → 희생양	실패 → 처벌	실패 → 질문
새로운 아이디어를 무시함	새로운 아이디어를 문제로 여김	새로운 아이디어를 환영하고 구현함

표 17-1 웨스트럼의 세 가지 문화 모델에 나타난 문화별 특성

병리적인 조직은 나쁜 소식을 억제하는 것이 특징이다. 생산적인 조직
은 내부적으로 나쁜 소식을 발표한다. 후속 조사를 통해 나쁜 소식을 문
제를 개선하는 데 활용한다. 웨스트럼의 연구는 실수를 처벌하지 않는
일의 중요성을 강화한다.

핵심 원칙 측정된 팀 생산성 기준으로 계획하기

효과적인 조직은 대체로 각 팀과 조직마다 소프트웨어 개발 작업을 위
한 특정한 생산능력을 갖고 있다고 본다. 여기에는 시간이 지남에 따라
향상된 개인 생산성, 팀 생산성, 직원 증원과 감축, 측정된 생산성이 포
함된다.

효과적인 조직은 일반적으로 각 팀의 속도에 기초한 경험적 성과 기
록을 바탕으로 생산 능력을 측정하고 계획을 세운다. 이는 팀이 갑자기
(기적처럼) 능력이 좋아질 것이라는 기대 위에 계획을 세우는 조직의

본능적인 접근방식과 대비된다.

기술 업무의 생산 능력을 자체적으로 평가하는 방식의 차이는 프로젝트 포트폴리오 계획과 프로젝트 마감일 설정에서 나타난다. 조직이 생산 능력을 명확하게 파악하고 있다면, 업무를 분배하고 팀이 달성할 수 있는 마감일을 할당한다. 조직이 갑자기 생산 능력이 좋아질 거라고 기대하거나 생산 능력을 모르는 상태로 추정하여 계획을 세운다면 팀에 업무 과부하가 생기고 팀과 전체 조직이 실패하게 될 것이다.

조직의 관리 능력에 대한 공격적인 관점과 잇따른 프로젝트 압박은 의도치 않더라도 궁극적으로 파괴적인 결과를 초래한다.

• 팀이 약속(스프린트 목표)을 지키지 못하고, 이는 결국 조직이 약속을 이행할 수 없음을 의미한다.
• 팀이 약속을 지킬 수 없기 때문에 팀원이 업무에 대한 숙달성을 느끼지 못하고 동기 유발이 어려워진다.
• 팀에 지나친 업무를 부과하면 성장 마인드셋과 부딪히게 되는데, 이는 시간이 지날수록 팀과 조직의 개선 능력을 약화시킨다.
• 또한 지나친 업무 부하는 팀을 번아웃되게 만들고, 이직률을 높이며, 생산 능력을 감소시킨다.

20여 년 전에 《Rapid Development: 프로젝트 쾌속 개발전략》에 썼듯이, 리더들은 압박을 가하면 위기의식이 생기고 우선순위를 유용하게 부여하게 된다고 믿고 팀에 압력을 가한다. 실제로 이러한 시도는 완전히 역효과를 낳아 팀을 공황 상태에 빠뜨리고 만다. 심지어 리더가 아주 작은 압력을 가했다고 인식할 때조차도 마찬가지다[McConnell, 1996].

오늘날 애자일 개발은 팀과 조직 레벨 모두에서 작업의 우선순위를 지정하는 데 유용한 도구를 제공한다. 압력을 가하는 대신 이러한 도구를 사용하자.

애자일을 지원하는 실천 커뮤니티

우리와 함께 일한 조직들은 애자일을 지원하기 위한 실천 커뮤니티를 구축하면 애자일을 효과적으로 수행하는 일이 가속화된다는 것을 발견했다. 자신이 하는 일에 대한 관심을 공유하고 일을 더 잘하고 싶어하는 사람들로 구성된 커뮤니티는 구성원에게 가장 적합한 유형의 상호작용을 정의한다. 예를 들어 실시간으로 직접 만나거나 온라인으로 회의를 할 수 있다.

실천 커뮤니티에서는 다음 사항을 중점적으로 토론한다. 하나만 다루기도 하고 전체를 포함하는 경우도 있다.

- 주니어 코칭과 같은 일반적인 지식 공유
- 일반적인 문제 상황과 해결 방안
- 툴 사용 경험 공유
- 회고와 피드백을 통해 배운 교훈 공유
- 조직에서 성과가 약한 영역 알아보기
- 네트워킹
- 조직 내의 모범 사례 파악
- 불만을 공유하고, 감정을 풀고, 서로 지지하기

스크럼 마스터, 프로덕트 오너, 아키텍트, QA, SAFe 프로그램 컨설턴트 SPCs, 애자일 코치, 데브옵스 담당자, 그리고 이외에 다른 전문 분야를 위한 실천 커뮤니티를 꾸릴 수 있다. 보통 자발적으로 참여하고 스스로 선택하므로 관심 있는 사람만 함께한다.

보다 효과적인 애자일을 지원하는 조직의 역할

팀의 성공은 팀을 어떻게 관리하느냐에 달려 있으며 많은 경우 조직 수준에서 이뤄지는 관리 방식에 좌우된다.

애자일팀은 조직이 그들의 노력을 막아서면 성공할 수 없다. 조직은 팀의 실수를 비난하고, 팀의 자율성을 지지하지 않고, 팀의 목적성을 충분히 전달하지 않고, 시간이 흐르면서 팀이 성장하는 걸 허용하지 않는 방식으로 팀의 노력을 막는다. 물론 이는 애자일팀에 국한되는 게 아니라 일반적인 팀에도 해당된다.

조직 전체에 걸쳐 비난 없는 문화를 구축하고, 팀에 필요한 모든 기술을 갖추도록 팀원을 배치하며, 팀에 적절한 업무량을 주고, 팀의 목적성을 정기적으로 전달하고, 팀이 성장하도록 돕는다면 가장 성공적인 팀이 될 수 있다.

애자일 전환 단계에 따라 조직의 다른 리더가 이 여정을 함께하기도 한다. 2장에서 그렸던 애자일 경계선을 참고하면 다른 리더들을 찾아보고 어떻게 협력할지 계획을 세울 수 있다.

📋 애자일 리더를 위한 To Do List

☑ 검토하기

- 지난 몇 주 혹은 몇 달 동안 팀이 했던 실수에 어떻게 반응했는지 떠올려 보자. 팀은 그러한 반응을 실수를 처벌하지 않고 실수에서 배울 기회를 강조하는 것으로 받아들일까? 실수에서 배우는 일을 모델링하고 있는가?
- 팀원을 인터뷰하고 심리적 안전을 평가하자. 그들이 불안해하거나 당황하지 않고 위험을 감수하는가?
- 여러분의 조직과 웨스트럼 모델의 생산적 문화 간 차이를 분석한다.
- 팀에 업무량을 할당하는 조직의 접근방식을 검토하자. 관찰된 경험적 업무 능력을 바탕으로 기대치를 설정하고 있는가?

☑ 적용하기

- 팀을 대할 때 실수를 처벌하지 않기로 개인적으로 다짐하자.
- 배움과 성장이 가능한 지속 가능한 속도로 작업할 것이라 기대한다고 팀에 알리자. 일정에 대한 기대가 이를 방해한다면 알려 달라고 요청하자.
- 여러분의 조직과 웨스트럼의 세 가지 문화 모델 간 차이 분석에서 확인된 격차를 좁히기 위한 계획을 세우자.
- 애자일 여정에 조직의 다른 리더들을 참여시키는 계획을 세우자.

더 읽을 거리

- Rozovsky, Julia. 2015. *The five keys to a successful Google team*. [Online] November 17, 2015. [Cited: November 25, 2018.] https://rework.withgoogle.com/blog/five-keys-to-a-successful-google-team/.
구글이 조직 문화를 어떻게 형성하는지 설명한다.

- Westrum, Ron. 2005. "A Typology of Organisational Cultures". *Quality and Safety in Health Care*, January 2005, pp.22-27.
웨스트럼의 세 가지 문화 모델에 대한 최종 논문이다.

- Forsgren, Nicole, et al. 2018. *Accelerate: The Science of Lean Software and DevOps: Building and Scaling High Performing Technology Organizations*(《디지털 트랜스포메이션 엔진: 고성과 기술 조직 구축 및 진화》, 에이콘출판).
IT 조직에 적용된 웨스트럼의 조직 문화 모델을 다룬 논의가 담겨 있다.

- Curtis, Bill, et al, 2009. *People Capability Maturity Model(PCMM), Version 2.0, 2nd Ed.*
기술 조직의 인적자원 관리 관행을 성숙시키는 접근법을 설명한다. 이 접근방식은 논리적이며 가치가 명백하다. 읽기 어려울 수 있는데, 맥락을 파악하려면 그림 3.1부터 살펴보는 것이 좋다.

애자일 측정

애자일이 덜 효과적으로 구현되는 경우 때로 측정을 적으로 취급한다. 보다 효과적으로 애자일을 구현할 때는 주관적인 의견만으로 결정을 내리기보다는 프로세스를 변경하는 결정에 정량적 데이터를 포함하기 위해 측정을 사용한다.

　18장은 애자일 개발의 정량적인 접근방식을 다루는 3개 장 가운데 첫 번째 장이다. 이번 장에서는 의미 있는 측정 기준을 구축하는 방법을 살펴본다. 19장 '애자일 프로세스 개선'은 프로세스와 생산성 향상을 위해 측정치를 사용하는 법을 설명한다. 20장 '애자일 예측성'에서는 추정을 다룬다.

의미 있는 작업량 측정하기

측정은 얼마나 많은 작업이 수행되고 있는지 측정하는 것에서 시작한다. 애자일 프로젝트에서는 스토리 포인트로 작업 항목의 크기를 측정하는 걸 의미한다. 스토리 포인트는 작업 항목의 크기와 복잡도를 측정한다. 애자일팀은 주로 작업을 추정하고 계획하고 추적하는 데 스토리 포인트를 사용한다. 스토리 포인트는 프로세스 개선과 생산성 향상을 측정하는 데도 유용하다.

애자일팀들은 1~13(1, 2, 3, 5, 8, 13)의 피보나치 수열에 기반한 스토리 포인트 척도를 가장 자주 사용한다. 각 작업 항목은 스토리 포인트로 크기가 할당되고, 개별 작업 항목의 크기를 더하면 스토리 포인트의 합계에 도달한다.

4나 6과 같은 비 피보나치 값은 사용하지 않는다. 이는 스토리가 3인지 5인지 혹은 8인지조차 제대로 알지 못하는 상황에서 스토리가 5인지 6인지 불필요한 정밀함을 토론하는 일을 피하도록 도와준다.

이상적인 세계라면 각 스토리 포인트를 측정하고 할당하는 방법에 대한 보편적인 표준이 있을 것이다. 하지만 현실에서는 각 팀이 스토리 포인트 크기에 대한 자체적인 척도를 정의한다. 해당 척도로 잠시 작업한 후 팀은 1이 얼마나 큰지, 5는 얼마나 큰지 등을 동기화한다. 대부분의 팀들은 스토리 포인트 척도가 안정되기 전에 실제로 스토리 포인트를 할당하는 경험이 필요하다.

일단 스토리 포인트가 할당되면 팀은 실제 성과에 따라 스토리 포인트를 바꾸지 않는다. 스토리가 초기에 5 스토리 포인트로 할당되었다면 그게 완료될 때쯤 8 정도로 느껴져도 5로 남겨 둔다.

속도

스토리 포인트를 통해 일단 작업의 크기가 정해지면 다음 단계는 작업이 완료되는 비율을 계산하는 일이다.

애자일팀에서는 '스프린트당 스토리 포인트'가 팀의 속도를 결정한다. 한 스프린트에서 42 스토리 포인트를 완료한 팀의 해당 스프린트 속도는 42이다. 한 스프린트에서 42 스토리 포인트, 다음 스프린트에서 54, 그다음에는 51, 그다음에는 53을 완료한 팀의 평균 속도는 50이다.

개별 스프린트 속도는 변동적이라 별로 의미가 없다. 시간이 흐르면 평균 속도 추이가 더 확실해진다. 일단 팀이 작업 완료율을 정확히 나타낸다고 믿는 기준 속도를 정하면, 팀은 프로세스를 변경하며 이러한 변화가 속도에 어떤 영향을 미치는지 관찰할 수 있다. 이를 실행하는 방법은 19장에서 자세히 다룬다.

또 어떤 팀은 진행 중인 프로젝트에 작업이 추가되는 비율을 나타낸 스코프 속도scope velocity를 추적하기도 한다.

스토리 포인트 비례에 맞게 적용하기

일부 팀은 테마, 에픽, 대형 백로그 항목을 표현하려고 일반적으로(측정에 쓰이는 게 아닌) 21, 40, 100(어림수)이나 21, 34, 55, 89(피보나치 수)와 같은 추가적인 스토리 포인트 값을 사용한다.

의미 있는 측정을 하려면 스토리는 1~13까지 척도에 맞게 쪼개져야 하며, 팀은 스토리 포인트를 비례에 맞게 적용하도록 주의를 기울여야 한다. 5 스토리 포인트가 할당된 스토리는 3 스토리 포인트가 할당된 스토리보다 5/3만큼 크다. 이렇게 팀은 총 스토리 포인트를 합산하는 것과 같은 의미 있는 연산을 수행할 수 있다.

21, 40, 100과 같은 숫자는 이와 동일한 방식으로 사용되지 않는다. 이 숫자들은 수로 쓰이기보다는 은유적인 표현으로 사용되므로 측정할 때는 쓰지 말아야 한다.

짧은 반복

속도는 스프린트 단위로 계산되므로 스프린트가 짧을수록 팀의 속도를 더 자주 업데이트할 수 있다. 전체 주기 반복에 분기 혹은 수년이 걸리는 경우도 있으므로 팀 생산성을 완전히 보정하는 데 분기 혹은 수년이 필요한 순차 소프트웨어 개발과 비교할 때, 짧은 반복은 팀의 속도를 몇 달 만에 보정할 수 있다.

팀 간 속도 비교

각 팀은 수행 중인 특정 유형의 작업에 따라 자체적인 스토리 포인트 척도를 만든다. 리더는 자연스레 팀 성과를 비교하고 싶어 하지만, 의미 있는 결과를 도출하기에는 팀 작업에 너무 많은 차이가 있다. 팀들은 다음에 따라 달라진다.

- 서로 다른 종류의 작업(새로 시작하는 업무 VS 레거시 업무, 프론트엔드 VS 백엔드, 과학적 시스템 VS 비즈니스 시스템 등)
- 서로 다른 기술 스택 혹은 동일한 기술 스택의 다른 부분
- 서로 다른 수준의 지원을 제공하는 다양한 이해관계자
- 서로 다른 팀원 수(팀원이 추가되거나 빠진 시기가 서로 다른 경우 포함)
- 운영 업무를 지원하는 책임의 차이
- 교육, 휴가 일정, 릴리스 일정, 지역마다 다른 공휴일, 그 외 다른 요인으로 인해 평소 작업 속도에 서로 다른 예외 상황 발생

모든 팀이 스토리 포인트를 사용하더라도 한 팀의 속도를 다른 팀과 비

교하는 일은 의미가 없다. 이는 마치 한 팀은 야구를 하고 다른 팀은 축구를 하고 또 다른 팀은 농구를 하는 것과 같다. 혹은 한 팀은 NBA 농구를 하고 다른 한 팀은 서머 리그 농구를 하는 것이다. 팀 간에 운영 방식, 목표, 점수를 비교하는 일은 무의미하다.

속도를 사용해 팀의 성과를 비교하려고 시도한 리더들은 이러한 노력이 독이 된다고 말한다. 이는 팀들이 서로 경쟁하게 만든다. 팀들은 신뢰할 수 없는 데이터를 근거로 비교된다는 것을 알고 있으므로 이를 불공평하다고 여긴다. 그 결과 의욕과 생산성이 감소한다. 이는 애초에 팀을 비교하려던 목적과 정반대되는 결과이다.

작업 수량과 품질 사이에 균형 맞추기

작업량 외에도 작업 품질을 측정할 수 있으며, 측정해야 한다. 그래야 팀이 양에만 초점을 두느라 품질을 소홀히 하지 않는다.

재작업 비율rework percentage, R%은 재작업과 신규 개발에 집중한 노력의 비율이다. 11장 '애자일 품질'에서 언급했듯이, 재작업은 소프트웨어 프로젝트에서 비효율 혹은 낭비를 가늠하는 유용한 지표이다. R%가 높다는 것은 팀이 스토리를 구현하기 전에 스토리를 재정의하는 데 충분히 시간을 투자하지 않고, 엄격한 완료 정의를 만들지 않고, 완료 정의를 준수하지 않고, 적절히 테스트하지 않고, 기술 부채를 누적하거나 다른 문제를 허용하고 있음을 나타낸다.

순차 프로젝트에서 재작업은 계획 없이 프로젝트 끝에 누적되는 경향이 있으므로 상당히 눈에 잘 띈다. 애자일팀에서는 재작업이 점진적으로 수행되므로 덜 부각된다. 그러나 재작업은 애자일팀에도 여전히 존재하며, R%를 모니터링하면 유용하다.

스토리 포인트를 사용해 재작업을 측정할 수 있다. 스토리는 새로운 작업이나 재작업으로 분류된다. R%는 스토리 포인트의 재작업량을 총 업무량으로 나눈 값이다. 그러면 시간이 지나면서 R%가 증가하는지 감소하는지 모니터링할 수 있다.

팀은 무엇을 재작업으로 분류할지 자주 조정해야 한다. 레거시 시스템에서 작업하는 팀이라면 이전 팀에서 만든 재작업 이슈는 새로운 작업으로 간주해야 한다. 팀이 전에 자체적으로 만든 문제를 수정하는 중이라면 해당 작업은 재작업으로 분류한다.

R%를 측정하는 대신 재작업에 스토리 포인트가 할당되지 않도록 정책을 설정할 수도 있다. 재작업 비율을 계산할 수는 없겠지만, 팀이 재작업에 많은 시간을 할애할 경우 재작업에 사용한 시간은 스토리 포인트 수에 추가되지 않기 때문에 속도가 감소하는 걸 볼 수 있다.

둘 중 어느 방식이든, 그 목적은 속도 측정에서 수량과 품질 사이에 균형을 맞추는 것이다.

측정하기 쉬운 것 말고 가장 중요한 것을 측정하라

애자일에 특화된 측정 방법을 사용하는 동안 애자일팀의 리더는 성공적인 소프트웨어 측정을 위하여 몇 가지 핵심 사항을 유념해야 한다.

측정하는 이유와 측정 방법을 투명하게 공개하자. 소프트웨어 팀은 측정 결과가 불공평하거나 잘못 사용될 수 있다는 점을 우려하며, 많은 조직의 기록을 보면 이러한 걱정이 타당함을 알 수 있다. 측정은 각 팀의 자체적인 개선을 지원하려는 것임을 명확히 하라. 그러면 측정을 도입하는 데 도움이 될 것이다.

한 가지만 측정하면 사람들은 자연스럽게 그 한 가지를 위해 최적화되고 의도치 않은 결과를 경험할 수 있다. 속도만 측정하면 팀은 회고를 줄이고, 일일 스크럼을 건너뛰고, 완료 정의를 완화하고, 속도를 개선하기 위하여 기술 부채를 증가시킨다.

팀이 그 이상으로 중요한 다른 목표를 희생하면서 속도에 최적화되지 않도록 품질과 고객 만족을 비롯해 팀이 최적화할 수 있는 균형 잡힌 일련의 측정 세트를 반드시 포함하자.

마찬가지로 가장 측정하기 쉬운 것이 아니라 가장 중요한 것을 측정하는 일이 중요하다. 스토리 포인트를 절반만 전달하더라도 비즈니스 가치를 두 배로 높일 수 있다면, 그건 쉬운 선택이다. 스토리 포인트를 측정하는 일이 의도치 않게 팀이 비즈니스 가치 제공에 집중하는 걸 방해하지 않도록 하라.

툴로 수집한 데이터가 유효한가?

조직은 툴에 투자하고 기술 직원은 결함 데이터, 시간 계산 데이터, 스토리 포인트 데이터를 입력한다. 조직은 당연히 툴로 수집한 데이터가 유효하다고 믿지만 그건 사실이 아니다.

수년간 직원들에게 작업시간을 입력하게 한 덕분에 정확한 시간 계산 데이터를 갖고 있다고 확신하는 한 회사와 일한 적이 있다. 해당 데이터를 검토해 보니 수많은 변칙들이 발견됐다. 비슷한 양의 노력이 투입됐어야 하는 두 프로젝트에서 직원들이 입력한 시간은 100배 차이가 났다. 직원들은 왜 데이터를 모으는지 이해하지 못했으며 데이터 수집을 관료적이라고 생각했다. 직원 한 명이 시간 계산 데이터를 입력하는 스크립트를 작성했는데, 그 스크립트는 변경되지 않고 널리 사용되어 모든 사람이 동일한 데이터를 입력하고 있었다! 다른 직원들은 실제 자신의 작업 시간 데이터를 전혀 입력하지 않았다. 이 데이터는 의미가 없었다.

📋 애자일 리더를 위한 To Do List

☑ 검토하기

- 측정을 바라보는 팀의 태도를 점검하자. 측정이 궁극적으로 직장 생활의 질을 향상시키는 변화를 만드는 데 도움이 된다고 이해하고 있는가?
- 팀의 스토리 크기와 반복 주기의 길이를 점검하자. 보다 정확하게 생산성을 측정할 수 있도록 스토리 크기가 작고 반복 주기가 짧은가?
- 품질을 위해 무엇을 어떻게 측정하고 있는가? 모든 숫자 지향 측정 방식을 적절히 균형 있게 사용하고 있는가? 다시 말해, 측정값이 비즈니스에 중요한 모든 사항을 설명하는가?
- 툴에서 수집한 조직의 모든 데이터를 점검하자. 데이터가 여러분이 생각한 바를 의미하는지 조사하라.

☑ 적용하기

- 팀 작업을 돕기 위해 측정을 하는 것이라고 알리자.
- 팀이 아직 스토리 포인트로 속도를 측정하지 않고 있다면 이를 시작할 것을 권장한다.
- 팀이 아직 R%와 같은 품질 지향 측정을 사용하지 않고 있다면 이를 시작할 것을 권장한다.
- 툴에서 얻은 잘못된 데이터나 근거 없는 팀 간 비교 평가를 포함해 의미가 없거나 오해의 소지가 있는 측정 방식은 사용을 중단한다.
- 필요하다면 서로 다른 팀의 속도를 비교하는 것이 얼마나 위험한지 교육한다.

더 읽을 거리

- Belbute, John. 2019. *Continuous Improvement in the Age of Agile Development.*

  주로 품질에 초점을 둔 소프트웨어 팀 측정 및 프로세스 개선 문제에 관한 자세하고 실용적인 논의가 담겨 있다.

애자일 프로세스 개선

효과적인 애자일의 프로세스 접근방식을 한마디로 요약하면 어떻게 말할 수 있을까? "개인이 아니라 시스템을 고쳐라." 이게 내 대답이다. 앞서 실수를 처벌하지 않는 것에 관해 말했는데, 물론 중요하다. 그러나 실수를 처벌하지 않는 게 실수를 무시하는 것을 의미하진 않는다. 이는 실수를 초래한 요인을 이해하고 같은 실수가 다시 발생하지 않도록 변화를 일으키기 위해 공개적이고, 상호 존중적이며, 협력적인 방식으로 함께하는 것을 의미한다.

혼히 애자일은 '가능한 한 빠른 작업'으로 잘못 구현되곤 한다. 하지만 이는 실제로 더 나아지는 것을 방해한다. 보다 효과적인 애자일 구현은 개선을 통해 더 빠르게 나아지는 일에 집중한다.

기준으로서의 스크럼

소프트웨어 개발 성숙도 모델Software Capability Maturity Model, SW-CMM의 시대로 거슬러 올라가 보면, 레벨 2는 '반복 가능한' 프로세스였다. 이는 SW-CMM의 상위 수준에서 측정된 개선을 지원하는 기준을 설정했다. 높은 밀도로 구현되는 스크럼도 동일한 목적을 달성한다. 스크럼팀에는 일관되게 따르는 기준 프로세스가 있으며 팀은 이를 기반으로 개선한다.

생산성을 극적으로 향상시키는 법

생산성을 높이고 싶은 마음은 굴뚝같지만, 팀이 향상되고 있는지 어떻게 알 수 있을까? 생산성을 어떻게 측정해야 할까?

소프트웨어 생산성을 절대 평가로 측정하기란 거의 불가능하지만 스토리 포인트와 속도는 상대 평가로 생산성 향상을 측정하는 방법을 제공하며, 이는 생산성이 극적으로 나아지는 계기를 마련한다.

시간에 따른 팀 데이터를 비교하는 것은 생산성 측정을 위해 스토리 포인트를 가장 유용하게 사용하는 방법이다. 만약 팀이 처음 5개의 스프린트에서 평균 50 스토리 포인트, 그다음에 수행한 5개 스프린트에서 평균 55 스토리 포인트를 기록했다면, 이는 팀 생산성이 증가했음을 의미한다.

숫자와 답

생산성 향상의 첫 번째 단계는 18장 '애자일 측정'에서 설명한 것처럼 속도를 이용해 측정 가능하고 신뢰할 만한 생산성 기준을 마련하는 일이다.

일단 기준 속도를 정한 뒤 몇 번의 스프린트 동안 변화를 줘 팀의 속도와 기준 속도를 비교하자. 몇 번의 스프린트가 지나면 그 변화로 인해 생산성이 증가했는지 혹은 감소했는지 통찰을 얻을 수 있다.

다음은 시간 경과에 따른 속도를 사용하여 그 효과를 측정할 수 있는 변화의 몇 가지 사례이다.

- 새로운 협업 도구를 도입한다.
- 기술 스택의 일부를 변경한다.
- 지리적으로 분산된 팀에서 국내에 있던 PO를 해외로 이동시킨다.
- 준비 정의를 강화하고 구현 작업을 시작하기 전에 스토리 정제에 더 많은 시간을 할애한다.
- 스프린트 주기를 3주에서 2주로 변경한다.
- 폐쇄형 사무실에 있던 팀을 개방형 공간으로 이동시킨다.
- 릴리스 도중에 팀원을 추가한다.

물론 숫자의 변화가 항상 확실한 것은 아니다. 일반적으로 생산성 측정을 할 때는 '측정은 물을 만한 질문을 던지고 눈여겨볼 만한 지점을 제안하지만, 반드시 답을 주지는 않는다'는 태도를 취하는 것이 좋다.

예상치 못한 결과

짧은 스프린트는 프로세스 변경을 실험하고, 변화의 결과를 추적하고, 성공적인 변화를 기반으로 하는 잦은 기회를 제공한다. 이러한 접근방식을 통해 개선이 빠르게 누적된다. 팀의 생산성이 두 배 또는 그 이상 좋아진다.

예상치 못한 결과를 만날 수도 있다. 성과가 저조한 팀에서 '문제 있는 팀원을 내보내기'를 원하는 사례가 여러 번 있었다. 각각의 경우는 상황이 비슷했다. 매니저가 "그 사람이 없어도 같은 속도를 유지할 수 있습니까?"라고 물었을 때 팀은 "네, 그 사람이 우리를 끌어내리고 있기 때문에 팀 속도는 더 빨라질 겁니다"라고 대답했다.

또 다른 예로, 두 지역에 팀을 둔 디지털 콘텐츠 회사와 일한 적이 있다. 첫 번째 팀에는 직원이 15명 있었고, 두 번째 팀에는 45명의 직원이 있었다. 엄격한 속도 추적, 진행 중 상태 모니터링, 대기 상태 분석을 거쳐 첫 번째 팀이 얻은 결론은 두 번째 팀의 작업에서 얻을 수 있는 가치보다 더 많은 시간과 노력을 두 번째 팀과 업무를 조정하는 데 쏟고 있다는 것이었다. 두 번째 팀은 다른 프로젝트로 재배정되었고, 기존 프로젝트의 전체적인 성과는 첫 번째 팀의 15명 팀원만으로 증가했다. 그들은 애자일 생산성 측정을 체계적으로 사용함으로써 생산성을 4배나 효과적으로 향상시켰다.

조직에서 해결해야 하는 문제

스크럼 전문가들은 반복해서 말한다. "스크럼이 당신의 문제를 풀어 주지 않는다. 하지만 무엇이 문제인지 볼 수 있도록 빛을 비춰 준다." 스크럼은 팀이 스스로 처리할 수 있는 문제를 노출하거나, 조직에서 해결해야 할 문제를 드러낸다. 조직적인 문제는 다음과 같다.

- 유능한(자격을 갖춘) 인재를 채용하기 어려움
- 높은 이직률
- 전문성 개발이 매우 부족함
- 매니저 교육이 매우 부족함
- 문제 팀원을 제외하기를 꺼림
- '스프린트 도중 변경사항 추가 안 됨'과 같은 스크럼 규칙을 따르려고 하지 않음

- 스크럼 마스터, 프로덕트 오너와 같은 역할이 없음
- 자주 변경되는 사업 방향
- 다른 팀에 의존도가 높거나 협력하지 않음
- 필수 제품 지원을 포함하여 프로젝트 전반에 걸친 과도한 멀티 태스킹
- 비즈니스 직원의 지원 부족, 느린 의사 결정
- 경영진의 느린 의사 결정
- 관료적인 회사 업무 관행
- 여러 지역에 흩어져 있는 개발팀
- 지역 간 이동에 대한 불충분한 지원

팀 간 생산성 비교

대부분의 경우 팀 간 속도를 비교하는 것은 무의미하지만 한 가지 유형의 비교는 유효한데, 바로 팀 간 생산성 증가율을 비교하는 것이다. 다수 팀들의 생산성이 분기당 5~10% 증가했는데 한 팀이 분기당 30% 증가했다면, 해당 팀의 성과를 검토하고 다른 팀이 배울 점이 있는지 조사하자. 팀 구성의 변화나 이에 영향을 미쳤을 수 있는 비생산적 요인도 고려해야 한다.

소프트웨어 생산성 측정은 지뢰밭이지만, 측정이 이랬다저랬다 한다고 해서 사용할 수 없는 것은 아니다. 주의해서 생산성을 측정하면 팀 성과를 빠르게 향상시킬 수 있다.

진행 중인 작업 매핑해 모니터링하기

조직이 기본적인 스크럼을 체화하면 품질과 생산성 향상을 지원하는 방법으로 린Lean을 혼합하는 것이 유용하다. 칸반은 가치 흐름 전반에 걸쳐 작업 흐름을 시각화하고 매핑하는 린의 요구사항을 구현하기 위해 가장 많이 사용되는 린 기법이다.

칸반은 '진행 중인 작업'Work In Progress, WIP을 조사하고, 현재 시스템에 존재하는 WIP의 양을 정의한다. 그러고 나서 점진적으로 WIP에 한도를 부과해서 처리량을 제한하는 지연이 어디에서 생기는지 드러낸다.

칸반 시스템은 일반적으로 다음 그림과 같이 물리적인 칸반 보드를 사용한다.

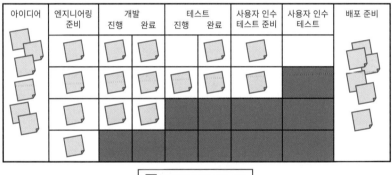

'칸반'은 일본어로 간판이나 광고판을 의미한다. 칸반 보드의 작업 항목 (칸반 카드)은 포스트잇에 작성된다. 작업 항목은 왼쪽에서 오른쪽으로 움직이지만 칸반 보드에 열린 공간이 있기 때문에 작업은 왼쪽에서 밀기보다는 오른쪽으로 당겨진다. 위에 보이는 보드에서 작업 항목을 테스트 진행 열이나 사용자 인수 테스트 열로 끌어올 수 있지만 다른 상태에는 공간이 없어서 작업을 가져갈 능력이 없다.

린 용어로 작업은 항상 세 가지 범주 중 하나에 속한다.

가치: 구체적인 가치를 즉시 더하고 고객이 기꺼이 돈을 지불하는 작업

필요한 낭비: 자체적으로 가치를 더하지는 않지만 테스트나 소프트웨어 라이선스 조달 등과 같이 가치를 더하는 데 필요한 지원 작업

불필요한 낭비: 가치를 더하지 않고, 처리량도 저하시켜 제거할 수 있는 작업

WIP를 제한하면 소프트웨어 프로젝트에서 낭비의 근원인 대기 시간을 알 수 있다. 대기 시간의 예는 다음과 같다.

- 코드의 단위 테스트, 통합 테스트, 체크인 후 수동 인수 테스트가 완료될 때까지 기다렸다가 기능 배포
- 독립적인 테스트 조직에서 발견한 버그를 개발팀이 고칠 때까지 기다렸다가 소프트웨어 배포
- 코드 리뷰를 기다렸다가 스프린트에서 스토리 완료
- 어떤 위치의 팀이 코드를 완성해 체크인하기를 기다렸다가 또 다른 위치의 팀이 그 코드를 가지고 작업을 진행
- 프로덕트 오너가 스토리를 정제하기를 기다렸다가 개발팀이 스토리 구현 시작
- 최상위 결정권자가 팀이 어느 경로로 가야 할지 결정하기를 기다리기

이 가운데 어떤 경우이든지 소프트웨어 프로젝트에서 대기 시간은 기능 출시를 지연시키므로 항상 낭비이다. 팀이 처음 작업 흐름을 매핑하면 보통 WIP가 너무 많다는 것을 알게 된다. 대개는 너무 많다!

WIP에 올바르게 집중하면 처리량을 개선하는 일이 직원 개개인의 활용도를 극대화하는 것과는 거의 관련이 없다는 점에 주목하게 된다. 모든 직원을 항상 바쁘게 만들려는 욕구는 더 자주 WIP를 만들어 내고, 병목을 발생시켜 처리량이 감소한다. WIP에 관심을 기울이면 조직이 업무량을 극대화하는 쪽에서 처리량을 극대화하는 쪽으로 전환하는 데 매우 유용하다.

이번 장 끝 부분에 칸반과 린에 대한 읽을 거리를 안내한다.

회고와 변화

회고 회의는 새로운 개선점을 고려하고 이전의 개선 사항을 1차적으로 평가하는 시간이다. 스크럼 프로젝트에서 스프린트 회고는 스프린트 마지막, 즉 스프린트 리뷰 뒤에 그다음 스프린트 계획을 세우기 전에 수행한다.

회고의 목적은 스프린트가 어떻게 진행되었는지 점검하고, 개선 아이디어를 수립하며, 이전 회고에서 만든 개선 아이디어를 평가하고, 다음 스프린트에서 실행할 개선 사항을 위한 계획을 세우는 것이다. 스크럼 마스터는 회의가 잘 진행되도록 이끌고, 스크럼팀 전체가 참석한다.

회의의 일반적인 흐름은 다음 순서를 따른다.

1. 장소를 준비한다. 개선을 위한 마인드셋을 제안하여 모두가 시스템

을 수정하는 것에 집중하도록 상기시킨다. 어떤 조직은 각각의 회고를 농담으로 시작하는데, 실수를 비난하지 않는 분위기를 조성하고 심리적 안전을 느끼게 한다.

2. 정보를 수집하고 공유하는 공간을 만든다.
3. 통찰을 얻는다. 패턴과 근본 원인을 찾고, 큰 그림을 검토하자.
4. 무엇을 할 것인지 결정한다. 팀에서 수행할 실험을 확인하고, 실행 계획을 세우자.
5. 회고 자체를 개선할 수 있는 방법을 검토하며 회고를 종료한다.

회고는 아래 내용을 포함하여, 그다음 스프린트 동안 성과를 향상시킬 수 있는 모든 영역에 집중할 수 있다.

- 프로세스와 실행(실천법)
- 의사소통
- 환경
- 산출물
- 도구

회고에는 시간 제한이 있다. 2주 스프린트에서 보편적인 회고 시간은 75분이다.

팀마다 외부 참가자가 회고를 관찰하거나 참여할 수 있게 허용해야 하는지 다양한 관점을 갖고 있다. 관리자는 회고에서 나온 개선 계획을 언제나 검토할 수 있지만, 외부 관찰자를 허용하는 것보다 회고 자체에서 솔직함을 극대화하는 것이 더 가치 있다.

변화가 나타날 때까지 기다리기

현재 스크럼 실천법은 각 회고의 결과로 다음 스프린트에서 적어도 하나의 변화를 만들도록 한다. 향후 회고에서 그 효과를 검토해 변화를 유지하거나 중단한다. 변화는 제품 백로그가 되어 향후 스프린트의 결과물로 계획되기도 한다.

팀이 현실에 안주하지 않게 하려는 바람은 합리적이지만, 과하게 실행될 때가 있다. 각 변화는 효과를 측정할 수 있는 수준으로 이뤄져야 한다. 너무 많은 변화가 너무 빨리 도입되면 속도에 미치는 영향이 모호해진다.

각 변화의 효과를 이해할 수 있도록 모든 변화가 안정화될 때까지 기다리자. 변화는 때때로 생산성을 향상시키기 전 초기에는 생산성 저하를 일으키므로 이를 감안하자.

스토리 포인트 할당 검토하기

스토리 포인트는 할당된 후에는 변경되지 않지만 회고하는 동안 검토할 수 있다. 팀이 할당한 스토리의 구현 크기가 피보나치 숫자 한 자릿수 안에 있다고 동의하면(3으로 할당했지만 5에 더 가깝다고 판명 남), 그 할당은 충분히 좋은 것으로 인정된다. 할당이 하나 이상 어긋났다면 실패로 치고 얼마나 많은 스토리를 놓쳤는지 추적해 보자.

실패 횟수는 팀이 스토리 포인트를 할당하기 전에 충분히 백로그 정제를 하고 있는지, 스토리를 충분히 분해하고 있는지, 스프린트 계획 중에 충분히 철저하게 스토리를 논의하고 있는지 등을 보여 주는 지표로 사용한다.

측정 조작을 주의하자

프로세스 개선 작업을 할 때는 단순히 측정되는 작업이나 팀 구성을 변경하는 게 아니라 프로세스를 진짜 개선하는 것인지 확실히 하자.

팀마다 어떤 작업에 스토리 포인트를 할당할지 서로 다른 접근방식을 취한다(팀 간 비교가 도전적이고, 조직 간 비교가 무의미한 이유 중 하나이다). 어떤 팀은 스토리 포인트를 결함 수정 작업에 할당하고, 어떤 팀은 그렇지 않다. 어떤 팀은 스토리 포인트를 스파이크에 할당하지만, 어떤 팀은 그렇지 않다. 이러한 방식 중 일부는 다른 것보다 더 잘 작동하지만, 경험상 진짜로 프로세스를 개선하는 대신 스토리 포인트를 세는 작업의 종류를 바꾸는 일은 전혀 효과가 없다.

만약 그러한 꾀를 부리려는 팀을 발견한다면, 실수를 처벌하지 않는 기회로 삼자. 행동을 시스템적으로 바라보고, 문제를 일으키는 시스템을 수정하자. 자율성, 숙달성, 목적성 중에 '숙달성'에 따르면 일반적으로 팀은 개선하기를 원한다. 개선하기 위해 측정을 사용하지 않고 시스템을 조작하는 팀이 있다면, 개선을 향한 팀의 자연스러운 욕구를 약화시키는 게 무엇인지 살펴보자. 무리한 일정 압박인가? 심사숙고해서 회고하고 적용할 시간이 충분치 않은가? 개선으로 이어지는 프로세스 변경을 수행할 권한이 없는가? 이는 리더로서의 성과를 반성하고 팀에 미치는 영향을 평가할 수 있는 기회이다.

검토하기와 적용하기

검토와 적용은 공식적인 회고뿐만 아니라 애자일 프로젝트에서 시작부터 끝까지 함께해야 하는 사고방식이다. 스크럼은 검토와 적용이 일어날 수 있는 몇 가지 구조적 기회를 제공한다.

- 스프린트 계획
- 스프린트 리뷰
- 스프린트 회고
- 결함이 해당 스프린트 범위를 넘어간 것이 발견될 때마다

검토와 적용을 효과적으로 사용하려면 약간의 조급함이 있어야 한다. 문제에 인내심을 발휘하는 팀은 오랜 기간 문제를 떠안고 있을 뿐 결국 개선하지 못한다. 문제를 해결하기 위해 무언가를 해보겠다고 고집하는 팀들은 빠르게 나아질 수 있다.

또한 검토와 적용을 효과적으로 사용하면 구조와 투명성에서도 이득을 얻게 된다. 제안된 프로세스 변경사항을 제품 백로그로 넣고, 다른 작업과 함께 프로세스 개선 작업의 우선순위를 정하고 계획한 팀들은 성공했다. 이는 회고 결과가 '쓰기 전용' 문서가 되는 실패를 방지하고 한번에 너무 많은 변화가 수행되는 문제를 막는 데 도움이 된다.

개인의 생산성을 측정할 수 있을까?

의학, 교육, 소프트웨어를 포함한 수많은 분야에서 개인의 생산성을 측정하려고 시도했다. 모든 경우에 개인의 생산성을 측정하는 유효한 방법은 없다. 최고의 의사는 가장 어려운 환자를 맡기 때문에 최고일지라도 다른 의사들보다 치료율이 낮을 수 있다. 최고의 선생님이라도 수업하기 가장 어려운 학교에서 일한다면 선생님이 더 낫다고 해도 학생들의 시험 점수는 더 낮은 경우도 있다. 최고의 소프트웨어 개발자는 가장

복잡한 작업을 할당받기에 겉보기에는 평균적인 개발자에 비해 생산성이 떨어진다.

할당된 기술 작업의 차이, 여러 프로젝트에 걸친 멀티 태스킹, 다른 팀원 간의 대인관계 역학, 프로젝트에 대한 이해관계자의 지원 수준, 다른 직원을 멘토링하는 데 소요된 시간, 그 밖의 무수히 많은 요소들이 구성원 개인의 결과물에 영향을 미친다. 소프트웨어 프로젝트는 이러한 환경 외에도 개인의 의미 있는 생산성 측정을 허용하기에는 너무 많은 교란변수(혼재변수)를 포함하고 있다.

애자일은 개인이 아닌 팀에 초점을 둔다. 팀 차원의 측정은 문화적으로 애자일과 더욱 일치하며 훨씬 더 타당하다.

🗒 애자일 리더를 위한 To Do List

☑ 검토하기

- 팀이 측정할 수 있을 정도로 스크럼을 일관적으로 실행하고 있는지 살펴보자.
- 스프린트 계획, 스프린트 리뷰, 회고에서 팀의 성과를 검토하자. 이러한 기회를 활용하여 검토와 적용을 수행하고 있는가?
- 특히 리더로서 팀이 단기 전달 요구사항과 장기 개선 목표 간의 균형을 맞추는 것을 얼마나 잘 지원하고 있는가?
- 작업 흐름을 매핑하고 지연을 찾자. 불필요한 지연으로 전달 프로세스에 얼마나 많은 낭비가 발생하고 있는지 평가하자.

☑ 적용하기

- 스토리 포인트를 사용해 프로세스 변경에 따른 효과를 측정하자.
- 팀이 스크럼 이벤트에서 검토와 적용을 일관되게 사용하도록 장려하자.
- 회고가 중요하며, 회고 결과를 바탕으로 다음 스프린트에서 즉시 변화를 일으킬 수 있게 지원하겠다고 팀에 적극적으로 전달하자.
- 팀 작업을 칸반으로 시각화하고 지연을 찾자.

더 읽을 거리

- Derby, Esther and Diana Larsen. 2006. *Agile Retrospectives: Making Good Teams Great*(《애자일 회고: 최고의 팀을 만드는 애자일 기법》, 인사이트).

  어떻게 애자일 회고를 수행하는지 다룬다.

- Hammarberg, Marcus and Joakim Sundén. 2014. *Kanban in Action*.

  소프트웨어 맥락에서 칸반을 잘 소개한다.

- Poppendieck, Mary and Tom. 2006. *Implementing Lean Software Development*(《린 소프트웨어 개발의 적용: 속도 경쟁에서 승리하기》, 위키북스).

  소프트웨어 중심으로 린과 칸반을 소개하는 또 다른 책이다.

- Oosterwal, Dantar P. 2010. *The Lean Machine: How HarleyDavidson Drove Top-Line Growth and Profitability with Revolutionary Lean Product Development*.

  린 기법으로 할리 데이비슨의 제품 개발 활동을 전환한 사례 연구를 소개한다.

- McConnell, Steve. 2011. What does 10x mean? "Measuring Variations in Programmer Productivity." *Making Software: What Really Works, and Why We Believe It*

  개발자 개인의 생산성 변화를 설명하고 제품을 개발하고 판매하는 환경에서 이를 측정하는 어려움을 자세히 설명한다.

- McConnell, Steve. 2016. "Measuring Software Development Pro-
  ductivity." [online webinar].
  이 웨비나에서는 팀 생산성 측정을 자세히 다뤘다.

애자일 예측성

수십 년 전, 톰 길브는 질문을 던졌다. "예측성을 원하는가, 통제력을 원하는가?"[Gilb, 1988]. 대대적인 선전은 없었지만 애자일은 이 질문에 답하는 많은 조직의 대답에 변화를 일으켰다. 순차 개발은 고정된 피처 세트를 정의한 다음 일정을 추정하는 경향이 있다. 즉, 일정을 예측하는 데 초점을 맞춘다. 애자일 개발은 고정된 일정을 정의한 다음 그 시간 안에 전달할 수 있는 가장 가치 있는 기능을 정의하는 식이다. 즉, 피처 세트를 제어하는 데 초점을 둔다.

애자일 서적 대부분이 고객 지향적인 모바일 애플리케이션, 게임, SaaSSoftware as a Service 애플리케이션, 스포티파이, 넷플릭스, 엣시 등 예측성보다 적시성을 우선하는 시장을 위한 소프트웨어 개발에 집중했다. 하지만 고객이 여전히 예측성을 원하면 어떻게 해야 할까? 조직이 특정 피처 세트를 제공해야 하는 상황에서 이를 전달하는 데 얼마나 걸릴지 알아야 한다면 어떻게 할 것인가? 혹은 기능과 일정의 조합을 최적화하기 위해 대략 얼마나 많은 기능을 어느 정도의 기간 안에 제공할 수 있는지 알고 싶다면 어떻게 하겠는가?

애자일은 피처 세트 제어를 가장 강조했지만 적절한 방법이 채택되기만 한다면 예측성도 탁월하게 지원할 수 있다.

백로그와 예측성

프로젝트 초기에는 애자일에 특화된 추정 방법을 사용할 수 없다. 제품 백로그를 채우기 전에 프로젝트 초기 추정에 사용하는 방법은 프로젝트가 순차적으로 수행되는지 애자일하게 수행되는지 관계없이 동일하다[McConnell, 2006]. 팀이 스프린트에서 작업을 시작할 때 비로소 애자일 개발과 순차 개발을 구분하는 게 의미 있어진다.

그림 20-1은 소프트웨어의 불확실성의 원뿔Cone of Uncertainty을 표현한 것으로 애자일에 특화된 추정 방법이 의미 있어지는 프로젝트 시점을

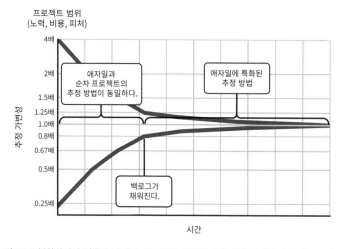

그림 20-1 불확실성의 원뿔로 나타낸 추정 방법. 애자일에 특화된 방법은 제품 백로그가 채워지고 나서 실행되기 시작한다. 저자가 2006년에 발표한 내용을 바탕으로 수정함[McConnell, 2006].

보여 준다. 이러한 패턴에는 예외가 있는데, 예측 가능성만 지원하기보다 예측과 제어의 조합을 원하는 경우 조금 더 일찍 애자일이 시작된다.

예측성에 접근하기

예측성에 접근하는 방식은 아래에서 간략하게 소개한 후 다음 절에서 더 자세히 다룬다.

비용과 일정 엄격하게 예측하기 때로는 정확한 피처 세트의 비용과 일정을 예측해야 한다. 새로운 플랫폼에서 명확한 기능 세트를 복제하는 경우가 그러하다. 혹은 이미 만들어진 하드웨어 장치를 위해 특정한 기능 세트를 개발하는 경우도 있다. 아니면 SI 계약에 따라 소프트웨어를 개발하는 때도 있다. 이 모든 시나리오에서 예측성이 중요한데 피처 세트 제어를 과소평가하는 상황이 벌어지기도 한다. 흔한 경우는 아니지만 때때로 발생한다.

피처를 엄격하게 예측하기 때로는 고정된 예산으로 정해진 날짜에 사용할 수 있는 정확한 피처를 예측해야 한다. 이는 앞서 언급한 시나리오의 변형이며, 이를 지원할 때 사용하는 방법도 유사하다.

느슨하게 예측하기 때로는 기능, 비용, 일정을 대략적으로 조합한 선택지들의 실현 가능성을 예측해야 한다. 변수 중 어느 것도 엄격하게 고정되어 있지 않고, 각각 약간의 유연성이 있다. 이러한 종류의 예측성은 예산 책정 과정에서 느슨하게 정의된 기능을 개발하는 비즈니스 사례가 있는지 검토하려고 할 때 필요하다. 또한 프로젝트가 진행되는 동안에도 진행상황을 추적하려면 느슨한 예측성이 필요하다. 이는 통제와 결합된 예측을 반영한 반복적인 프로세스를 통해 달성될 수 있다.

이어서 엄격한 예측성을 달성하는 데 필요한 사항들을 다루겠다. 엄격한 예측성이 필요치 않더라도 이를 달성하는 데 필요한 고려사항들은 느슨한 예측성을 달성하는 것과 관련이 있다.

비용과 일정 엄격하게 예측하기

정확하고 고정된 피처 세트로 비용과 일정을 예측해야 한다면, 먼저 정확한 피처 세트를 정의해야 예측이 가능한데 이는 일반적으로 릴리스 주기의 10~30%에 해당한다. 엄격한 예측성을 지원하는 주요 애자일 실천법은 다음과 같다.

- 스토리 포인트 할당
- 속도 계산
- 작은 스토리
- 제품 백로그 사전에 채우기, 추정하기, 정제하기
- 짧은 반복 주기
- 릴리스 번다운
- 속도 변화에 대한 고려

비용과 일정을 엄격하게 예측할 필요가 없다면, 다음 절 '피처 세트 엄격하게 예측하기'로 넘어가도 좋다. 하지만 일부 개념이 이후 절에서 언급되므로 제목만이라도 훑어보기를 권한다.

스토리 포인트 할당

노력에 대한 직접적인 평가는 편향과 주관에 따른 문제 모두에 영향을 받는다[McConnell, 2006]. 편향은 원하는 방향으로 추정치를 의도적으로 조정하는 것이다. 주관은 희망사항이나 추정 기술 부족으로 인해 의도치 않게 추정치를 조정하는 것이다. 소프트웨어 개발의 역사에서 추정은 거의 항상 낙관적인 편이었기 때문에, 개인과 팀이 이를 시스템적으로 과소평가하는 경향으로 이어졌다.

  스토리 포인트에는 편향이 없기 때문에 부분적으로 유용하다. 노력을 직접 추정하는 대신 팀은 스토리 포인트를 사용하여 작업 항목에 상대적인 크기를 할당한다. 스토리 포인트를 할당할 때 보통 시간을 스토리 포인트의 환산 계수라고 생각하는데, 스토리 포인트가 사용되는 방식 때문에 이러한 환산 계수의 오류가 추정치를 훼손하지는 않는다. 스토리 포인트는 실제 성과에 기반하여 경험적으로 산출한 속도를 계산하는 데 쓰인다. 팀은 '우리는 이번 스프린트에서 100 스토리 포인트를 완료할 수 있다'라고 낙관적으로 생각할 수 있다. 스프린트가 끝났을 때 100이 아니라 50 스토리 포인트를 완료했다면 팀의 속도는 100이 아니라 50이고 이것이 향후 계획에 사용될 숫자이다.

속도 계산

일반적으로 속도는 한 번에 한 스프린트를 계획할 때 가장 많이 쓰인다. 예측성을 지원하는 것도 속도를 그만큼 가치 있게 사용하는 방법이다. 팀이 지난 세 번의 스프린트 동안 지속 가능한 속도로 작업을 하고 매 스프린트에서 50 스토리 포인트(평균 속도 50)를 완료했다면, 팀은 이를 평균 속도로 사용하여 기능의 총량을 제공할 수 있는 시기를 예측할 수 있다.

회사가 12개월 걸리는 1200 스토리 포인트로 구성된 릴리스를 계획하고 있다고 가정해 보자. 12개월의 일정은 2주짜리 스프린트 26개가 가능하다. 팀은 8주(4개 스프린트) 동안 일하고, 매 스프린트당 평균 속도는 50 스토리 포인트이다. 이때 팀이 계획한 작업을 완료하기 위해서는 24개의 스프린트(1200/50)가 필요하다고 예측할 수 있다. 팀은 1년이라는 시간 안에 해당 피처 세트를 제공할 수 있을 것이다.

여기에는 몇 가지 조건이 필요하다. 팀의 속도를 보정하는 데 사용되는 스토리는 100% 완료되어야 하며, 엄격한 완료 정의를 완전히 충족해야 한다. 또한 팀은 릴리스 주기에서 나중에 갚아야 할 기술 부채를 누적할 수 없다. 이후 스프린트에서 속도를 떨어뜨릴 것이기 때문이다. 속도 예측은 휴가나 공휴일 일정을 고려해야 한다. 사용자 인수 테스트, 시스템 테스트 등과 같이 완료 정의 이후에 필요한 작업을 계획에 반영해야 한다. 또한 속도에는 팀이 보여 주는 스프린트 간 가변성도 고려되어야 한다. 하지만 기존의 순차 프로젝트 추정과 비교했을 때, 릴리스 주기 초반에 경험적으로 생산성을 보정하고 완료일을 예측하는 데 사용할 수 있는 팀의 능력은 강력한 역량이다.

작은 스토리

18장 '애자일 측정'에서 논의한 것처럼 스토리를 작게 유지하면 애자일 프로젝트의 진행사항을 측정할 수 있다.

제품 백로그 미리 채우기, 정제하기, 추정하기

엄격한 예측성이 필요한 팀은 릴리스의 제품 백로그를 전체 스토리 세트로 사전에 채워야 한다. 즉, 백로그를 채우기 위해 순차적인 접근방식을 적용해야 한다. 하지만 완전한 순차 접근에서처럼 스토리를 세부 수준에서 다듬을 필요는 없다. 각 백로그 항목에 스토리 포인트를 할당할 수 있을 만큼 충분히 다듬으면 되는데, 이는 전형적인 애자일에서 스토리를 사전에 다듬는 작업보다는 더 많다. 그런 다음 각 백로그 항목에 실제로 스토리 포인트를 할당한다.

프로젝트 초기에 모든 스토리를 1~13 척도에 따라 의미 있는 스토리 포인트를 할당할 수 있는 수준으로 정교화하는 건 어렵다. 이를 해결하는 방법을 이 장 마지막에 제안하겠다.

짧은 반복주기

18장에서 다룬 것처럼 반복 주기가 짧을수록 팀의 진행상황을 예측하는 데 쓰이는 생산성 데이터를 더 빨리 개발할 수 있다.

릴리스 번다운

팀의 초기 예측에 기반한 진척 상황 모니터링은 정상적인 작업 흐름에서 유기적으로 처리된다. 팀은 릴리스 번다운을 사용하여 각 스프린트에서 완료된 스토리 포인트를 추적한다. 팀의 속도가 최초 평균인 50에서 변하기 시작했다면 이해관계자에게 알리고 계획을 조정한다.

속도 가변성 고려하기

모든 팀의 속도는 스프린트마다 가변성을 보인다. 매 스프린트마다 평균 50 스토리 포인트를 기록했더라도 실제로 각각의 스프린트는 42, 51, 53, 54 스토리 포인트로 완료했을 수 있다. 이는 팀의 속도를 사용하여 장기적인 결과를 예측하는 데 약간의 변동성이나 위험이 있음을 시사한다.

이러한 4개의 스프린트를 수행한 팀은 5.5 스토리 포인트 표준 편차 대 평균 50의 표본을 보였다. 완료된 스프린트 수를 기반으로 신뢰 구간을 계산하여 궁극적으로 팀의 전체 프로젝트 속도에 대한 위험을 추정할 수 있다. 팀이 더 많은 스프린트를 완료하고 더 많은 경험을 쌓으면 이를 업데이트한다.

그림 20-2는 속도가 느려지거나 빨라질 가능성이 있는 부분을 나타내고자 초기 속도와 신뢰 구간을 사용하는 예를 보여 준다.

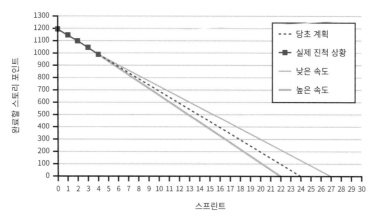

그림 20-2 팀의 평균 속도, 속도의 가변성, 신뢰 구간의 수학적 계산을 이용해 프로젝트 결과의 변동성을 계산할 수 있다.

그림에서 보이듯이 90% 신뢰 구간[1]을 기준으로 팀이 1200 스토리 포인트의 작업을 완료하려면 총 22개에서 27개의 스프린트를 수행해야 하고, 계산상 24개의 스프린트가 필요하다. 팀이 속도에서 낮은 변동성을 보이면 가능한 성과의 범위가 좁아진다. 1주일을 초과할 위험이 있지만 1년 안에 완료될 가능성이 높다.

신뢰 구간이 계산되는 방식 때문에 팀이 더 많은 스프린트를 완료할수록 가능한 성과의 범위는 더욱 좁아지고 예측성은 더 높아진다. 팀이 이 다음 4개 스프린트에서 처음 4개와 같은 변동성을 보여 준다면, 작업을 완료하기 위한 90% 신뢰 구간은 총 23~26개 스프린트로 범위가 줄어든다.

일정한 팀 속도로 일하는 건 단지 예측성 자체를 연습하기 위함이 아니다. 팀의 속도로 안정성에 도달하는 것이 목표 중 하나이기 때문이다. 팀은 일하는 방식을 개선하기 위해 노력하여 변동성은 낮추고 예측성은 향상시켜야 한다.

피처 세트 엄격하게 예측하기

고정된 비용과 일정으로 전달할 수 있는 피처를 정확히 예측해야 하는 경우, 접근방식은 방금 설명한 내용과 유사하다. 엄격하게 피처 세트를 관리하는 방식이 이와 관련된 핵심 애자일 실천법에 어떻게 적용되는지 알아보자.

---

1 '신뢰 구간'은 관측된 평균이 실제 평균에 가깝다고 확신할 수 있는 정도에 관한 특정(그리고 난해한) 통계 계산이다. 이 예에서 90% 신뢰 구간은 속도의 실제 평균이 44와 56 사이가 될 것이라고 90% 신뢰할 수 있다는 의미이며, 이는 스프린트 수가 22에서 27 사이임을 의미한다(이미 완료된 네 번의 스프린트를 고려한 것이다). 어떤 팀은 가능한 성과(결과)를 측정하기 위해 표준 편차를 사용하지만 이는 수학적으로 정확하지 않다. 표준 편차는 범위에 속하는 개별 스프린트 속도를 예측한다. 신뢰 구간은 전체 스프린트 세트에서 가능한 평균 속도의 범위를 계산하는 데 적절한 방법이다.

제품 백로그

백로그는 앞서 비용과 일정을 엄격하게 예측하기 위해 사용된 접근방식과 마찬가지로 완전히 채워져야 한다. 팀이 보유한 시간보다 많은 스토리 포인트를 추가하여 스토리를 정의하고 정제한다면, 정의와 정제 작업의 일부가 낭비된다. 팀이 높은 우선순위에서 낮은 우선순위로 백로그를 채울수록 낭비가 줄어든다.

속도로 스토리 포인트 예측하기

속도 역시 비용과 일정을 엄격하게 예측하기 위해 사용된 방식과 유사하게 쓰인다. 하지만 속도를 사용해 완료일을 예측하는 대신 전달할 수 있는 기능의 양(스토리 포인트 수)을 미리 짐작하는 데 쓴다. 가변성은 일정이 아닌 피처 세트로 전환된다.

앞에서 언급한 1년 일정의 프로젝트를 예로 들면 고정된 스토리 포인트를 전달하는 데 필요한 스프린트 수를 예측하는 게 아니라, 신뢰 구간을 적용하여 정해진 수의 스프린트 안에 완료할 수 있는 스토리 포인트를 예측할 수 있다.

처음 네 번의 스프린트 후 90% 신뢰 구간을 기준으로 팀은 총합 1158에서 1442 스토리 포인트를 총 26개의 스프린트 후에 전달해야 하고, 팀은 총 1200 스토리 포인트를 달성할 가능성이 크다.

추정의 목표는 정확한 예측이 아니다

지금까지의 논의는 순전히 예측성에 접근하는 방식을 기반으로 했다. 프로젝트의 어느 시점에서 조직은 궁극적으로 전달하는 비용과 일정,

기능의 정확한 조합을 예측할 수 있길 원한다. 어느 것도 크게 바뀌지 않는 선에서 말이다. 어떤 업계에서는 이러한 수준의 예측성이 일반적으로 필요한 데 반해 아주 가끔 요구될 뿐인 분야도 있다.

보다 일반적으로 비용, 일정, 기능 혹은 세 가지 모두를 지속적으로 관리 제어할 수 있는 느슨한 수준의 예측성이 필요하다. 앞에서 말했듯이, 많은 경우 추정의 역할은 정확한 예측을 하는 것이 아니라 일반적인 유형의 작업을 대략적인 시간 프레임 안에 완료할 수 있을지 이해를 얻는 것이다[McConnell, 2000]. 여러분이 예측하려는 대상은 계속해서 변화하기 때문에 이는 실제로 '예측'이 아니다. 이는 사실상 예측과 제어의 조합이다. 그 특성이 어떻든지 간에 이는 '예측성'을 필요로 하는 조직의 요구를 충족시키고, 소프트웨어 프로젝트를 수행하는 효과적인 방법이 될 수 있다. 애자일은 이러한 느슨한 예측성을 훌륭하게 지원한다.

큰 스토리 포인트

어떤 애자일 코치들은 세부적인 추정에 사용하지 않더라도 최상위 예산 계획을 세우기 위해 21, 40, 100의 큰 스토리 포인트 값이나 혹은 21, 34, 55, 89와 같은 큰 피보나치 숫자를 사용하도록 권한다. 이렇게 숫자를 사용하는 건 엄격한 예측 관점에서 보면 유효하지 않지만 느슨한 실용주의적인 관점에서는 유용할 수 있다. 다만 조직은 이 큰 숫자들이 무엇을 의미하는지 서로의 생각을 일치시켜야 한다.

큰 숫자와 리스크

에픽(혹은 테마, 피처 등과 같은 규모가 큰 아이템)에도 값을 할당할 수 있는데 더 큰 숫자를 사용할수록 예측성의 리스크도 높아진다. 세부적인 스토리의 포인트와 에픽의 포인트 비율을 검토하자. 에픽이 포인트의 5%를 차지한다면 전반적인 예측성에 큰 위험이 없다. 하지만 포인트의 50%가 에픽에서 나온다면 예측성의 리스크도 높아진다. 예측성이 얼마나 중요한지에 따라 이는 문제가 될 수도, 아닐 수도 있다.

에픽을 예산으로 사용하기

에픽이나 다른 큰 항목을 추정하는 또 다른 방법은 숫자 추정을 사용하고 그 숫자를 각 영역의 세부 작업에 대한 예산으로 처리하는 것이다. 예를 들어, 피보나치 척도를 사용하고 팀이 에픽을 55 스토리 포인트로 추정한다면 55 스토리 포인트를 해당 에픽의 가용 예산으로 취급한다.

에픽을 세부 예산으로 하는 방식을 쓰면, 팀에서 에픽을 세부적인 스토리로 구체화할 때 해당 에픽과 관련해 55 포인트의 예산을 초과할 수 없다. 팀은 더 자세한 스토리로 우선순위를 정하고 55 포인트 예산 안에서 가장 높은 비즈니스 가치를 제공하는 스토리들을 골라야 한다.

이러한 접근 방법은 다른 종류의 작업에서도 흔히 볼 수 있다. 만약 주방 리모델링을 하면, 리모델링을 위한 총 예산이 있고, 캐비닛, 가전 제품, 조리대 상판, 장비 등에 쓸 세부 예산이 나온다. 세부 예산 접근방식은 소프트웨어 팀에도 똑같이 효과적이다. 이는 조직에 예측성과 통제의 조합을 통해 달성되는 예측 가능함을 제공한다.

이따금씩 팀은 예산을 낭비한다. 예를 들면 55 포인트 예산 안에서 의도한 기능의 본질을 전달할 수 없을 때가 있다. 그러면 사업 부서와 해당 작업의 우선순위와 예산을 높일 가치가 있는지 대화를 나누게 된다.

이러한 종류의 대화는 건강하며, 스토리 포인트 할당은 이를 용이하게 한다. 엄격한 예측성 방식이 수행하는 것과 동일한 수준의 예측성은 제공되지 않겠지만, 예측 가능성 자체의 가치보다 점진적인 과정에서 예측성을 수정하는 일을 더 중요하게 생각한다면 이를 허용하거나 선호할 것이다.

핵심 피처 세트와 납품일

모든 조직이 피처 세트를 100% 정확하게 예측할 필요는 없다. 조직에는 특정 기간 내에 핵심 피처 세트를 전달할 수 있다는 확신이 필요하고, 그 이상을 제공하는 피처에 대한 사항은 그때그때 달라진다.

앞서 예로 든 팀이 1000 스토리 포인트의 핵심 피처 세트를 전달해야 한다면, 핵심 피처 세트는 20번의 스프린트(40주) 후에 완료된다고 예측할 수 있다. 그렇게 되면 약 6개의 스프린트 혹은 300 스토리 포인트가 남는다. 조직은 고객에게 핵심 피처를 전달하는 장기적인 약속을 함과 동시에 적시 기능을 제공할 수 있는 일부 역량을 남겨둘 수 있다.

예측성과 애자일 경계선

대부분의 조직이 이번 장에서 설명한 느슨한 예측성을 사용해 비즈니스 목적을 충족시킬 수 있다. 일부 예측성에 대한 요구가 더 높은 조직에는 더 엄격한 방식이 필요하다.

애자일을 좇는 데 집중하는 사람들은 사전에 세밀한 스토리 포인팅을 할 수 있을 만큼 제품 백로그를 정교화하는 건 "애자일이 아니다"라고 불평할 것이다. 하지만 목표는 단순히 애자일해지는 것이 아니다(적어도 이번 장의 주제에 관심이 있다면 말이다). 비즈니스에 필요하다면, 애자일과 다른 방법론을 사용하여 비즈니스 목표와 전략을 지원하는 것이 목표이다.

그림 20-3과 같이, 2장에서 설명했던 '애자일 경계선' 개념이 여기에서 유용하다.

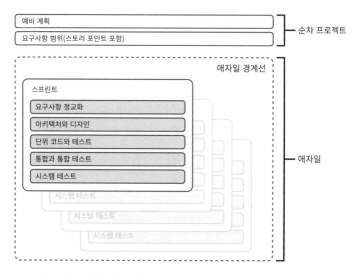

그림 20-3 애자일 경계선은 장기적인 예측성을 필요로 하는 조직에서 이를 지원하는 데 도움이 된다.

엄격한 예측성을 위해서 초기 활동 가운데 일부는 좀 더 순차적으로 접근하고, 이후 나머지 프로젝트는 완전히 애자일 방식으로 수행한다.

애자일은 예측성을 지원한다

이번 장에서는 장기적인 예측성에 대한 비즈니스 요구가 있는 조직에 초점을 맞춰 논의했다. 애자일 방법론은 그 목표를 탁월하게 지원한다.

조직에 장기적인 예측성이 필요하다고 해서 결코 계획이 바뀌지 않는다는 의미는 아니다. 연초에 1200 스토리 포인트 기능을 계획한 비즈니스여도 때로는 한 해의 중간을 지나면서 계획을 바꾸기로 결정하는 때도 있다. 여기에는 아무 문제가 없다. 팀이 애자일 방식을 사용하면 경로 변경에 조직적이고 효과적인 방식으로 대응할 수 있다. 그렇다. 초기 요구사항 정교화 작업의 일부는 폐기될 테지만, 팀이 초기에 각 요구사항을 완전히 상세화하는 순차적 방식을 사용할 때보다는 더 적은 작업이 버려질 것이다. 게다가 작업 주기가 짧기 때문에 더 쉽게 경로를 변경할 수 있다.

복잡하고 민감한 문제들

릴리스 주기 초기에 제품 백로그를 완전히 정의하는 일은 대부분 커네빈 프레임워크의 난해함 영역에 있는 작업의 성격에 달려 있다. 작업이 많은 부분 복잡하다면 끝날 때까지 완전히 신뢰할 만큼 정교하게 다듬기 어렵다. 복잡함 영역에서 주로 작동하는 프로젝트의 주요 사안은 해결해야 할 문제의 본질을 밝히기 위해 조사를 진행하는 것이라는 점을 기억하자.

배리 베임의 나선형 모델[Boehm, 1988]과 같은 전략은 복잡한 측면이 중요한 프로젝트를 조사하고 이를 난해함으로 변환해 본격적인 작업에 착수하기 위해 제안되었다. 이는 예측 가능성을 중요시하는 조직에 유용한 방식이다. 하지만 모든 복잡한 문제를 난해한 문제로 변환할 수 있는 건 아니며, 대부분의 복잡한 문제에 대한 작업은 예측하기 어렵다. 복잡한 요소가 대부분인 프로젝트를 발견한다면, 이론적으로 예측 가능성이 존재하는지 자문해 보자.

예측 가능성은 애자일팀에서 민감한 주제가 될 수 있다. 애자일을 적용하는 과정에서 경험한 한 가지 실패 유형은 경영진이 추정치가 필요한 합당한 이유를 설명했음에도 추정치 제공을 거부하는 팀이었다. 이러한 이유로 애자일 적용이 중단되는 경우가 여러 번 있었다.

또한 애자일을 좇는 데 집중하는 사람들이 추정치를 제공하지 않고 대신 전체 조직이 더 애자일해져서 추정이 필요하지 않게 하자고 조언하는 것을 본 적도 있다. 이러한 예는 주객전도일 뿐 아니라, 개발팀이 비즈니스 전략을 경영진에 지시하려는 것과 같다.

고객과의 협업은 애자일 선언문에 기술된 원래 가치 가운데 하나이다. 만약 애자일팀이 고객이 원하는 걸 제공하는 것보다 비즈니스 자체를 재정의해야 한다고 주장한다면, 고객이 원하는 것에 새롭게 초점을 맞추자고 제안하자.

📋 애자일 리더를 위한 To Do List

☑ 검토하기

- 여러분의 비즈니스에서 유연성과 예측 가능성 가운데 더욱 요구되는 것은 무엇인가?
- 여러분의 비즈니스에는 엄격한 예측성이 필요한가 아니면 느슨한 예측성이면 충분한가?
- 애자일 개발의 목표는 비즈니스 요구를 지원하는 것이며 때로는 비즈니스에 예측성이 필요하다는 점을 팀이 이해하고 있는가?
- 에픽을 예산으로 간주하는 방식을 고려하자. 이러한 접근이 팀에 어떤 영향을 미칠까?
- 커네빈 프레임워크를 기반으로 포트폴리오의 각 프로젝트를 평가하자. 팀이 본질적으로 복잡한 작업을 추정하도록 요청받고 있는가?

☑ 적용하기

- 예측성에 대한 비즈니스 요구사항을 팀과 이야기하자. 이것이 비즈니스에 중요한 이유를 설명하자.
- 각각의 복잡한 프로젝트를 난해한 프로젝트로 변환할 수 있는지 평가하자. 복잡함 영역에 남아 있어야 한다면 예측에서 탐색으로 초점을 옮기자.
- 에픽을 예산으로 간주하는 것을 포함해서 예측성과 관련된 비즈니스 요구를 더 잘 지원할 수 있도록 애자일 실천법을 개선할 것을 팀에 요청하자.

더 읽을 거리

- McConnell, Steve. 2006. *Software Estimation: Demystifying the Black Art*(《소프트웨어 추정: 그 마법을 파헤치다》, 정보문화사).
  순차 및 애자일 프로젝트의 소프트웨어 추정을 자세히 설명한다. 프로젝트 초기 추정(애자일 대 순차 개발의 구분이 생기기 이전)에 사용할 수 있는 수많은 기술을 다룬다. 2006년에 이 책이 출판된 이후, 추정에서 요구사항의 역할을 다룬 일부 논의는 이 책에서 설명된 요구사항 정교화에 관한 점진적인 접근방식으로 대체되었다.

21

규제 산업에서 더 효과적인 애자일

어떤 대가를 치르더라도 유연성에 초점을 맞추었던 초기 애자일은 애자일이 생명과학, 금융, 정부 사업 등 규제 산업에 적합하지 않다는 인상을 주었다. "완전한 애자일을 할 게 아니면 하지 말아라." 이는 기업이 고객 또는 전반적인 제품 개발 주기를 완전히 애자일하게 만드는 방법을 모르면 애자일 방법론을 적용할 수 없다는 인상을 강화했다.

유감스럽게도 많은 소프트웨어가 의료기기, 자동차, 클라우드 등 분야별로 FDA, IEC 62304, ASPICE, ISO 26262, FedRAMP, FMCSA, SOX, GDPR과 같은 명시적인 규정에 따라 개발된다. 규제가 없는 것처럼 보이는 다른 소프트웨어도 개인정보, 접근성, 보안에 대한 규칙을 적용받는다.

애자일이 성숙해짐에 따라 애자일 방법론이 다른 산업에서와 마찬가지로 많은 규제 산업에서 유용하고 적절하게 쓰일 수 있음이 드러났다. 규제 산업 표준을 충족하지 않으면서 애자일 개발을 실행하는 건 확실히 가능하지만, 충족하는 방식을 따르면서도 애자일 개발을 똑같이 수행할 수 있다.

2012년에 FDA는 AAMI TIR45:2012('의료기기 소프트웨어 개발의 애자일 방법론 사용에 관한 지침')를 공인된 표준으로 채택했다. 우리는 FDA 규제 및 기타 규제 환경에 있는 수많은 기업들과 스크럼을 비롯한 여러 애자일 방법론을 성공적으로 적용하기 위해 10년 이상 일했다. 이번 장의 논의는 가장 엄격하게 규제되는 산업을 제외한 모든 산업에 적용된다. 그중 FAA/DO-178 규제는 이 장에서 설명한 것보다 더 광범위하기 때문에 여기서 '규제 환경'을 언급할 때 FAA/DO-178은 포함되지 않는다.

애자일이 규제 상품 개발을 더 어렵게 만든다?

일반적으로 규제 환경에서 소프트웨어 관련 요구사항은 다음과 같이 요약된다. "계획을 문서화하고, 계획을 실행한다. 계획 달성을 문서로 증명한다." 일부 환경에서는 몇 가지 요구사항이 추가된다. "세부 수준에서 모든 작업을 수행했음을 증명할 수 있는 광범위한 추적성을 제공한다."

애자일 방법론이 규제 상품에 대한 작업을 더 혹은 덜 어렵게 만드는 게 아니다. 애자일에서는 문서화에 더 주의를 기울여야 한다. 문서화의 효율성은 규제 산업에서 애자일을 채택할 때 가장 중요한 고려사항이다.

순차적 방식은 규제 상품 개발에서 문서를 효율적으로 작성할 수 있게 한다. 점진적이고 적시 방식을 강조하는 애자일은 문서를 만들거나 업데이트하는 횟수를 증가시킨다. 이 점이 반드시 문제가 되지는 않는다. 많은 리더들이 문서는 소프트웨어처럼 점진적으로 만들어지기 때문에 애자일 개발이 문서를 더 쉽게 작성할 수 있게 해준다고 말한다. 하지만 구두 전달이나 내부 지식에 초점을 두는 것과 같은 애자일 문화

애자일 가치	규제 환경에 미치는 영향
짧은 릴리스 주기	규정 준수 자체에는 영향을 주지 않지만, 각 릴리스 비용이 상당할 수 있으므로 조직이 릴리스 빈도를 선택하는 데 영향을 미친다.
소규모 배치로 수행되는 엔드투엔드 개발 작업	규정 준수 자체에는 영향을 주지 않지만, 문서 생성 시기에는 영향을 미친다.
상위 수준의 사전 계획과 적시 세부 계획	계획은 반드시 문서화해야 하며, 적시 계획도 마찬가지다. 규제 유형에 따라 추적성이 요구되기도 한다.
상위 수준의 사전 요구사항과 적시 세부 요구사항 도출	요구사항은 반드시 문서화해야 하며, 적시 요구사항도 마찬가지다. 문서 생성 시기에 영향을 미친다.
적기 설계	설계는 반드시 문서화해야 하며, 적시 설계도 마찬가지다. 문서 생성 시기에 영향을 미친다.
지속적이고 자동화된 테스트, 통합된 개발	규정 준수를 지원한다.
빈번하고 구조화된 협업	일부 협업은 구두 전달에서 문서화로 전환되어야 한다.
경험적, 반응적, 개선 지향적 접근방식	규정 준수에 영향을 미치지 않는다.

표 21-1 규제 환경에서 애자일의 주요 가치가 작동되는 방식

의 일부 측면은 수정될 필요가 있다.

표 21-1은 애자일이 규제 환경에서 규정 준수에 미치는 영향을 요약하고 있다. 개념적인 수준에서 여러 애자일 방법이 고품질 소프트웨어를 보장하는 규제의 취지를 뒷받침한다.

- 완료 정의(문서 관련 요구사항을 포함하여 규정을 충족하거나 초과하는 방식으로 생성됨)
- 준비 정의

- 항상 릴리스 가능한 수준으로 소프트웨어 품질 유지
- 코드 개발 이전 혹은 코드 개발 직후 테스트 개발
- 자동화된 회귀 테스트 사용
- 제품과 프로세스 품질 개선을 위해 정기적으로 검토와 적용 활동

규제 환경에서 스크럼이 동작하는 법

규제는 보통 느리게 업데이트된다. 앞서 설명한 규제 환경 요건은 소프트웨어 개발의 서부 개척 시기였던 수십 년 전에 처음 만들어졌다. 조직은 소프트웨어를 개발하기 위해 어떤 방식도 쓸 수 있었지만 대부분이 잘 동작하지 않았다. 규제는 부분적으로 효과를 알 수 없는 혼란스러운 임시방편을 피하기 위한 것이다.

미국 연방 규정은 일반적으로 특정 소프트웨어 개발 방식이나 주기를 요구하지 않는다. 이는 앞에서 설명한 대로 조직이 접근방식을 선택하고, 정의하고, 문서화할 것을 요구한다. 때로는 규제 기관의 승인을 얻어야 하는 경우도 있다.

애자일 방법론 가운데 특히 스크럼은 이러한 요구사항을 뒷받침할 수 있도록 정형화되고 광범위하게 문서화되어 있다(이 책을 포함해서 말이다). 팀이 특정 문서에 정의된 대로 스크럼을 사용하고, 스크럼을 그렇게 사용하고 있다는 문서에 동의하면, 정의된 프로세스를 만드는 일에 기여하게 되고 이를 통해 규정 준수를 지원할 수 있다.

스크럼을 필수 프로세스 문서로 매핑하기

다양한 규제가 존재하는데, 이번 절에서는 예시로 IEC 62304('의료기기

소프트웨어 수명주기 프로세스')를 다룬다.

IEC 62304는 다음 범주의 활동과 문서를 요구한다.

- 소프트웨어 개발 계획
- 요구사항 분석
- 소프트웨어 아키텍처 설계
- 소프트웨어 상세 설계
- 소프트웨어 단위 구현과 검증
- 소프트웨어 통합과 통합 테스트
- 소프트웨어 시스템 테스트
- 소프트웨어 릴리스

AAMI TIR45에서 제안한 것처럼, 이러한 활동들은 그림 21-1과 같이 애자일 생애주기 모델에 매핑될 수 있다. 이러한 접근방식은 규제 환경에서 애자일 프로젝트를 효과적으로 4개의 레이어로 나눈다.

프로젝트 레이어 프로젝트에서 벌어지는 모든 활동의 집합. 프로젝트는 하나 이상의 릴리스로 구성된다.

릴리스 레이어 사용 가능한 제품을 만드는 데 필요한 활동. 릴리스는 하나 이상의 증분으로 구성된다(특정 규제 환경에서는 릴리스에 상당한 요구사항을 강제한다. 예를 들면, 릴리스된 소프트웨어 기기는 기기의 수명 동안 정확한 비트 단위의 이미지를 다시 생성할 수 있어야 한다는 요구사항이 있어서 이로 인해 릴리스가 드물어진다).

증분 레이어 사용 가능한 제품이 아니더라도 유용한 기능을 만드는 데 필요한 활동. 증분은 하나 이상의 스토리로 구성된다.

스토리 레이어 작고, 불완전한 기능의 일부를 만드는 데 필요한 활동.

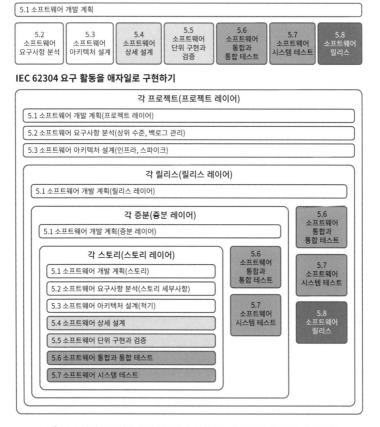

그림 21-1 규제 프로세스 문서 범주를 스크럼 활동에 매핑한 예시[AAMI, 2012].

순차 접근방식에서 각 활동은 대부분 단일 단계에서 수행된다. 애자일을 사용하면 거의 모든 활동이 레이어에 분산된다.

비규제 산업에서 애자일은 대부분의 활동이 비공식적으로 문서화된다. 규제 산업에서는 활동이 보다 공식적으로 문서화된다. 어느 정도 효율적인 문서 생성을 지원하기 위해 스프린트 전반에 걸쳐 규정을 충족하도록 작업이 배분된다. 이러한 접근은 성공적으로 사용되어 왔다.

- 첫 번째 스프린트(또는 여러 개 스프린트)를 사용하여 프로젝트의 일반적인 범위를 정의하고, 릴리스 계획을 수립하며, 아키텍처 기반을 구축한다.
- 매뉴얼대로 스크럼 스프린트를 수행한다. 완료 정의에는 각 사용자 스토리를 코드와 테스트 케이스에 매핑한 것을 포함하여 스프린트의 최종 문서가 포함된다.
- 릴리스를 준비할 때 규제 요건을 충족하는 문서를 작성하는 데 초점을 둔 문서화 스프린트를 수행하는데 여기에는 요구사항과 설계 문서를 코드, 테스트 결과와 동기화하고, 검증 기록을 만들기 위해 공식적인 방법으로 테스트를 실행하는 작업이 포함된다.

이어서 이러한 접근을 변형한 내용을 다루겠다.

규제 시스템과 애자일 경계선

문서화 비용은 규제 산업의 소프트웨어 개발에서 상당한 관심사이다. 소프트웨어 개발 활동에 '애자일 경계선' 개념을 적용하면 유용한데, 일반적인 소프트웨어의 경우를 참고하자.

문서화 요구가 없을 때, 계획에서 요구사항에 이르기까지 승인 테스트를 통해 높은 수준의 반복을 적용하면 큰 가치를 발견할 수 있다. 적시에 정의해야 하는 요구사항은 단위 구현을 시작하기 직전까지 남겨둘 만한 가치가 있다.

　그러나 문서화 요구사항이 있을 경우 요구사항에 높은 수준의 반복을 적용하면 비용이 너무 많이 들기 때문에 보다 순차적인 접근방식을 사용하는 것이 경제적이라고 판단할 수도 있다. 이를 염두에 두고 그림 21-2와 같이 아키텍처를 만든 후, 소프트웨어 시스템 테스트를 하기 전에 애자일 경계선을 그리는 게 가능하다.

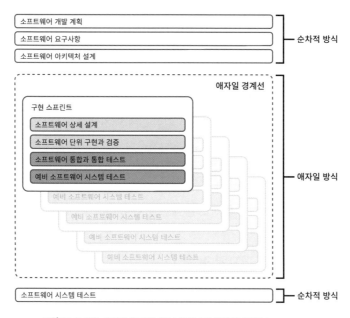

그림 21-2 규제 산업에서 개발 이니셔티브의 애자일 경계선

이 시나리오를 보면 계획, 요구사항, 아키텍처와 관련해 주로 순차적 방식을 사용한다. 상세 개발 작업에서 보다 점진적이 되었다가 소프트웨어 시스템 테스트를 할 때는 다시 순차적 방식으로 돌아온다.

애자일을 좇는 데 집중하는 사람들은 이를 두고 "이건 진짜 애자일이 아니야"라고 불평한다. 다시 말하지만, 목표는 애자일 자체가 아니다. 목표는 사용 가능한 소프트웨어 개발 방법으로 비즈니스를 가장 잘 지원하는 것이다. 문서 작성 비용을 고려하면 순차적 방식과 애자일 방식을 조합했을 때 규제 환경에서 가장 잘 동작한다.

전반적으로 규제 산업에서 애자일을 구현하려면 비규제 산업에 비해 애자일이 더욱 공식적이고 구조화되어야 하며 더 많은 문서화가 필요하다. 그럼에도 규제 산업에서 일하는 소프트웨어 팀은 애자일의 짧은 엔드투엔드 단위 개발 주기, 지속적인 테스트, 긴밀한 피드백 루프, 빈번한 구조화된 협업을 비롯해 높은 비율의 적시 계획, 적시 요구사항, 적시 설계에 따른 낭비 감소라는 이점을 누릴 것이다. 문서를 점진적으로 만드는 것도 도움이 된다.

어디서 비롯된 규제인가?

규제 산업에 속한 회사와 함께 일하면서 '규제 요건'이 항상 규제에서 발생하는 건 아니라는 사실을 알게 되었다. 이는 때때로 규제보다 뒤처진 경직된 조직 정책에서 비롯된다.

추적성을 강화하여 특정 소프트웨어 모듈까지 기능을 추적하는 한 생명과학 회사와 함께 일한 적이 있다. 우리는 개발 프로세스 요건 중 FDA에서 의무화한 것과 회사의 규제 그룹에서 요구한 것을 분석했다.

그 결과 FDA에 의해 의무화되지 않은 본질적으로 무용지물인 설계 문서의 3분의 1가량을 제거할 수 있었다.

어떤 규제 기관이 아니라 감사를 집행한 회사 경험을 토대로 규제 요건으로 취급되는 요구사항이 있다는 것도 발견했다. 또한 문서 요구사항이 규제 요건이 아니라 소프트웨어 자산화 규칙에서 발생하는 경우도 있었다.

전반적으로 규제 요건이 어디서 비롯된 것인지 확실히 이해해야 한다. 규제 그룹과 논의하여 실제 규제 요건과 고객 혹은 재무 관행에 필요하다는 규제 그룹의 의견을 파악하자. 그런 다음 회사의 과거 문서 요구사항을 현재 개발에 반영할 필요가 있는지 의사결정을 내리자.

📋 애자일 리더를 위한 To Do List

☑ 검토하기

- 회사에 있는 규제 요건의 출처를 조사하자. 무엇이 현재 규정에서 실제로 비롯된 요구사항이고 무엇이 그렇지 않은가?
- 회사에서 문서를 만드는 방식을 검토하자. 애자일을 사용하여 문서화 비용을 줄일 수 있는가?
- 조직의 소프트웨어 개발 활동에서 애자일 경계선을 어디에 그릴 것인지 결정하자. 가장 좋은 위치에 그려져 있는가?

☑ 적용하기

- 문서를 검토해 보면 알 수 있듯이, 더욱 반복적으로 문서를 작성하여 문서화 비용을 줄이는 계획을 세우자.
- 경제적인 문서화를 달성하는 것을 포함하여 조직 목표를 더 잘 지원하기 위해 조직 활동에 애자일 경계선을 다시 그려 보자.

더 읽을 거리

- AAMI. 2012. *Guidance on the use of AGILE practices in the development of medical device software.* 2012. AAMI TIR45 2012.

  현 시점에서 규제 산업에서의 애자일과 관련해 가장 신뢰할 만한 참고 자료이다.

- Collyer, Keith and Jordi Manzano. 2013. Being agile while still being compliant: A practical approach for medical device manufacturers. [Online] March 5, 2013.

  쉽게 읽히는 사례 연구로 한 팀이 애자일을 사용하여 어떻게 규제 요건을 충족시켰는지 설명한다.

- Scaled Agile, Inc. 2017. "Achieving Regulatory and Industry Standards Compliance with the Scaled Agile Framework® (SAFe®)" Scale Agile, Inc. *White Paper*, August 2017.

  애자일을 위한 특정 접근방식으로 SAFe를 사용하여 규정 준수를 달성하는 방법을 설명한다. 이 장의 내용을 간략하게 잘 보완해 준다.

22

애자일 포트폴리오 관리

많은 조직에서 프로젝트 포트폴리오를 꽤 비공식적으로 배치한다. 직관적인 방식을 사용하여 어떤 프로젝트를 먼저 시작하고 먼저 끝낼지 결정하는 것이다.

이러한 조직들은 프로젝트 포트폴리오를 비공식적으로 관리함으로써 얼마나 많은 비용을 지불하고 있는지 모른다. 이는 100달러짜리 지폐 더미를 불태워 버리고서 경험과 감에 의한 방식으로 프로젝트 포트폴리오를 관리하겠다고 하는 것이나 다름없다.

포트폴리오 관리에서 직관적인 방식과 수학적인 방식 간 가치 격차는 크다. 애자일 프로젝트는 주기가 짧기 때문에 잘 관리된 포트폴리오를 통해 제공되는 가치를 높일 수 있는 기회를 더 많이 만든다.

중요하고 빨리 끝낼 수 있는 작업 먼저하기

애자일 프로젝트에서 포트폴리오를 관리하는 주요한 도구는 가중치를 고려한 최단 작업 우선하기WSJF이다. 가중치를 감안해 최단 작업을 먼저 하는 개념은 도널드 레이너슨Donald Reinertsen의 린 제품 개발에서 비롯되었다[Reinertsen, 2009]. 애자일 개발에서 이는 주로 SAFe와 연관되지만, 조직의 SAFe 도입 여부와 관계없이 이를 광범위하게 적용할 수 있다.

WSJF는 각 피처나 스토리와 관련 있는 '지연 비용'Cost of Delay, CoD을 식별하는 것으로 시작한다. CoD는 그다지 직관적이지 않은 용어인데, 피처를 사용할 수 없는 경우에 발생하는 기회 비용을 가리킨다. 만약 피처를 사용할 수 있는 상태가 되어 매주 5만 달러를 절약할 수 있다면, 지연 비용은 주당 5만 달러이다. 피처가 사용되어 매주 20만 달러의 수익을 창출할 경우, 지연 비용은 주당 20만 달러이다.

WSJF는 피처 집합의 지연 비용을 최소화하기 위한 경험적 접근법이다. 표 22-1과 같은 피처가 있다고 가정해 보자.

피처	지연 비용(CoD)	개발 기간	지연 비용 / 개발 기간
피처 A	주당 50k달러	4 주	12.5
피처 B	주당 75k달러	2 주	37.5
피처 C	주당 125k달러	8 주	15.6
피처 D	주당 25k달러	1 주	25

표 22-1 WSJF 계산에 필요한 정보가 포함된 피처 집합

표에 의하면 초기 총 CoD는 주당 27만 5천 달러로, 이는 피처에 대한 모든 CoD의 합계이다. 일단 기능을 제공하기 시작하면, 전달된 기능에 대한 CoD는 발생되지 않는다. WSJF의 규칙은 WSJF가 가장 높은 피처를 먼저 제공하는 것이다. WSJF가 같은 항목이 여러 개라면, 기간이 가장 짧은 항목부터 먼저 수행한다.

가장 큰 CoD에서 가장 작은 CoD 순서로 피처를 구현했다고 가정하자. 총 CoD 도표는 그림 22-1과 같다.

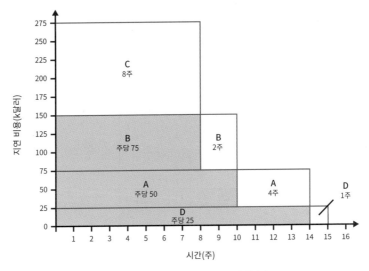

그림 22-1 CoD 내림차순으로 제공되는 피처의 총 CoD

흰색 사각형은 현재 진행 중인 피처를 나타낸다. 작업은 피처 C(최고 CoD)에서 처음 시작해, 피처 B, 피처 A, 피처 D(최저 CoD) 순서로 진행된다.

작업이 완료될 때까지 각 피처의 CoD가 누적된다. 총 CoD는 음영이 있거나 음영이 없는 사각형이 차지하는 총 면적으로 계산된다. 여기서 총 CoD는 282만 5천 달러이며, 피처 C는 8주 × 12만 5천달러, 피처 B는 10주 × 7만 5천달러이다.

반면에 그림 22-2는 CoD가 아니라 CoD를 기간으로 나눈 내림차순

WSJF에 따라 나열된 피처를 보여 준다. 점선은 단순히 CoD 순서에 기반해 전달되는 경우를 나타낸다.

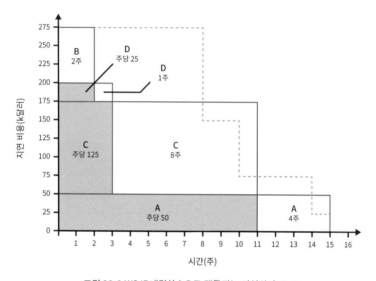

그림 22-2 WSJF 내림차순으로 제공되는 피처의 총 CoD

한눈에 보기에도 피처가 이 순서로 제공될 때 사각형의 총 면적이 내림차순 CoD로 정렬됐을 때 면적보다 작음을 알 수 있다. 수학적으로 계산하면, 이렇게 정렬된 총 CoD는 235만 달러로 47만 5천 달러의 CoD가 감소한다(혹은 비즈니스 가치가 증가한다). 단순히 기능을 제공하는 순서를 다시 정렬하는 것만으로 비즈니스 가치가 놀랍게 증가하는 것이다!

최악의 전달방식

WSJF가 피처를 제공하는 순서를 정할 때 명백하게 더 나은 방법임에도 불구하고, 차선인 지연 비용에 기반한 정렬이 일반적이다. 심지어 네 가지 피처 모두 예산 주기에 균등하게 배치해, 주기가 시작할 때 피처 네 개를 모두 시작하고 주기가 끝날 때까지 하나도 제공하지 못하는 더 나쁜 전달 방식도 흔하다.

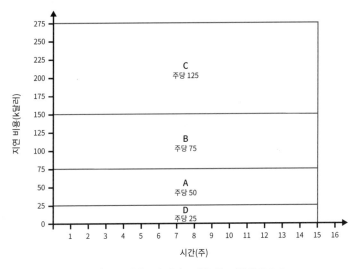

그림 22-3 예산 주기 단위로 제공되는 피처의 총 CoD

여기서 총 CoD는 412만 5천 달러로 다른 접근방식보다 훨씬 나쁘다.

린의 목표는 "시작하는 걸 멈추고 끝을 내자"이다. 앞의 예시에서 나타난 손실 기회는 분기 혹은 일년 주기의 순차 개발을 사용하는 조직에서는 잘 드러나지 않는다. 이는 주간 혹은 격주 단위로 움직이는 조직에서 훨씬 더 눈에 띈다.

지연 비용 대체하기

지금까지 사례에서는 지연 비용을 돈으로 보여 주었다. CoD를 다른 용어로 표현하는 두 가지 경우가 있다.

첫 번째는 비화폐성 비용이다. 안전이 중요한 환경에서 CoD는 생명을 구하기 위한 의료기기를 쓸 수 없거나 긴급 호출 911 시스템을 사용할 수 없는 경우이다. 이러한 상황에서는 CoD를 생명, 부상, 혹은 다른 적절한 단위로 표현할 수 있다. 이와 별개로 WSJF 계산은 동일하다.

두 번째는 비용에 대한 좋은 정보가 없을 때이다. 보다 일반적인 시나리오는 비용이 금전적이지만 지연 비용과 관련된 정확하거나 신뢰할 수 있는 정보가 없는 상황이다. 이때는 상대적인 비용을 할당할 수 있다. 애자일팀은 일반적으로 피보나치 숫자를 사용한다(1, 2, 3, 5, 8, 13, 21). 상대적인 비용을 할당한 이후 WSJF 계산은 동일하다.

티셔츠 사이즈와 WSJF

14장 '애자일 요구사항 우선순위 매기기'에서 설명한 티셔츠 사이즈 조정을 사용하여 포트폴리오 수준에서 계획을 세울 수 있는데, 이를 성공적으로 수행한 회사와 협업한 적이 있다. 하지만 회사가 이니셔티브의 지연 비용을 계산할 수 있는 경우, 특히 금전적인 측면에서 이를 계산할 수 있다면 WSJF를 사용하여 얻을 수 있는 유의미한 비즈니스 가치가 WSJF를 선호하게 만든다.

📋 애자일 리더를 위한 To Do List

☑ 검토하기

- 조직에서 지연 비용을 계산하기에 충분히 커다란 규모의 피처, 요구사항, 프로젝트에 CoD를 반영해 보자. CoD와 WSJF를 사용했을 때 팀의 피처 수준의 계획이 향상되는가? 아니면 프로젝트 포트폴리오 수준의 계획만 나아지는가?
- CoD와 WSJF를 사용하여 현재 프로젝트 포트폴리오를 검토하자. 팀의 비즈니스 가치와 개발 기간으로 CoD 정보를 얻자. 현재 우선순위의 총 CoD를 계산하자. 포트폴리오의 WSJF 순서를 계산한 다음 WSJF 순서로 포트폴리오를 다시 배열하면 전체 CoD가 어떻게 되는지 계산해 보자.

☑ 적용하기

- WSJF를 사용하여 프로젝트 포트폴리오 순서를 정하자.
- 에픽과 같은 작은 단위 항목에 WSJF를 적용할 수 있을지 고려해 보자.

더 읽을 거리

- Reinertsen, Donald G. 2009. *The Principles of Product Development Flow: Second Generation Lean Product Development*.

  CoD와 WSJF를 설명하며 대기열 이론, 배치 크기 및 작업량 증가에 대한 심층적인 논의를 담고 있다.

- Humble, Jez, et al. 2015. *Lean Enterprise: How High Performance Organizations Innovate at Scale*.

  WSJF를 설명하는 것은 물론 소프트웨어별로 더 자세히 다룬다. 여기서는 WSJF를 'CD3'(지연 비용을 지속 시간으로 나눈 값)으로 명명한다.

- Tockey, Steve. 2005. *Return on Software: Maximizing the Return on Your Software Investment*.

  위험하고 불확실한 상황에서 내리는 의사결정을 둘러싼 흥미로운 논의와 함께 엔지니어링 맥락에서 경제적 의사결정을 상세히 다룬다.

23

애자일 도입

앞서 애자일 도입의 세부사항을 구성하는 특정 애자일 실천법을 설명하였다. 이번 장에서는 조직 변화의 한 형태로 애자일 도입 그 자체를 설명한다. 애자일을 적용하는 데 어려움을 겪고 있는 중이든 처음 애자일을 시도하는 단계든지 간에, 어떻게 해야 성공적으로 애자일을 도입할수 있는지 다룬다.

직관에 따르면 될까?

큰 그림으로 보면 애자일을 직관적으로 도입하는 방식이 간단해 보인다.

1단계: 파일럿 팀으로 시작하자. 조직에서 애자일 개발을 시험하는 초기 팀을 구성하자. 단일팀 수준에서 걸림돌을 해결하자.

2단계: 애자일 실천법을 하나 혹은 더 많은 팀에 추가로 전파하자. 파일럿 팀에서 얻은 교훈을 활용하여 애자일 사례를 추가된 팀에 배포한다. 교훈을 공유하기 위하여 실천 커뮤니티를 구축한다. 팀 간 문제를 포함하여 추가적인 문젯거리를 해결한다.

3단계: 애자일 실천법을 조직 전체에 적용한다. 1단계와 2단계에서 얻은 교훈을 활용하여 나머지 조직에 애자일 실천법을 배포한다. 1단계와 2단계에 참여한 팀원을 나머지 팀의 코치로 두자.

이는 모두 논리적이고 직관적이며 심지어 효과가 있다. 하지만 성공적인 확산을 지원하는 데 필요한 중요한 요소가 빠졌고 파일럿 팀에서 대규모 조직으로의 전환을 간과하고 있다.

도미노 변화 모델

조직 변화는 큰 화두이며 연구자들은 오랫동안 이에 대해 조사하고 자료를 작성했다. 하버드대학교의 존 코터John Kotter 교수는 3단계에 걸친 성공적인 변화를 위한 8단계 프로세스를 이야기한다[Kotter, 2012].

- 변화를 위한 환경 조성
- 조직 참여 및 활성화
- 변화 구현 및 유지

20세기 초 심리학자 쿠르트 레빈Kurt Lewin도 비슷한 아이디어를 제시했다.

- 고정 해제
- 변경
- 다시 고정

이러한 모델은 구성원으로 하여금 시사하는 바가 많다. 애자일을 성공적으로 도입하려면 어떤 종류의 지원이 필요할까? 나는 팀 노스터Tim

Knoster의 작업에서 영감받은 변화 모델을 좋아한다. 이를 도미노 변화 모델Domino Change Model, DCM이라고 부르겠다.

도미노 변화 모델에서는 성공적인 조직 변경에 다음 요소가 필요하다.

- 비전
- 공감대
- 실력
- 자원
- 인센티브
- 실행 계획

이러한 요소가 모두 있으면 성공적인 변화가 일어난다. 하지만 누락된 요소가 있으면 변화는 일어나지 않는다. 즉, 반드시 모든 조각이 제자리에 있어야 하는 도미노라고 생각하면 된다. 도미노 중 하나라도 빠지면 변화가 일어나지 않는다. 그림 23-1은 각 요소에서 도미노가 누락됐을 때 발생하는 상황을 보여 준다.

이어서 각각의 요소들을 살펴보겠다.

그림 23-1 도미노 변화 모델은 변화에 필요한 요소들과 각 요소가 누락되었을 때 미치는 영향을 나타낸다.

비전

DCM에 따르면 비전의 부재는 혼란으로 이어진다. 비전은 애자일 그 자체를 정의하는 데서 출발한다. 2장 '오늘의 애자일'에서 설명한 것처럼, 사람마다 '애자일'이 무엇을 의미하는지 매우 다르게 이해할 수 있다. 명확한 비전이 없다면, 어떤 사람은 '애자일 도입'이 전체 비즈니스를 보다 민첩하게 재설계하는 것이라고, 또 다른 사람은 단순히 회사 전체에 스크럼을 구현하는 것이라고 생각하기도 한다. 리더십은 '애자일'의 정확한 정의를 전달해야 한다.

이러한 정의를 넘어, 비전은 원하는 최종 상태에 대한 상세한 설명을 포함해야 한다. 거기에는 왜 애자일을 도입하려는지, 기대하는 이점은 무엇인지, 도입이 얼마나 깊고 광범위하게 이루어질 것인지, 각 개인에게 어떤 영향을 미칠 것인지(일반적으로 또는 범주에 따른 것이 아니라) 담아야 한다.

명확한 비전 없이 변화를 밀어붙이면 '리더십은 자신이 무엇을 하는지 모른다'는 인식으로 이어질 것이다.

공감대

DCM에서 공감대의 부재는 사보타주(고의적인 방해)를 유발하며, 우리는 그러한 사례를 많이 목격했다. 사보타주는 다양한 형태로 나타나는데, '스크러머폴'(워터폴을 실행하면서 스크럼 용어를 사용하여 관행의 이름만 바꾼 것), '조건부 스크럼'(스크럼의 필수 요소를 생략함), 사소한 장애물을 극복하는 데 에너지를 거의 또는 전혀 쓰지 않는 것, 불평과 수동적인 저항을 포함한다.

공감대 없이 밀어붙여 변화를 추진하는 리더십은 구성원으로 하여금 '리더십은 우리에게 관심이 없다'는 생각이 들게 한다.

명확한 비전을 확실히 표현하면 공감대를 형성하는 데 큰 도움이 되며, 이를 위해서는 필요하다고 생각되는 것보다 훨씬 더 적극적인 의사소통이 필요하다. 애자일을 적용하는 가장 쉬운 방법 중 하나는 이점을 명확하게 설명하는 것이다. 팀은 업무에서 성공하려면 이러한 이점이 필요하다고 결정하게 된다.

진정한 공감대를 이루려면 양방향 소통이 수반돼야 한다. 리더는 비전을 설명하고 비전에 대한 피드백을 수용한다. 진정한 공감대를 형성하는 과정 중에 비전이 영향을 받기도 한다. 리더는 비전을 조정할 수 있는 가능성을 열어 두어야 한다. 이는 실제로 검토와 적용의 또 다른 예시이다.

실력

어떤 사람에게 그가 할 수 없는 일을 강요할 수는 없기 때문에 필요한 실력을 쌓지 못한 상태에서 애자일을 도입하려고 시도하면 불안이 따른다. 그래서 뒷받침되는 실력 없이 변화를 추진하면 '리더십은 합리적이지 않다'는 인식이 싹튼다.

실력을 쌓으려면 강의실이나 온라인에서 이루어지는 공식 교육, 그룹 토의, 독서 모임, 점심 스터디, 새로운 기술을 연습할 시간, 내부 코칭, 외부 코칭, 멘토링을 포함한 기초적이고 본질적이면서도 전문적인 개발이 필요하다.

자원

직장에서 흔히 보이는 한 가지 역학 관계는 변화를 만들고 싶어 하는 경영진이 왜 이렇게 변화가 더딘지 궁금해하는 동안 역시 변화를 원하는 직원들은 경영진이 변화를 허용치 않을 것이라고 믿는 것이다. 우리는 이를 두고 경영진과 직원이 폭력적인 합의를 이루었다고 말한다. 단지 그들만 그걸 모를 뿐이다.

이런 역학이 나타나는 한 가지 원인은 필요한 자원 없이 직원들에게 변화를 요구하기 때문이다. 그들은 변화를 만드는 일이 막혀 있다고 느낄 수밖에 없다.

소프트웨어 개발은 지적이고 기술에 기반한 작업이라는 점을 명심하자. 소프트웨어를 변경하려면 교육이나 코칭을 받거나 도구 라이선스와 같은 자원이 필요하다. 불필요하게 생각될 수도 있지만, 직원 입장에서는 애자일을 도입하기 위한 일을 해도 되고 그것에 시간을 써도 된다는 명시적인 허가가 필요하다. 그렇지 않으면 일상적인 업무를 우선하게 된다. 대규모 조직에는 보통 주도적으로 애자일을 도입하는 정규직 전담 직원이 필요하다.

적절한 자원이 없다면, 직원들은 '경영진은 진심이 아니다'라고 인식할 것이다.

인센티브

인센티브가 없으면 저항이 발생한다. 이는 너무 당연한데, 사람은 자신에게 이득이 될 만한 일이 아니면 변화를 만들고 싶어 하지 않기 때문이다. 대부분의 사람들은 현재 상태의 편안함을 지키는 게 이익이라고 느긴다. 모든 변화에는 정당성이 필요하다.

이는 생생하게 표현된 비전이 도움이 되는 또 다른 영역이다. 인센티브는 꼭 금전적이거나 유형적이지(눈에 보이지) 않아도 된다. 각 개인은 변화가 왜 그들에게 중요한지, 어째서 자신의 이익에 부합하는지 그 이유를 이해할 필요가 있다. 이는 상당한 작업이고 지속적으로 많은 의사소통이 필요하다. 하지만 이러한 작업이 없으면 직원들은 '경영진이 우리를 이용하고 있다'고 여길 것이다.

자율성, 숙달성, 목적성을 고려해야 한다는 점을 명심하자. 고밀도로 애자일을 구현하면 개인과 팀의 자율성이 향상된다. 경험에 기반한 계획과 성장 마인드셋에 초점을 두면 학습과 숙달성에 도움이 된다. 애자일팀을 지원하는 데 가장 적합한 리더십 스타일은 정기적으로 목적성을 전달하는 것이다.

실행 계획

실행 계획이 없으면 도입은 중단된다. 구체적인 업무를 특정인에게 할당해야 하고 일정도 정해야 한다. 애자일 도입에서 계획은 관련된 모든 사람에게 전달되어야 한다. 이는 기본적이지만 종종 간과된다. 사람들이 도입을 지원하기 위해 무엇을 해야 할지 모른다면 그들은 그 일을 하지 않을 것이다. 실행 계획 없이 도입을 밀어붙이면 '경영진은 변화에 진심이 아니다'라는 인식이 퍼진다.

대규모 조직에서 흔히 볼 수 있는 패턴은 일정 주기로 수차례 변화를 추진하는데, 대부분은 절대 결실을 맺지 못하는 것이다. 이러한 주기를 몇 번 경험하면 직원들은 고개를 숙인 채 별다른 영향 없이 변화가 끝나기를 바라는 편을 택한다. 조직의 성과가 이러한 방식에 많은 장점이 있다고 말해 준다.

실행 계획에는 검토와 적용이 들어 있어야 한다는 걸 기억하자. 변화는 점진적으로 이루어져야 하고 정기적으로 회고하고 학습한 교훈을 적용하며 전체적인 개선을 수반해야 한다.

표 23-1은 DCM에서 누락될 수 있는 각 요소에 따르는 일반적인 효과와 리더십 인식에 미치는 영향을 요약한 것이다.

부족한 요소	영향	생성되는 인식
비전	혼란	리더십은 자신이 무엇을 하는지 모른다
공감대	사보타주	리더십은 우리에게 관심이 없다
실력	불안	리더십은 합리적이지 않다
자원	좌절	경영진은 진심이 아니다
인센티브	저항	경영진이 우리를 이용하고 있다
실행 계획	쳇바퀴	경영진은 변화에 진심이 아니다

표 23-1 DCM에서 누락된 요소의 영향

혁신은 표준정규분포를 따라 확산된다

도미노 변화 모델은 애자일 도입을 계획하거나 도입이 중단된 원인을 진단하는 데 유용하다. 그럼에도 이 모델에 포함되지 않은 도입의 또 다른 측면이 있다. 애자일 실천법을 조직에 어떻게 실험적으로 구현할 수 있을까? 이후에 애자일을 어떻게 대규모로 확대할 수 있을까?

이 장을 시작할 때 설명한 이상적인 확산과 달리 많은 조직에서 애자일은 다음과 같이 퍼진다.

- 조직이 애자일 도입을 약속한다.
- 초기 파일럿 팀이 성공한다.
- 변화를 적용한 두 번째, 세 번째 팀이 부진하거나 실패한다. 팀이 완전히 실패하거나, 팀이 새로운 방식을 버리고 이전으로 되돌아가거나, 파일럿 팀을 따르고자 하는 팀을 찾을 수 없다.

왜 이런 일이 생길까? 여러분은 아마도 혁신 제품이 시장에 채택될 때 적용되는 제프리 무어Geoffrey Moore의 '캐즘 넘어서기'Crossing the Chasm 모델에 익숙할 것이다[Moore, 1991]. 조직 내에 혁신을 도입하는 일에도 이 같은 역학 관계가 성립한다.

무어의 모델은 《혁신의 확산Diffusion of Innovation》[1]에서 수행한 에버렛 로저스Everett Rogers의 중요한 작업을 기반으로 한다[Rogers, 1995]. 이에 대한 논의는 무어가 말한 '캐즘' 개념과는 관련이 없으므로 로저스의 설명에 집중하겠다.

로저스의 모델에 의하면, 혁신은 그림 23-2와 같이 수용자의 범주에 따라 왼쪽에서 오른쪽으로 채택된다.

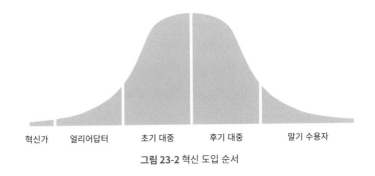

| 혁신가 | 얼리어답터 | 초기 대중 | 후기 대중 | 말기 수용자 |

그림 23-2 혁신 도입 순서

---

1   (옮긴이) 2005년 국내에 출간된 역서의 제목은 《개혁의 확산》이나, '개혁'보다는 '혁신'이 더 적절한 번역으로 판단돼 여기서는 '혁신'으로 표기했다.

각 수용자의 범주는 특정 속성을 나타낸다. 혁신가(최초 수용자)는 모험심이 강하고 새로운 기술이나 방법을 열렬히 시도하고 싶어 한다. 참신함 그 자체에 끌린다. 높은 수준의 불확실성에 대처할 수 있으며, 위험에 내성이 강하다. 자주 실패하는데, 새로운 일을 하는 첫 번째 사람이 될 수 있다는 가능성이 동기부여가 되기 때문에 실패를 크게 신경 쓰지 않는다. 자주 실패하므로 다른 범주의 수용자들에게 존중받지 못할 수 있다.

얼리어답터는 혁신가들과 일부 속성을 공유하지만 그 정도가 다소 낮다. 또한 새로운 기술과 방법에 끌리는데, 다른 사람들보다 먼저 큰 '승리'를 얻으려고 하기 때문이다. 얼리어답터는 혁신가만큼 자주 실패하지는 않으므로 조직에서 오피니언 리더로 존경받는다. 다른 수용자들의 롤 모델이기도 하다.

혁신가와 얼리어답터에게는 몇 가지 공통점이 있다. 둘 다 혁신 그 자체에 끌린다. 혁명적이고 판도를 바꾸는 이익을 추구한다. 위험을 잘 견디고 변화가 일어나는 것을 보고자 하는 의욕이 강하다. 변화를 일으키기 위해 상당한 개인적인 에너지와 주도권을 기꺼이 발휘한다. 책을 읽고, 동료를 찾고, 실험한다. 새로운 도전을 다른 사람보다 먼저 새로운 것을 만들 수 있는 기회로 여긴다. 요점은 이러한 사람들은 외부 지원을 거의 받지 않고 성공할 수 있다는 것이다.

중요한 질문이 있다. 일반적으로 파일럿 팀에서 일하는 사람은 누구인가? 혁신가와 얼리어답터이다! 그들은 조직 안에서 대다수의 수용자가 아니라 매우 적은 비율을 대표하므로 이건 문제가 있다.

그림 23-3에서 알 수 있듯이, 혁신 도입 순서는 표준정규분포(종형곡

선)이다. 혁신가는 평균으로부터 세 번째 표준 편차이고, 얼리어답터는 두 번째이다. 그들은 전체 수용자의 15%에 불과하다.

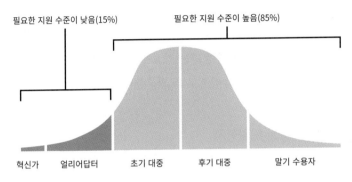

그림 23-3 혁신 도입 순서에 따라 각 수용자에 각기 다른 수준의 지원이 필요하다. 더 나중에 혁신을 수용하는 사람들은 얼리어답터보다 높은 수준으로 지원해야 한다.

조기 수용자(혁신가, 얼리어답터)와 대조적으로 후기 수용자(85%)에도 몇 가지 공통점이 있다. 그들이 새로움에 끌리는 건 품질이나 생산성 향상 때문이지, 혁신을 하기 위해서라거나 새로움 그 자체 때문이 아니다. 그들은 낮은 위험, 안전, 점진적인 이득을 추구한다. 위험을 잘 견디지 못하며, 많은 경우 위험을 회피한다. 장애물을 극복하는 데 개인적인 에너지를 쏟는 것과는 거리가 멀고 장애물이 변화는 나쁘며 포기해야 하는 증거라고 간주한다. 변화가 성공하길 바라는 마음이 별로 없다. 변화를 반신반의하는 것에서부터 변화가 실패하기를 바라는 마음까지 다양하다.

파일럿 팀은 성공적인 출시를 이끌기 위해 알아야 할 대부분의 정보를 알려 주지 않는 경향이 있다. 후기 수용자들에게는 더 많은 지원이 필요한데 대부분의 수용자는 후기 수용자일 것이다.

기술 조직의 어떤 리더들은 그들의 직원이 높은 비율의 혁신가와 얼리어답터로 구성되어 있고, 초기 대중, 후기 대중, 말기 수용자의 비율은 낮다고 주장한다. 실제로 이러한 비율은 집단에 따라 다르고, 그 관점이 사실일 수 있다. 하지만 그러한 직원 내에서도 동일한 상대적 분류가 일어난다. 상대적 조기 수용자는 혁신에 대한 평가를 수행할 것이다. 상대적 후기 수용자는 상대적으로 더 많은 지원이 필요하다.

이렇게 애자일을 도입하자

다음은 큰 그림으로 본 보다 현실적인 애자일 도입 방식이다.

1단계: 파일럿 팀으로 시작한다. 초기 팀을 구성하여 조직에서 애자일 개발을 시험해 보자. 단일 팀 수준에서 걸림돌을 해결하자.

2단계: 하나 이상의 팀에 애자일을 전파한다. 애자일이 조직과 구성원에 어떤 이득을 주는지 상세한 비전을 전달하자. 파일럿 팀이 실현한 이점을 자세히 설명한다. 팀에 애자일을 도입하면 팀원에게 어떤 이득이 생기는지 자세한 비전을 전달하자. 근무 시간, 코칭, 신규 팀으로 전환하는 작업에 드는 시간 동안 명시적인 교육을 제공하자. 실천 커뮤니티를 구축하고 지원하자. 새로운 팀을 정기적으로 확인하고 추가적으로 지원하자. 팀 간 이슈를 포함하여 부가적인 문제를 해결하자. 광범위한 확산에 필요한 교육과 지원 수준에 대한 계획을 세우자.

3단계: 조직 전체에 애자일을 적용한다. 처음 몇 개 팀의 경험을 바탕으로 애자일이 조직에 어떤 이점을 가져왔는지 수정된 비전을 전달하자. 이전 팀들이 실현한 이점을 자세히 설명하고, 추가된 팀의 성공을 보장하는 데 도움이 되는 교훈을 설명하자. 구성원들의 피드백을 듣고 필요에 따라 비전을 수정하자. 수정된 비전을 전달하고 구성원의 피드백을 반영했음을 알리자.

애자일 도입에 영향을 받게 될 당사자 각각과 회의를 잡고, 그 사람에게 애자일을 도입하면 구체적으로 어떤 이득이 있을지 자세하게 비전을 전달하자. 개개인의 특정한 사례를 파악하여 각각의 회의를 준비하고, 개인을 그룹의 일반적인 구성원으로 취급하지 말자.

조직에서 애자일을 성공시키기 위한 구체적인 계획을 설명하자. 애자일을 도입하려고 주도하는 사람이 누구인지, 성공적으로 도입하기 위해 필요한 일은 무엇인지, 애자일 도입 일정표를 설명하자.

근무 시간 동안 교육과 코칭을 제공하자. 각 팀에 성공적으로 애자일을 확산하는 데 필요한 작업을 수행할 권한이 있음을 강조하자. 팀과 정기적으로 확인하고, 추가적인 지원을 제공하자. 팀 내에서 혹은 팀 간에 생기는 문제를 해결하는 데 도움을 줄 수 있는 직원을 두자. 애자일 도입은 도전적인 일이고, 도전적인 상황이 발생하면 도움을 받을 수 있다고 설명하자.

전반적으로 앞에서 다룬 지휘관의 의도와 관련된 아이디어를 애자일 도입에 적용하자. 협업해 비전을 설정한 다음 사람들이 세부사항을 자유롭게 해결할 수 있게 하자.

애자일을 전체적으로 도입하면서 도미노 변화 모델을 주기적으로 참조하여 각 영역에서 문제의 징후를 찾자. 각각의 도입은 어떤 점에서 고유하다. 필요하다면 피드백을 받고 방향을 변경하자. 이는 리더십 차원에서 검토와 적용을 모델링할 수 있는 기회이다.

🗒 애자일 리더를 위한 To Do List

☑ 검토하기

- 도미노 변화 모델을 검토하고 과거 혹은 현재의 변화에 이를 적용할 수 있는 방법을 알아보자. 도미노 변화 모델 가운데 여러분의 조직은 어떤 부분에서 성공했으며, 개선의 여지가 있는 곳은 어디인가?
- 혁신 확산 모델을 살펴보고, 파일럿 팀과 함께 이를 조직의 성과에 어떻게 적용할 것인지 알아보자. 파일럿 팀이 혁신가와 얼리어답터로 구성되어 있다는 데 동의하는가? 그들이 조직의 나머지를 얼마나 대표하는가?

☑ 적용하기

- 현재 애자일 도입과 도미노 변화 모델 범주 간의 차이 분석을 기반으로 이를 개선하는 계획을 세우자.
- 후기 수용자에 대한 현재의 지원과 혁신 확산 모델을 토대로 한 지원 간의 차이 분석을 기반으로 후기 수용자에게 적합한 수준의 지원을 제공하는 계획을 세우자.

더 읽을 거리

- Rogers, Everett M. 1995. *Diffusion of Innovation, 4th Ed.*(《개혁의 확산》, 커뮤니케이션북스)
  혁신의 확산에 대한 결정적인 연구가 담겨 있다.

- Moore, Geoffrey. 1991. *Crossing the Chasm, Revised Ed*(《제프리 무어의 캐즘 마케팅: 스타트업을 메인마켓으로 이끄는 마케팅 바이블》, 세종).
  혁신의 확산을 다룬 앞의 책을 대중화했다. 로저스의 책보다 가독성이 높고 훨씬 짧다.

- Heifetz, Ronald A. and Marty Linsky. 2017. *Leadership on the Line: Staying Alive Through the Dangers of Change, Revised Ed.*
  변화를 이끄는 리더의 역할('발코니에서 보는 전망')과 중요하지만 좀처럼 다뤄지지 않는 변화를 가로막는 장애물에 대해 생각해 볼 수 있는 매우 유용한 방법을 다소 건조한 문체로 제공한다.

- Kotter, John P. 2012. *Leading Change*(《기업이 원하는 변화의 리더》, 김영사).
  변화를 이끄는 리더십을 다루는 코터의 중요한 연구이다.

- Kotter, John and Holger Rathgeber. 2017. *Our Iceberg Is Melting, 10th Anniversary Edition*(《빙산이 녹고 있다고?: 펭귄에게 배우는 변화의 기술》, 김영사).
  코터의 변화 이론을 펭귄에 대한 비유로 재미있게 풀어냈다. 《누가 내 치즈를 옮겼을까?》와 《펄떡이는 물고기처럼!: 사기를 높이고 결과를 개선할 수 있는 검증된 방법*Fish!: A Proven Way to Boost Morale*

and Improve Results》과 같은 도서를 좋아한다면, 이 책 역시 마음에
들 것이다.

- Madsten, Corey. 2016. *How to Play Dominoes*.
  모든 작가는 집필할 때 마지막으로 갈수록 약간 지루해진다. 이 읽을
  거리는 누가 아직도 책을 읽고 있는지 보려고 넣었다.

마무리

Closing

5부에서는 수준 높은 애자일 조직을 향한 비전을
제시하고, 책에서 설명한 핵심 원칙을 요약한다.

노력의 결실을 즐기자

처음부터 '애자일'은 더 나은 소프트웨어 개발을 촉구하는 외침이자 이를 지지하기 위해 만들어진 많은 실천법, 원칙, 철학을 포괄하는 용어로 사용되었다. 애자일 그 자체는 지속적으로 검토되고 적용되고 개선되기 때문에 오늘날의 애자일은 20년 전보다 더 향상되었다. 현재의 애자일은 애자일의 목표가 단순히 애자일해지는 것이 아님을 알고 있다. 목표는 애자일과 기타 실천법을 사용하여 비즈니스 목표와 전략을 지원하는 것이다.

효과적인 애자일은 리더십에서 시작한다. 리더가 애자일팀을 위한 토대를 마련해야 한다는 뜻이다. '지휘관의 의도'를 통해 기대치를 명확히 전달하고, 팀에 권한을 부여하고, 자율적인 관리 능력을 개발하고, 반복하고 개선할 수 있도록 한다. 개인보다는 시스템과 프로세스를 고치는 데 시간과 에너지를 할애하자. 조직이 실수를 최소화하고 성장 마인드셋을 기를 수 있도록 돕자. 실수를 배움의 기회로 삼아 검토하고 적용하다 보면 점점 나아질 것이다.

이 과정이 잘 마무리되면 조직은 조직의 목표에 계속 집중할 수 있는 팀을 만들어 낸다. 이러한 팀은 변화가 생기더라도 조직의 요구에 대응할 수 있다. 이에 따라 변화하는 고객의 요구에 대응하는 조직의 능력이 향상된다.

팀은 사용하는 실천법의 효과를 모니터링하고 비효율적인 실천법을 더 나은 방법으로 대체한다. 시간이 지날수록 처리량이 증가한다.

팀은 지속적으로 워크플로를 모니터링한다. 작업이 어디쯤 진행되고 있는지, 제대로 되고 있는지 알 수 있게 된다. 또한 다른 사람들도 광범위하게 상황을 파악할 수 있게 하고, 전달하겠다고 말한 것을 고품질로 전달한다. 팀은 다른 팀, 다른 프로젝트 이해관계자, 조직 외부와도 잘 협력한다.

발견은 계속되지만 파괴적인 놀라움은 거의 없을 것이다. 예상치 못한 일이 발생한다면, 조기에 알려 팀과 조직의 나머지 구성원 모두 신속하고 효과적으로 대응하게 한다.

팀은 항상 높은 품질을 유지하고 정기적으로 개선 기회를 찾는다. 동기는 높고 소모는 적다. 조직은 효과적인 소프트웨어 개발이라는 비전을 향해 나아가면서 몇 단계의 성숙기를 거친다.

처음에는 팀 내부 성과에 초점을 둔다. 팀이 스크럼이나 다른 애자일 실천법을 배우려면 몇 번의 스프린트를 거쳐야 한다. 팀은 소규모 증분을 계획하고, 짧은 반복을 지원하는 방식으로 설계하고, 우선순위를 정하고, 커밋하고, 높은 품질을 유지하고, 조직을 대신해 의사결정을 내리고, 팀으로 함께 작업하고, 전달하는 능력을 갖추려고 노력할 것이다. 팀이 얼마나 잘 지원받고 있는지, 조직의 나머지 부분에서 얼마나 많은 마찰이 발생하는지에 따라 이러한 수준에 도달하기까지 수많은 스프린트가 필요하다.

시간이 지나면 팀과 조직의 상호작용에 초점을 맞춘다. 팀 역량이 커졌기 때문에 조직은 요구사항 및 기타 작업의 우선순위에 대하여 명확한 제품 리더십을 발휘하고 증가한 역량에 맞는 시기 적절한 의사결정을 내림으로써 팀을 지원해야 한다.

결국 반복적인 변화가 팀을 탈바꿈시킨다. 그들은 빠르게 전달하고 빠르게 방향을 바꾼다. 이렇게 조직이 향상된 개발 역량을 사용하여 새롭고 효과적으로 계획하고 실행할 수 있는 전략적 기회가 열린다.

성장 마인드셋과 검토와 적용에 초점을 두면 시간이 지나면서 이 모든 것이 점점 더 좋아진다.

즐겨라!

핵심 원칙 요약

검토하기와 적용하기 애자일은 경험에서 배우는 것에 의존하는 경험적 접근방식이다. 이를 위해서는 경험에서 배운 것을 주기적으로 반영하고 조정할 수 있는 기회를 만들어야 한다(35쪽).

스크럼으로 시작하기 스크럼이 애자일 여정의 최종 목적지는 아니지만 애자일을 시작하기에 가장 체계적으로 최고의 지원을 받을 수 있는 출발점이다(42쪽).

교차기능팀 만들기 애자일 프로젝트는 자율관리팀 내에서 이루어진다. 자율적으로 관리하려면 충분한 정보에 입각한 의사결정을 내리는 데 필요한 모든 기술 세트가 팀에 포함되어야 하고 그 역량을 갖춘 사람들이 한 조직에 귀속되어야 한다(71쪽).

테스터를 개발팀에 통합하기 작업하는 사람들이 더 긴밀하게 협력하도록 하여 개발과 테스트 간 피드백 루프를 강화한다(76쪽).

자율성, 숙달성, 목적성으로 팀 동기 유발하기 애자일 실천법은 본질적으로 동기를 불러일으키는 요인을 뒷받침한다. 팀은 자율적으로 일하고 시간이 흐르며 더 나은 성과를 내도록 고안된다(숙달성). 그렇게 되기 위해서는 팀이 스스로 목적을 이해해야 한다. '건강한 애자일팀'과 '동기부여된 애자일팀'의 개념은 밀접하게 얽혀 있다(87쪽).

성장 마인드셋 개발하기 자율성, 숙달성, 목적성 가운데 '숙달성' 부분에서든 검토하고 적용하기의 관점에서든 효과적인 애자일팀은 더 나아지는 것에 계속 초점을 유지한다(91쪽).

비즈니스 주도 개발하기 개발자들은 프로덕트 오너의 지시와 요구사항 간의 간극을 채워야 하는 경우가 많다. 비즈니스를 이해하면 비즈니스에 도움이 되는 방식으로 이러한 격차를 해소할 수 있다(94쪽).

피드백 루프 촘촘하게 하기 필요 이상으로 교훈을 얻는 데 시간을 들이지 말고 피드백 루프를 가능한 한 촘촘하게 유지하자. 이는 검토와 적용을 더 빠르게 진행하고 성장 마인드셋 개발 효과를 더 빨리 향상시키도록 돕는다(99쪽).

개인이 아닌 시스템 고치기 대부분의 소프트웨어 전문가는 일을 잘하고 싶어 한다. 만약 그들이 일을 잘하고 있지 않다면, 특히 일을 잘하려고 노력하지 않는다면, 그러한 상황이 조성된 원인을 파악하자. 사람을 좌절시키는 시스템 문제를 찾자(108쪽).

개인 역량을 키워 팀 생산성 강화하기 팀은 팀 구성원의 개별 속성과 상호작용을 조합한 특성을 보여 준다. 팀 구성원을 강화하여 팀을 튼튼하게 하자(115쪽).

프로젝트 작게 유지하기 소규모 프로젝트는 더 쉽게 더 자주 성공한다. 모든 작업을 소규모로 짤 수 있는 건 아니지만, 그렇게 할 수 있는 경우에는 소규모로 구성해야 한다(133쪽).

스프린트 짧게 유지하기 스프린트가 짧으면 자주 검토하고 검토 결과를 적용하는 피드백 루프를 촘촘하게 가져갈 수 있다. 그러면 문제점이 신속하게 드러나 큰 문제가 되기 전에 작은 문제를 미연에 방지하게 된다(137쪽).

수직 슬라이스로 배포하기 애자일에서 피드백은 매우 중요하다. 수평 슬라이스가 아닌 수직 슬라이스로 전달할 때 고객과 기업으로부터 기술과 설계 선택에 관련된 더 나은 피드백을 받는다(143쪽).

기술 부채 관리하기 품질에 일관되게 주의를 기울이는 것은 애자일을 효과적으로 구현하는 과정이다. 기술 부채를 관리하면 팀 사기가 진작되고, 진행 속도가 향상되며, 제품의 품질도 좋아진다(146쪽).

아키텍처로 대규모 프로젝트 뒷받침하기 좋은 아키텍처는 프로젝트 분업을 지원하고, 대규모 프로젝트로 인한 오버헤드를 최소화할 수 있다(160쪽).

결함 감지 간격 최소화하기 프로세스에 결함이 오래 머물수록 결함을 수정하는 비용이 증가하는 경향이 있다. 애자일로 지속적으로 품질 작업에 집중하면 근원적인 결함을 더 많이 감지하는 이점을 누릴 수 있다(173쪽).

완료 정의 만들고 사용하기 올바른 완료 정의는 불완전하거나 결함이 있는 작업을 조기에 포착하여 결함 삽입과 감지 사이의 간격을 최소화하는 데 도움이 된다(175쪽).

릴리스 가능한 품질 유지하기 릴리스 가능한 품질 수준을 유지하면 이전 DoD에서 발견하지 못한 추가적인 결함을 포착할 수 있다(178쪽).

개발팀이 만든 자동화 테스트 사용하기 자동화된 테스트는 결함 감지 간격을 최소화하는 데 도움이 된다. 팀의 모든 사람이 테스트를 담당하도록 하면 품질은 모든 이의 책임이라는 생각이 강화된다(186쪽).

제품 백로그 정제하기 백로그 정제는 팀이 우선순위가 가장 높은 항목을 작업하고, 자체적으로 요구사항의 공백을 채우지 않으며, 작업에 굶주리지 않게 한다(208쪽).

준비 정의 만들고 사용하기 백로그 정제 중 일부는 팀이 구현하기 전에 요구사항이 정말로 준비되었는지 확인하는 과정이다(209쪽).

반복적인 활동 자동화하기 누구도 반복적인 일을 좋아하지 않는다. 소프트웨어 개발에서 자동화할 수 있는 많은 활동은 그렇게 하지 않았을 때보다 그렇게 했을 때 더 많은 이점을 제공한다(232쪽).

세부사항이 아닌 성과 관리하기 원하는 결과를 명확하게 전달하는 한편 작업을 완료하는 상세한 방법을 자유롭게 정의할 수 있도록 팀의 자율성을 지원한다(243쪽).

지휘관의 의도로 명확한 목적 표현하기 원하는 최종 상태와 관련된 목표를 명확하게 전달하여 적시에 자체적으로 의사결정을 내릴 수 있도록 팀의 능력을 지원하자(244쪽).

활동이 아닌 처리량에 집중하기 결과를 관리하는 것과 마찬가지로 미묘한 차이이지만 바쁘게 일하는 게 아니라, 가치 있는 작업을 완료하는 것을 목표로 한다(247쪽).

핵심 애자일 행동 모델링하기 효과적인 리더는 다른 사람들이 하기를 바라는 행동을 모델링한다(248쪽).

실수 처벌하지 않기 팀원들이 주저하지 않고 실수를 드러내고 거기에서 배울 수 있도록 실수를 처벌하지 말자. 처벌로 인해 실수에서 배우지 못하면 같은 실수를 반복한다(253쪽).

측정된 팀 생산성 기준으로 계획하기 애자일은 경험적인 접근방식이다. 팀과 조직은 측정된 성과를 기반으로 작업을 계획해야 한다(257쪽).

감사의 글

그 누구보다 컨스트럭스 소프트웨어의 동료들에게 먼저 감사한다. 나는 매우 지적이고, 재능 있고, 경험이 풍부한 직원들과 일할 수 있는 행운을 가졌다. 이 책은 주로 우리의 집단적인 경험을 요약한 것이며, 그들의 기여 없이는 불가능했을 것이다.

대규모로 애자일을 적용한 놀라운 경험과 통찰력을 보여 준 컨설팅 부사장 제니 스튜어트에게 감사한다. 대기업에서 조직 문제를 다룬 그녀의 의견이 도움이 되었다. CTO인 맷 펠로퀸에게 감사한다. 그는 애자일 구현에서 소프트웨어 아키텍처와 소프트웨어 아키텍처가 수행하는 역할과 관련된 500건이 넘는 아키텍처 검토를 주도한, 전 세계적으로 독보적인 전문가이다. 선임 연구원이자 컨설턴트, 탁월한 강사인 얼비디에게 감사한다. 그는 통찰력을 발휘해 가장 명확한 방법으로 팀에 애자일 개념을 설명해 효과적으로 구현할 수 있게 한다. 세계적인 경험과 방대한 문헌 지식을 겸비한 선임 연구원 멜빈 페레세다노에게 감사한다. 이 프로젝트를 진행하는 동안 걸어 다니는 참고 자료가 되어 주었고 가장 효과적으로 작동하는 실천 방법을 안내하는 핵심 가이드를 맡아 주어서 고맙다.

선임 연구원 에릭 시몬스에게 감사한다. 불확실성과 복잡성 연구에 관해 마르지 않는 우물처럼 무한한 지식을 제공해 주었고 규모가 큰 전통적인 기업에서 애자일 실천법을 구현하도록 전문적으로 지도해 주었다. 수석 컨설턴트 스티브 토키에게 감사한다. 그 덕분에 전통적이고 엄격한 소프트웨어 관행과 애자일 실천법이 어떻게 상호작용하는지 깊은 통찰력과 탁월한 기본 지식을 얻을 수 있었다. 애자일 제품 관리에 통찰력을 보여 준 선임 연구원 밥 웨버에게 감사한다. 그의 수십 년간의 리더십 경험은 책의 초점을 리더가 필요로 하는 것에 맞추는 데 도움이 되었다. 마지막으로 애자일 프랙티스 리드인 존 클리포드에게 감사한다. 그는 조직이 애자일 적용을 통해 얻을 수 있는 모든 가치를 실현하도록 격려하고, 코칭하고, 권장하고, 때로는 설득하는 성과를 거두었다. 정말 놀라운 그룹이다! 이 사람들과 일할 수 있어서 행운이었다.

300명 이상의 소프트웨어 리더가 책의 초안을 읽고 검토 의견을 주었다. 이 책은 그들의 아낌없는 도움 덕분에 수없이 많은 부분이 좋아졌다.

OODA와 관련하여 철저한 설명과 훌륭한 예시를 제공해 준 크리스 알렉산더에게 특히 감사한다. 프로덕트 오너 역할의 성공에 관한 방대한 해설을 해준 버니 앵거에게 특별히 감사한다. 측정 및 프로세스 개선에 대한 통찰력 있는 의견을 준 존 벨뷰트에게 특별히 감사를 전한다. 내가 가졌던 PDCA에 관한 몇 가지 오해(덕분에 책에 들어가지 않았다)가 잘못됐다고 말해 준 빌 커티스와 마이크 러셀에게 특별히 감사한다. 아키텍처와 CI/CD에 관하여 의견을 제공한 로버트 다이뇨에게 특별히 감사한다. 측정에 관한 심층적인 리뷰를 제공한 브라이언 도널드슨에게 특별히 감사한다. 분산된 팀이 성공하기 위해 필요한 요소에 대하여 해박한 의견을 내어 준 라스 마로우스키-브리와 에드 설리번에게 특별히 감사한다.

비상 대응팀이 구성되는 방식과 애자일 조직 간의 관련성을 설명해 준 매리언 밀러에게 특별히 감사한다. 항공우주 규정에 따른 소프트웨어 개발에 대한 방대한 의견을 제공한 브라이언 플루크에게 특별히 감사의 말을 전한다.

초고의 몇몇 부분에 의견을 보내 준 다음 리뷰어들에게 감사의 말을 전한다. 마크 애버모스크, 아난트 애드키, 하이삼 알자이니, 프라샨트 암베, 비디하 아난드, 로이스 아우스부른, 조셉 발리스트리에리, 에리카 바버, 에드 베이트먼, 마크 베아르다, 그렉 베르토니, 다이애나 비틀, 마가렛 본, 테리 브레츠, 다윈 카스티요, 제이슨 콜, 젠슨 크로포드, 브루스 크롱키스트, 피터 데일리, 브라이언 도허티, 맷 데이비, 폴 데이비드, 팀 도슨, 리테쉬 데사이, 앤서니 디아즈, 랜디 도유트렉, 아담 드레이, 에릭 에번스, 론 패링턴, 클라우디오 파야드, 제프 플라맹, 리사 포사이스, 짐 포사이스, 로빈 프랭코, 제인 프레이저, 파질 가리부, 인바르 가지트, 데이비드 지빙, 폴 고어, 아시시 굽타, 크리스 할튼, 람 하리하란, 제이슨 힐스, 게리 힝클, 마이크 호프만, 크리스 홀, 피디 호라단, 산드라 하울렛, 프레드 휴간드, 스콧 젠슨, 스티브 카메신, 피터 크레츠만, 데이비드 립, 앤드류 레빈, 앤드류 리치, 에릭 린드, 하워드 룩, 즈 충뤄, 데일 루츠, 메리앤 마크, 키스 B. 마르코스, 데이비드 맥타비시, J.D. 마이어, 수닐 멘디라타, 헨리 뮤레, 베르트랑 마이어, 롭 뮤어, 크리스 머피, 피트 네이선, 마이클 나시리안, 스콧 노튼, 다니엘 렌실롯 오킨, 가네시 팔라베, 피터 파즈노카스, 짐 파일스, 마크 로넌, 로샤나크 로샨델, 히란야 사마라세케라, 날린 사바라, 톰 샤퍼노스, 센티 센틸무루간, 찰스 세이볼드, 앤드류 싱클레어, 톰 스피처, 데이브 스포케인, 마이클 스프릭, 티나 스트랜드, 낸시 서덜랜드, 제이슨 태너, 크리스 톰슨, 브루스 손, 리앤 트레보로우, 존 워드, 웬디 웰스, 가비안 휘쇼, 하워드 우.

전체 원고에 대한 의견을 보내 준 다음 리뷰어들에게 감사한다. 에드윈 아드리안선, 카를로스 암셀렘, 존 앤더슨, 메디 아우아디, 마크 아프가, 브래드 애플턴, 조반니 아스프로니, 조셉 뱅스, 알렉스 바로스, 자레드 벨로스, 존 M. 베미스, 로버트 바인더, 마이크 블랙스톡, 자리크 보고시안 박사, 가브리엘 보이시우크, 그렉 보처스, 잰더 보타, 멜빈 브랜드만, 케빈 브루네, 티머시 번, 데일 캠벨, 마이크 카갈, 마크 캐시디, 마이크 쳉, 조지 차우, 론다 실시크, 피터 클라크, 미셸 케이 콜, 존 코널리, 사라 쿠퍼, 존 코스터, 앨런 크라우치, 제임스 쿠시크, 데이비드 데일리, 트렌트 데이비스, 댄 델랍, 스티브 디엔스트비에르, 일한 딜베르, 니콜라스 딜리시, 제이슨 도마스크, 데이비드 드라핀, 라이언 J. 듀란테 박사, 짐 더럴, 알렉스 엘렌투크, 폴 엘리아, 로버트 A. 엔싱크, 얼 에버렛, 마크 페이머스, 크레이그 피셔, 제이미 포건, 이안 포사이스, 존 R. 폭스, 스티븐 D. 프레이저, 스티브 프리먼, 리브 프리치먼, 크리스티안 가스파르, 매니 개틀린, 레지 조지, 글렌 굿리치, 리 그랜트, 커크 그레이, 매튜 그룰케, 미르 하지미라가, 매트 홀, 콜린 해먼드, 제프 핸슨, 폴 하딩, 조슈아 하먼, 그레이엄 헤이손스웨이트, 짐 헨리, 네드 헨슨, 닐 허먼, 사무엘 혼, 듀이 하우, 빌 험프리, 리세 흐바튬, 네이선 이츠코비치, 롭 재스퍼, 쿠리안 존, 제임스 저드, 마크 카렌, 톰 커, 요게시 캄비아, 티모 키셀, 케이티 노브스, 마크 코찬스키, 한누 코코, 수닐 크리팔라니, 무케시 쿠마르, 수만트 쿠마르, 맷 쿠즈니키, 스테판 란트폭트, 마이클 랑게, 앤드류 레이버스, 로버트 리, 안토니 리츠, 길버트 리베크, 론 리치, 켄 리우, 존 로프틴, 세르히오 로페스, 아니 룬드, 제프 말렉, 코엔 매너츠, 리스토 마티카이넨, 크리스 매츠, 케빈 매키천, 에른스트 메네트, 칼 메티

비에르, 스콧 밀러, 프라빈 미누물라, 브래드 무어, 데이비드 무어, 숀 몰리, 스티븐 멀린스, 벤 응우옌, 라이언 노스, 루이스 오먼드, 패트릭 오로크, 우마 팔레푸, 스티브 페린, 다니엘 피터슨, 브래드 포터, 테리 포츠, 존 프라이스, 존 퍼디, 플라덴 라도비치, 벤카트 라마무르티, 비누 라마사미, 데릭 레딩, 바버라 로빈스, 팀 로든, 닐 루딘, 데니스 루프잠, 존 산타마리아, 파블로 산토스 루아세스, 배리 세일러, 맷 쇼튼, 댄 슈라이버, 제프 슈뢰더, 존 셀러스, 돈 셰이퍼, 데시 샤르마, 데이비드 숄란, 크레이그 R. 스미스, 데이브 B. 스미스, 하위 스미스, 스티브 스나이더, 미치 소넨, 에릭 소와, 서배스천 스펙, 커크 스펜드러브, 팀 스타우퍼, 크리스 스털링, 피터 스티븐스, 로레인 스테인, 요아킴 순덴, 케빈 테일러, 마크 트리스탄, 빌 터커, 스콧 투트코빅스, 크리스티안 P. 발케, 파울 판하헌 박사, 마크 H. 월드론, 밥 웜백, 에반 왕, 필 화이트, 팀 화이트, 존 휘트니, 매튜 월리스, 밥 빌메스, 데이비드 우드, 로니 예이츠, 톰 요식, 배리 영.

많은 리뷰 중 몇몇은 특히 꼼꼼하고 유용했다. 다음 사람들에게 특별히 감사의 말을 전한다. 존 옥슈나스, 산타누 바네르지, 짐 버드, 앨리스터 블레이키, 미셸 캔필드, 헤르 클라우트, 테리 코아타, 찰스 데이비스, 롭 덜, 릭 에세니우스, 라이언 E. 플레밍, 톰 그린, 오와인 그리피스, 크리스 하버케이트, 아르네 호프만 박사, 브래디 혼싱어, 필리페 크루흐텐, 스티브 레인, 애슐린 레이히, 카밀 리트만, 스티브 마라스핀, 제이슨 매카트니, 마이크 모턴, 샤히다 니자르, 앤드류 박, 제이미 페이트, 존 레인더스, 안드레 신트초프, 피트 스턴츠, 바버라 탤리, 에릭 업처치, 막사스 폴로딘, 라일랜드 윌러스, 맷 워너, 웨인·워시번, 데이비드 와이트.

또한 그래픽을 담당한 롭 낸시, 리뷰 관련 업무를 주도한 토냐 림베이, 인덱싱을 담당한 요아너 스프롯을 포함한 제작팀의 훌륭한 작업에 감사를 표하고 싶다. 리뷰어를 모아 준 제시 브론슨, 폴 도노번, 제프 엘러스, 멜리사 페로, 마크 그리핀, 마크 뉘그렌, 그리고 훌륭한 보충 영상을 만들어 준 코디 매디슨에게도 고맙다.

마지막으로 프로젝트 편집자인 데번 머스그레이브에게 특별한 감사의 말을 전한다. 이 책은 데번과 함께 한 세 번째 작업이다. 편집에 관련된 그의 판단 덕분에 이 책은 거듭 발전했고, 내 여러 집필 계획에 꾸준하게 관심을 주어 이 책이 나올 수 있었다.

옮긴이의 글

이 책을 번역하게 된 이유

책 번역 요청을 받았을 때 가장 먼저 목차를 받아 보았다. 그리고 하기로 결정했다. 보통 애자일 하면 특정 방법론을 자세히 언급하거나 다양한 방법론의 나열이지만, 이 책에서는 팀, 개인, 조직 레벨에서의 애자일뿐만 아니라 각 차원에서 필요한 일을 모두 다루고 있었다. 십수 년간 십여 명의 작은 팀부터 수천 명에 이르는 대규모 조직까지, 작은 제품을 크게 스케일링하는 과정에서 다양한 역할로 애자일을 적용해 본 입장에서는 이러한 구성이 현업에서 실제로 일을 다루고, 애자일을 실제로 적용해 본 사람이 아니라면 나올 수 없다는 걸 알고 있다.

우리가 회사에서 일을 하는 이유는 돈을 벌기 위함이지만 너 나아가서는 성장과 큰 관련이 있다. 인간은 기본적으로 성장을 추구하는 존재이고, 내가 성장하면 그만큼 더 나은 역량을 일에 쏟아낼 수 있으며 그로 인해 더 좋은 제품을 만들 수 있다. 그게 우리가 애자일을 실천하려는 이유이다.

애자일이라고 말하는 수많은 방법들 중 우리에게 잘 맞는 방법을 찾아냈다면 결과적으로는 나아질 것이다. 하지만 그 방법들이 대다수의 곳에서 잘 맞지 않는 이유는 '왜 애자일을 도입하려는 것인가?'에 대한 고민 없이 '저기 어디 잘나가는 회사에서 애자일을 하는데 잘된다더라'와 같은 이유로 특정 방법을 강요하기 때문이다. 우리의 문제가 뭔지 인식하는 게 첫 단계라는 걸 깨닫지 못하면 애자일이 아니라 애자일 할아

비가 와도 힘들다.

그런 점에서 이 책은 누구나 현실에서 당장 사용할 수 있는 방법을 제안하면서 언제, 왜, 그 방법이 필요하고, 어떤 이유로 동작하는지 함께 기술하고 있다. 리더십을 보여야 하는 사람이라면 누구에게나 도움이 될 것이다.

제품과 조직과 동료와 내가 함께 성장하는 여정을 꾸리는 일

나는 애자일 코치로 일하는 모든 시간 동안 제품을 만드는 곳에서 떠난 적이 없다. 애자일 코치, 컨설턴트라 함은 모름지기 전장에서 멀어지면 '라떼는 말이야~' 같은 말이나 하면서 그 존재도 지식도 퇴색된다고 생각하기 때문이다.

언젠가부터 코칭을 하러 들어갈 때 애자일이라는 단어를 먼저 이야기하지 않는다. 수년 전부터 한국에서 애자일은 K-애자일로 불리며 조롱거리가 되었고, 그로 인해 애자일을 한다는 수많은 기업에서 일하는 동료들은 애자일을 치를 떨만큼 싫어한다. 그만큼 제대로 된 애자일을 경험해 본 사람이 없다는 의미라고 해석된다. 그래서 애자일이라는 단어를 먼저 꺼내지 않는다.

사람들이 애자일에 관하여 안 좋은 경험을 하게 된 배경을 살펴보면, 애자일을 도입하는 많은 곳에서 윗사람들은 '효율'만 이야기하고, 애자일을 하라고 지시하면 저절로 되는 것처럼 여기기 때문이라고 생각한다.

과연 애자일을 하면 정말로 효율적일까?

내 대답은 '결과적으로는 그렇다, 하지만 과정은 그렇지 않을 수 있다'이다.

흔히 애자일을 '문서는 안 써도 되고 말로만 하면 되는 것', '2주 단위의 계획만 세우면 되는 것'이라고 생각한다. 하지만 십수 년간의 경험에 비춰 봤을 때, 애자일을 시작하려면 처음엔 시간과 노력이 매우 많이 든다. 그 이유는 그전까지 자율과 위임이라는 이름으로 알아서 하라며 개인에게 맡겨 둔 여러 가지 일들을 더 큰 차원에서 일이 돌아가도록 짜임새 있게, 체계적으로 만드는 과정이 필요하기 때문이다. 그로 인해 사람들은 이전에 하지 않았던 행동을 해야 한다. 이전에는 내가 편한 대로, 내 위주로 일했다면 앞으로는 동료들과 한 팀으로 완성해야 하는 제품을 구심점으로 하여 그 목표를 함께 달성할 수 있는 방법을 찾아야 한다. 그러려면 기존에 하던 행동을 의식적으로 제어하며 새로운 방식에 적응해야 하는데, 결과적으로 구성원들의 행동이 변화하고 일하는 방식이 바뀌어 그게 제품에 긍정적인 영향을 미치려면 꽤 오랜 시간과 꾸준한 노력이 필요하다.

많은 회사에서 자주 벌어지는 상황으로 예를 들어 보자.

프로젝트 리드라는 이름을 단 사람 한 명이 PPT로 킥오프 문서를 열심히 만들어서 자신이 아는 프로젝트 참여자들에게 뿌린다. 이제 프로젝트는 킥오프됐고, 그는 사람들이 모두 이 프로젝트의 목표를 자신과 똑같이 이해했다고 가정하고 다들 알아서 일을 잘하겠거니 기대한다. 하지만 킥오프 문서를 작성한 사람 말고는 프로젝트의 목표가 무언지, 이걸 왜 만들어야 하는지, 누가 관련돼 있고 다른 사람들은 무슨 일로 기여하는지, 각자 어떤 일을 수행해서 목표를 달성할 건지 정확히 이해한 사람이 아무도 없다. 그러니 우리가 애자일스럽게 일을 하려면 프로젝트에 관련된 모든 사람이 모여서 목표에 대해 같은 이해를 머릿속에

탑재하도록 목표 설정을 해야 하고 그 목표를 달성하기 위해서 누가 어떤 일을 맡을 건지, 그 일은 어떤 조건이 되어야 끝나는 것이며, 또 다른 어떤 일에 영향을 주는지 등을 논의해야 한다. 목표 설정이라는 이름의 회의를 한 시간 잡아 놓았다고 목표 설정이 되는 게 아니라는 말이다.

또, 누구에게 필요한 건지, 왜 필요한 건지 알 수 없지만 세계 최고의 기능처럼 보이는 요구사항을 텍스트로 촘촘하게 작성하고 오픈 일정을 박아 개발로 넘긴다. 개발자가 만드는 과정에서 요구사항에 문제가 있다는 사실을 발견하고 문서를 작성한 사람과 회의를 하여 요구사항을 고치고 다시 리뷰하는 상황이 반복된다. 오픈 일정은 바뀌지 않는데 요구사항을 만드는 일에 시간을 다 쏟다 보니 개발할 시간이 없다는 말이 나온다. 이런 일이 벌어지지 않으려면 요구사항 작성 단계부터 더 정교한 절차와 산출물을 정의하여 사전에 사람들의 행동을 이끌 수 있어야 하고, 문서는 혼자 보는 것이 아니라 동료들과 함께 제품을 만들기 위해서 작성하는 것이므로 관련된 사람 누가 봐도 이해할 수 있도록 정교하게 자주 작성해야 한다.

이처럼 누구나 기존에 하던 행동을 다르게 시도할 때에는 시간과 노력이 든다. 그 시간이 얼마나 걸릴지 누구도 장담할 수 없다. 즉, "애자일 해라!"라고 위에서 지시했다고 해서 애자일이 되는 게 아니라는 의미다. 그런데도 많은 회사들이 우리는 애자일한다며 대외적으로 기사를 내보내고, 스스로 우리는 애자일하는 회사라고 자위한다. 장담하건대, 이런 회사 중에 애자일하게 일하는 곳은 한 군데도 없다. 지금 내 앞에 있는 오백 원을 건다.

그래서 나는 장인의 마음으로 제품의 시작부터 끝까지 내 손으로 한

땀 한 땀 일궈 가며 기존보다 더 낫게 변화시키고 개인과 조직과 제품을
성장시키는 시간을 이어 가고 있다.

고마운 사람들

운이 좋게도 지금껏 내가 하는 일을 지지해 주고 응원을 아끼지 않은 사
람을 많이 만났다. 이전에는 부모님과 동생이 가장 가까운 곳에서 가장
큰 응원과 지지를 보내 주었는데, 이 책의 번역 시작과 동시에 결혼을
하여 지금은 개발자 남편 정민혁 님과 일과 삶의 경계 없이 많은 것을
나누며 서로의 성장에 보탬이 되고 있다. 게다가 새로운 가족 사월이와
올 여름에 태어날 여름이 덕분에 일뿐만 아니라 삶에서도 한층 성장하
는 풍요로운 시간을 보내는 중이다. 언제나 내가 하고 싶은 일에 도전하
고 성취할 수 있도록 아낌없이 지지해 주는 가족에게 항상 감사한다.

　애자일 코치라는 직업이 흔하지 않다 보니 시작할 때는 뭘 보고 공부를
해야 하는지 힘들었지만 경험이 많이 쌓인 지금은 다른 종류의 어려움을
느낀다. 이러한 갈증과 어려움에 맞닥뜨릴 때는 나이에 상관 없이 좋은
선생님이 필요한데, 이 일을 시작할 때부터 내게 좋은 동료이자 선배였
고 지금은 좋은 선생님까지 되어 주고 계신 이승화 님에게 감사한다.

　번역을 시작할 때부터 리뷰를 어떤 분께 요청드릴까 고민했다. 내 조
건은 딱 세 가지였다. 제품이 나오는 전체 과정을 직접 겪어 본 사람, 그
안에서 애자일을 실천하는 사람, 그 결과로 변화를 만들어 낸 사람. 이
세 가지를 모두 충족하는 분들이 실제로 계셨다. 구현서, 김명환 님. 두
분을 만나 이야기를 나누면 당장 돌아가서 할 일들이 떠오른다. 나와 다
른 방식으로 업계에 리더십을 발휘하고 성과를 보여 주고 계신 두 분께

감사한다.

긴 호흡이 필요한 일을 하다 보면 결과가 잘 안 보여 지쳐서 놓고 싶을 때도 종종 있고 내가 얼마나 잘하고 있는지, 얼마나 의미 있는 일을 하고 있는지 자주 잊는다. 내가 스스로를 갈아 넣어 내놓은 성과와 업적을 잊지 않도록 자주 이야기해 주는 방지예, 한익준 님께도 감사의 말을 전한다.

내가 성장해 온 여정에는 더 많은 분들의 격려와 지지 그리고 관심이 있었을 게다. 내가 뭔가를 잘한다면 그건 내가 잘나서가 아니다. 역량은 내가 속한 집단에 의해 발현되니 말이다. 그런 의미에서 나의 여정을 더 풍요롭게 만들어 준 모든 분께 감사드린다.

참고문헌

AAMI. 2012. *Guidance on the use of AGILE practices in the development of medical device software.* 2012. AAMI TIR45 2012.

Adolph, Steve. 2006. What Lessons Can the Agile Community Learn from a Maverick Fighter Pilot? *Proceedings of the Agile 2006 Conference.*

Adzic, Gojko and David Evans. 2014. *Fifty Quick Ideas to Improve Your User Stories.* Neuri Consulting LLP.

Aghina, Wouter, et al. 2019. *How to select and develop individuals for successful agile teams: A practical guide.* McKinsey & Company.

Bass, Len, et al. 2012. *Software Architecture in Practice, 3rd Ed.* Addison-Wesley Professional.

Beck, Kent and Cynthia Andres. 2005. *Extreme Programming Explained: Embrace Change*, 2nd Ed. Addison-Wesley.

Beck, Kent. 2000. *Extreme Programming Explained: Embrace Change.* Addison-Wesley.

Belbute, John. 2019. *Continuous Improvement in the Age of Agile Development.*

Boehm, Barry and Richard Turner. 2004. *Balancing Agility and Discipline: A Guide for the Perplexed.* Addison-Wesley.

Boehm, Barry. 1981. *Software Engineering Economics.* Prentice-Hall.

Boehm, Barry W. 1988. A Spiral Model of Software Development and Enhancement. *Computer.* May 1988.

Boehm, Barry, et al. 2000. *Software Cost Estimation with Cocomo II*. Prentice Hall PTR.

Boyd, John R. 2007. *Patterns of Conflict*. January 2007.

Brooks, Frederick. 1975. *Mythical Man-Month*. Addison-Wesley.

Carnegie, Dale. 1936. *How to Win Friends and Influence People*. Simon & Schuster.

Cherniss, Cary, Ph.D. 1999. The business case for emotional intelligence. [Online] 1999. [Cited: January 25, 2019.]

Cohn, Mike. 2010. *Succeeding with Agile: Software Development Using Scrum*. Addison-Wesley.

—. 2004. *User Stories Applied: For Agile Software Development*. Addison-Wesley.

Collyer, Keith and Jordi Manzano. 2013. Being agile while still being compliant: A practical approach for medical device manufacturers. [Online] March 5, 2013. [Cited: January 20, 2019.]

Conway, Melvin E. 1968. How do Committees Invent? *Datamation*. April 1968.

Coram, Robert. 2002. *Boyd: The Fighter Pilot Who Changed the Art of War*. Back Bay Books.

Crispin, Lisa and Janet Gregory. 2009. *Agile Testing: A Practical Guide for Testers and Agile Teams*. Addison-Wesley Professional.

Curtis, Bill, et al. 2009. *People Capability Maturity Model (P-CMM) Version 2.0, 2nd Ed*. Software Engineering Institute.

DeMarco, Tom. 2002. *Slack: Getting Past Burnout, Busywork, and the Myth of Total Efficiency*. Broadway Books.

Derby, Esther and Diana Larsen. 2006. *Agile Retrospectives: Making Good Teams Great*. Pragmatic Bookshelf.

DORA. 2018. *2018 Accelerate: State of Devops*. DevOps Research and Assessment.

Doyle, Michael and David Strauss. 1993. *How to Make Meetings Work!* Jove Books.

Dweck, Carol S. 2006. *Mindset: The New Psychology of Success*. Ballantine Books.

DZone Research. 2015. *The Guide to Continuous Delivery*. Sauce Labs.

Feathers, Michael. 2004. *Working Effectively with Legacy Code*. Prentice Hall PTR.

Fisher, Roger and William Ury. 2011. *Getting to Yes: Negotiating Agreement Without Giving In, 3rd Ed*. Penguin Books.

Forsgren, Nicole, et al. 2018. *Accelerate: The Science of Lean Software and DevOps: Building and Scaling High Performing Technology Organizations*. IT Revolution.

Gilb, Tom. 1988. *Principles of Software Engineering Management*. Addison-Wesley.

Goleman, Daniel. 2004. What Makes a Leader? *Harvard Business Review*. January 2004.

Gould, Stephen Jay. 1977. *Ever Since Darwin*. WW Norton & Co Inc.

Grenning, James. 2001. Launching Extreme Programming at a ProcessIntensive Company. *IEEE Software*. November/December 2001.

Hammarberg, Marcus and Joakim Sundén. 2014. *Kanban in Action*. Manning Publications.

Heifetz, Ronald A. and Marty Linsky. 2017. *Leadership on the Line: Staying Alive Through the Dangers of Change, Revised Ed*. Harvard Business Review Press.

Hooker, John, 2003. *Working Across Cultures*. Stanford University Press.

Humble, Jez, et al. 2015. *Lean Enterprise: How High Performance Organizations Innovate at Scale*. O'Reilly Media.

Humble, Jez. 2018. *Building and Scaling High Performing Technology Organizations*. October 26, 2018. Construx Software Leadership Summit.

James, Geoffrey. 2018. It's Official: Open-Plan Offices Are Now the Dumbest Management Fad of All Time. *Inc*. July 16, 2018.

Jarrett, Christian. 2018. Open-plan offices drive down face-to-face interactions and increase use of email. *BPS Research*. July 5, 2018.

_. 2013. The supposed benefits of open-plan offices do not outweigh the costs. *BPS Research*. August 19, 2013.

Jones, Capers and Olivier Bonsignour. 2012. *The Economics of Software Quality*. Addison-Wesley.

Jones, Capers. 1991. *Applied Software Measurement: Assuring Productivity and Quality*. McGraw-Hill.

Konnikova, Maria. 2014. The Open-Office Trap. *New Yorker*. January 7, 2014.

Kotter, John and Holger Rathgeber. 2017. *Our Iceberg is Melting, 10th Anniversary Edition*. Portfolio/Penguin.

Kotter, John P. 2012. *Leading Change*. Harvard Business Review Press.

Kruchten, Philippe, et al. 2019. *Managing Technical Debt*. Software Engineering Institute.

Kurtz, C.F., and D. J. Snowden. 2003. The new dynamics of strategy: Sense-making in a complex and complicated world. *IBM Systems Journal*. 2003, Vol. 42, 3.

Lacey, Mitch. 2016. *The Scrum Field Guide: Agile Advice for Your First Year and Beyond, 2d Ed*. Addison-Wesley.

Leffingwell, Dean. 2011. *Agile Software Requirements: Lean Requirements Practices for Teams, Programs, and the Enterprise*. Pearson Education.

Lencioni, Patrick. 2002. *The Five Dysfunctions of a Team*. Josscy-Bass.

Lipmanowicz, Henri and Keith McCandless. 2013. *The Surprising Power of Liberating Structures*. Liberating Structures Press.

Martin, Robert C. 2017. *Clean Architecture: A Craftsman's Guide to Software Structure and Design*. Prentice Hall.

Maxwell, John C. 2007. *The 21 Irrefutable Laws of Leadership*. Thomas Nelson.

McConnell, Steve and Jenny Stuart. 2018. Agile Technical Coach Career Path. [Online] 2018.

—. 2018. Career Pathing for Software Professionals. [Online] 2018. https://

www.construx.com/whitepapers.

—. 2018. Software Architect Career Path. [Online] 2018. https://www.construx.com/whitepapers.

—. 2018. Software Product Owner Career Path. [Online] 2018. https://www.construx.com/whitepapers.

—. 2018. Software Quality Manager Career Path. [Online] 2018. https://www.construx.com/whitepapers.

—. 2018. Software Technical Manager Career Path. [Online] 2018. https://www.construx.com/whitepapers.

McConnell, Steve. 2004. *Code Complete, 2nd Ed.* Microsoft Press.

—. 2016. Measuring Software Development Productivity. [Online] 2016. [Cited: January 19, 2019].

—. 2016. Measuring Software Development Productivity. *Construx Software.* [Online] Construx Sofware, 2016. [Cited: June 26, 2019].

—. 2004. *Professional Software Development.* Addison-Wesley.

—. 1996. *Rapid Development: Taming Wild Software Schedules.* Microsoft Press.

—. 2000. Sitting on the Suitcase. *IEEE Software.* May/June 2000.

—. 2006. *Software Estimation: Demystifying the Black Art.* Microsoft Press.

—. 2019. Understanding Software Projects Lecture Series. *Construx OnDemand.* [Online] 2019

—. 2011. What does 10x mean? Measuring Variations in Programmer

Productivity. [book auth.] Andy and Greg Wilson, Eds Oram. *Making Software: What Really Works, and Why We Believe It*. O'Reilly.

Meyer, Bertrand. 2014. *Agile! The Good, They Hype and the Ugly*. Springer.

_. 1992. Applying "Design by Contract". *IEEE Computer*. October 1992.

Moore, Geoffrey. 1991. *Crossing the Chasm, Revised Ed*. Harper Business.

Mulqueen, Casey and David Collins. 2014. *Social Style & Versatility Facilitator Handbook*. TRACOM Press.

Nygard, Michael T. 2018. *Release It!: Design and Deploy Production-Ready Software, 2nd Ed*. Pragmatic Bookshelf.

Oosterwal, Dantar P. 2010. *The Lean Machine: How Harley-Davidson Drove Top-Line Growth and Profitability with Revolutionary Lean Product Development*. AMACOM.

Patterson, Kerry, et al. 2002. *Crucial Conversations: Tools for talking when the stakes are high*. McGraw-Hill.

Patton, Jeff. 2014. *User Story Mapping: Discover the Whole Story, Build the Right Product*. O'Reilly Media.

Pink, Daniel H. 2009. *Drive: The Surprising Truth About What Motivates Us*. Riverhead Books.

Poole, Charles and Jan Willem Huisman. 2001. Using Extreme Programming in a Maintenance Environment. *IEEE Software*. November/December 2001.

Poppendieck, Mary and Tom. 2006. *Implementing Lean Software Development*. Addison-Wesley Professional.

Puppet Labs. 2014. *2014 State of DevOps Report.* 2014.

Putnam, Lawrence H. and and Ware Myers. 1992. *Measures for Excellence: Reliable Software On Time, Within Budget.* Yourdon Press.

Reinertsen, Donald G. 2009. *The Principles of Product Development Flow: Second Generation Lean Product Development.* Celeritas Publishing.

Richards, Chet. 2004. *Certain to Win: The Strategy of John Boyd, Applied to Business.* Xlibris Corporation.

Rico, Dr. David F. 2009. *The Business Value of Agile Software Methods.* J. Ross Publishing.

Robertson, Suzanne and James Robertson. 2013. *Mastering the Requirements Process: Getting Requirements Right, 3rd Ed.* Addison-Wesley.

Rogers, Everett M. 1995. *Diffusion of Innovation, 4th Ed.* The Free Press.

Rotary International. The Four-Way Test. *Wikipedia.* [Online] [Cited: June 23, 2019.]

Rozovsky, Julia. 2015. The five keys to a successful Google team. [Online] November 17, 2015. [Cited: November 25, 2018.]

Rubin, Kenneth. 2012. *Essential Scrum: A Practical Guide to the Most Popular Agile Process.* Addison-Wesley.

Scaled Agile, Inc. 2017. Achieving Regulatory and Industry Standards Compliance with the Scaled Agile Framework. *Scaled Agile Framework.* [Online] August 2017. [Cited: June 25, 2019.]

Schuh, Peter. 2001. Recovery, Redemption, and Extreme Programming. *IEEE Software.* November/December 2001.

Schwaber, Ken and Jeff Sutherland. 2017. *The Scrum Guide: The Definitive Guide to Scrum: The Rules of the Game.* [Online] 2017.

Schwaber, Ken. 1995. SCRUM Development Process. *Proceedings of the 10th Annual ACM Conference on Object Oriented Programming Systems, Languages, and Applications (OOPSLA).* 1995.

Scrum Alliance. 2017. *State of Scrum 2017-2018.*

Snowden, David J. and Mary E. Boone. 2007. A Leader's Framework for Decision Making. *Harvard Business Review.* November 2007.

Standish Group. 2013. *Chaos Manifesto 2013: Think Big, Act Small.*

Stellman, Andrew and Jennifer Green. 2013. *Learning Agile: Understanding Scrum, XP, Lean, and Kanban.* O'Reilly Media.

Stuart, Jenny and Melvin Perez. 2018. Retrofitting Legacy Systems with Unit Tests. [Online] July 2018.

Stuart, Jenny, et al. 2018. Six Things Every Software Executive Should Know About Scrum. [Online] 2018.

—. 2017. Staffing Scrum Roles. [Online] 2017.

—. 2018. Succeeding with Geographically Distributed Scrum. [Online] 2018.

—. 2018. Ten Keys to Successful Scrum Adoption. [Online] 2018.

—. 2018. Ten Pitfalls of Enterprise Agile Adoption. [Online] 2018.

Sutherland, Jeff. 2014. *Scrum: The Art of Doing Twice the Work in Half the Time.* Crown Business.

Tockey, Steve. 2005. *Return on Software: Maximizing the Return on Your*

Software Investment. Addison-Wesley.

Twardochleb, Michal. 2017. Optimal selection of team members according to Belbin's theory. *Scientific Journals of the Maritime University of Szczecin*. September 15, 2017.

U.S. Marine Corps Staff. 1989. *Warfighting: The U.S. Marine Corp Book of Strategy*. Currency Doubleday.

Velocity Culture(The Unmet Challenge in Ops). Jenkins, Jon. June 16, 2011. June 16, 2011. O'Reilly Velocity Conference.

Westrum, Ron. 2005. A Typology of Organisational Cultures. January 2005, pp. 22-27.

Wiegers, Karl and Joy Beatty. 2013. *Software Requirements, 3rd Ed*. Microsoft Press.

Williams, Laurie and Robert Kessler. 2002. *Pair Programming Illuminated*. Addison-Wesley.

Yale Center for Emotional Intelligence. 2019. The RULER Model. [Online]. [Cited: January 19, 2019.] http://ei.yale.edu/ruler/.

찾아보기